두란노 서원의 진리강론

김영 목사

| 에베소 두란노 서원
바울은 에베소를 두 번에 걸쳐 방문하여 전도활동에 주력했고, 이곳 두란노 서원에서 여 동안 복음을 전하여 에베소 지역 복음화의 발판을 이루었다.

두란노 서원의 진리강론

지은이: 김 영
초판일: 2008년 5월 25일

펴낸이: 최송구
펴낸곳: 도서출판 나됨
http://www.nadoem.co.kr
서울시 은평구 신사동 361 삼부 406호
전화: 02) 373-5650, 016-771-5650
팩스: 02-372-5650
등록번호: 제8-237호
등록일자: 1998. 2. 25
편집·제작 책임: 김이리

값: 10,000원

저자와의 협약하에 인지를 생략합니다.
ISBN 89-88146-72-7   03230

국제예수제자선교회

▲ 국제예수제자선교회(IMJD) 선교센터

국제예수제자선교회

▲ IMJD 하기 수련회(1994년도, 동해안 백도해수욕장)

▲ IMJD 하기 수련회(1995년도, 삼봉수련장)

▲ IMJD 회원들(싱가포르)

▲ IMJD 회원들(말레이시아)

▲ 국제예수제자선교회 IMJD 회원들(태국 방콕)

▲ 국제예수제자선교회 IMJD 회원들(인도네시아 베델선교회 방문)

▲ IMJD 미국 애리조나주 불의 산에서 (동역자들과 함께)

▲ IMJD 필리핀 중부교회에서의 찬양사역

필리핀 선교

▲ 필리핀 북부 팡가시난 지역 교회연합집회시

▲ 싱가포르 선교부 소속 베들레헴 신학교 세미나

▲ 찬양하는 IMJD 회원들(필리핀 팡가시난)

▲ 치유받은 전도사와 함께 기쁨을 나눔(필리핀 팡가시난)

대만 선교

▲ 한국·대만 목회자 선교 세미나(대만 고웅시)

▲ 대만 산족교회 선교

러시아 선교

▲ 러시아 레닌그라드 옛 궁전 뜰에서

▲ 러시아 타슈켄트 고려인 여대생들과 함께

인도 선교

▲ 인도 IMJD 신학교 학장과 정부 관리와 함께(타지마할)

▲ 인도교회 주일 낮 설교(마드라이)

▲ 인도 샤리를 입은 한국과 인도 IMJD 회원들

인도 선교

▲ 인도 IMJD 선교센터

▲ 인도 IMJD 목회자 세미나를 마치고

▲ 인도 IMJD 신학교 학생들

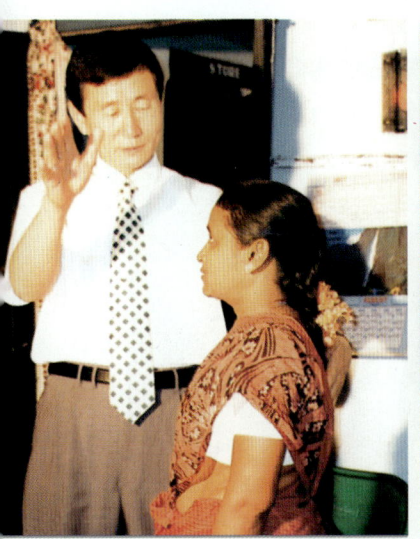

▲ 주 예수의 이름으로 명하노니
"흐린 눈은 밝아질지어다"(말 4:2)

▲ 안수 후 밝아진 눈으로 성경을 읽는 성도

스리랑카 선교

▲ 스리랑카 장로회 신학교 방문(캔디)

▲ 스리랑카 장로회 총회장과 함께

책 머리에

하나님의 아가페의 사랑이 줄기차게 흐르는 성경 신구약 66권

성경은 마치 다양한 형태로 나타나지는 지구의 모습과 같다고 말할 수 있습니다. 드넓은 평원, 험준한 산맥, 모래 폭풍이 이는 사막, 길게 뻗어 흐르는 강줄기, 호수와 드넓은 바다… 이렇듯 지구는 다양한 모습들로 구성되어 있음을 보여줍니다.

이처럼 성경도 다양한 형태로 구성되어 있습니다. 천지창조, 인간의 범죄와 실낙원, 족장들의 이야기, 선민 이스라엘의 역사, 예수 그리스도의 생애와 사역, 사도들의 복음사역, 사도들의 편지, 종말적 예언… 이 모든 것들이 성경을 이루고 있는 여러 형태의 구성 요소들입니다. 이렇듯 다양하고도 방대한 분량으로 이루어진 성경은 도대체 무엇을 말해 주려고 기록된 것일까요! 성경이 어떤 뜻을 지녔기에 수천 년에 걸친 역사 속에 교회가 그토록 소중히 보존해 왔으며 목숨을 다해 지켜야만 했던가요!

사도시대 이후 이천 년 동안 교회 강단에서 끊임없이 성경이 강론되어 왔으며, 또한 오늘도 모든 그리스도인들이 날마다 성경을 읽는 그 이유는 무엇일까요?

그것은 신구약 성경 66권의 맥 속에 하나님의 아가페의 사랑이 줄기차게 흐르고 있기 때문입니다. 이 하나님의 아가페의 사랑 속에는 전인구원을 실현시키는 예수 그리스도의 대속의 피로 가득 차 있음을 보여줍니다.

　지금으로부터 2천 년 전 두란노서원에서 사도 바울을 통해 이 진리를 강론케 하셨던 그 하나님이 오늘 이 시대에 주의 작은 종을 통해 재현케 하셨고 또한 두란노서원의 기적을 직접 나타내 보여주신 전능자 하나님께 감사와 찬송과 영광을 돌려드립니다.

　지난 20여 년 동안 저자가 한국과 인도와 필리핀에서 재현했던 두란노서원의 진리강론과 성령의 치유사역을 책으로 엮어 출간케 하신 하나님께 모든 영광을 돌려드립니다.

2008년 2월 1일
천마산 기슭 서재에서
저자 김영

contents / 차례

두란노서원의 진리강론

책 머리에 ... 김영 목사 ▶ 17

제1부 성경적 인생론 / 23

1. 참 나그네 인생 ▶ 25
2. 성경적 인생론 ▶ 30
3. 하나님의 청지기 인생 ▶ 36
4. 하나님의 사랑 ▶ 42

제2부 여호와 하나님 / 49

1. 신의 존재 증명 ▶ 51
2. 기독교의 유일성 ▶ 59
3. 하나님 본래의 성질 ▶ 66
4. 하나님의 성품 ▶ 72
5. 하나님의 명칭 ▶ 79
6. 유일신 하나님 ▶ 84
7. 삼위일체 하나님 ▶ 88
8. 생명의 주 되신 하나님 ▶ 95
9. 소원을 두고 행하게 하시는 하나님 ▶ 99
10. 소망을 살아계신 하나님께 두라 ▶ 104

제3부 구원자 예수 / 107

1. 인류역사의 중심 되신 그리스도 ▶ 109
2. 참 하나님, 참 사람이신 예수 ▶ 113
3. 생명의 떡 예수 ▶ 122
4. 예수 부활의 생명과 능력 ▶ 128
5. 화목제물 되신 예수 ▶ 133
6. 하나님의 아들 그리스도 ▶ 138
7. 그리스도는 성경의 중심이시다 ▶ 144

제4부 구원의 은총 / 151

1. 영생과 풍성한 삶 ▶ 153
2. 믿는 자의 축복 ▶ 159
3. 하나님의 구속사 ▶ 166
4. 복음진리의 삼요소 ▶ 171

제5부 하나님의 말씀 / 179

1. 성경은 어떤 책인가! ▶ 181
2. 성경개론 ▶ 186
3. 진리의 말씀 ▶ 192
4. 가장 값진 보화 ▶ 199
5. 성경 기록의 목적 ▶ 204
6. 성경과 신앙의 관계성 ▶ 211

제6부 참 예수 제자 / 217

1. 오직 너 하나님의 사람아! ▶ 219
2. 사명적 삶 ▶ 224

제7부 표적이 따르는 부흥집회 / 247

1. 신고 사용을 싫은 사역이다 ▶ 249
2. 잠든 영매를 일으키라 ▶ 254
3. 예수 재림의 부흥 집회 ▶ 259
4. 바울의 부흥집회 사역 ▶ 265

제8부 하나님의 교회 / 273

1. 상아 끼지 하나님의 교회 ▶ 275
2. 교회 부흥의 비결 ▶ 282
3. 성직에 열기를 일깨는 교회 ▶ 288
4. 사명이 역사하는 교회 ▶ 292

제9부 인류역사의 종말 / 297

1. 인류역사의 종말 ▶ 299
2. 역사의 안목으로 본 종말의 징조 ▶ 304
3. 성경이 가르치는 종말의 징조 ▶ 310

21

제 1 부

성격적 인재론

1. 왜 너대 인재 ▶ 25
2. 성격자 인재론 ▶ 30
3. 당나님의 성격기 인서 ▶ 36
4. 당나님의 사람 ▶ 42

 # 1. 참 나그네 인생
-히 11장 13-16

사람은 누구나 마음속에 그리는 고향이 있습니다. 자기가 태어나고 성장한 곳, 어린 시절의 추억이 깃든 그곳을 일컬어 고향이라 부릅니다. 그러기에 사람들은 자기 고향 땅에 머물러 살기를 원하며, 또한 타향에 가서 살다가도 노년이 되면 떠나온 고향을 다시 그리워하며 눈시울을 붉히곤 합니다.

지금도 나의 뇌리 속에 가장 깊이 새겨져 있는 영상의 세계가 바로 나의 제2의 고향인 경상남도 밀양에서의 어린 시절입니다. 그날이 엊그제 같은데 그 고향을 떠나온 지 어언 45년의 세월이 흘렀습니다.

'언젠가는 떠나온 그 고향 땅 밀양에 다시 가보리라. 어머니를 기다리던 느티나무며, 메뚜기를 잡던 황금벌판과 학교를 오가던 정겨운 길을 다시 밟아 보리라.'

이처럼 사람은 누구나 다 떠나온 고향을 그리워하는데, 단 한 사람만이 떠나온 고향을 망각한 채 살아가고 있었습니다. 성경은 그를 일컬어 아브라함이라고 부릅니다.

첫째, 아브라함은 실향민이었습니다.

실향민이란 고향을 잃어버린 사람을 일컫는 말입니다. 세계 곳곳에는 여러 가지 이유로 고향을 잃어버린 수많은 실향민들이 있습니다. 제

2차세계대전 당시 징용으로 끌려갔다가 일본에 남은 실향민, 사할린에 남은 실향민, 동남아에 남은 실향민, 독립운동을 하다가 중국에 남은 실향민, 러시아에 남은 실향민이 있습니다. 또한 보스니아 내전으로 실향민이 된 사람들, 소말리아 내전으로 실향민 된 사람들 모두 내란으로 인하여 실향민이 된 사람들입니다.

무엇보다 우리 민족 중에는 분단을 통해 실향의 아픔을 겪는 사람들이 많이 있습니다. 제2차세계대전 후 생겨난 원한의 휴전선이 남과 북으로 갈라놓은 지도 어언 50년의 세월이 흘렀습니다. 고향을 떠나 실향민이 된 내 어머님은 지금도 고향의 정든 얼굴들을 마음으로 그리면서 눈물짓곤 하십니다. 이처럼 실향민에게는 고향을 그리는 아픔의 눈물과 다시 돌아가리라는 기다림의 소망, 그리고 고향 땅에 돌아가 뼈를 묻으리라는 간절한 소원이 있습니다.

그러나 아브라함만은 그렇지 않았습니다. 그는 고향을 그리는 아픔의 눈물도 흘리지 않았고, 또 고향으로 다시 돌아가 그곳에 자기 뼈를 묻으리라는 생각도 하지 않았습니다. 그것은 아브라함이 하나님의 명령을 좇아 고향을 떠났고, 또한 영원한 본향만을 그 마음에 두었기 때문입니다.

"여호와께서 아브람에게 이르시되 너는 너의 본토 친척 아비 집을 떠나 내가 네게 지시할 땅으로 가라"(창 12:1).

아브라함은 하나님의 명령을 좇아 자원하여 그가 살던 고향을 떠나 실향민이 된 자였습니다. 이처럼 하나님의 명령을 좇아 자원하여 실향민이 된 사람이 어디 아브라함뿐이겠습니까? 모세도, 엘리사 선지자도 또한 수많은 디아스포라들이 이와 같은 실향민들이 아니겠습니까? 오늘 우리도 주와 복음을 위해 고향을 등지는 순수한 주 안에서의 실향민이 되어야겠습니다.

둘째, 아브라함은 나그네였습니다.

나그네란 고향집을 떠나 타향에 가서 잠시 머무는 사람을 일컫는 말입니다. 아브라함도 그 자신을 나그네라고 표현했으며, 또한 성경은 그가 나그네 인생을 영위했음을 말해 주고 있습니다.

"나는 당신들 중에 나그네요 우거한 자니"(창 23:4).

아브라함·이삭·야곱 모두 다 장막에 우거하는 나그네 인생이었습니다. 또 광야 40년 동안 이스라엘 민족의 삶 역시 장막에 우거하는 나그네 삶이었습니다.

장막 생활의 의미는 무엇이겠습니까?
아브라함은 그의 생애 동안 수십 번 장막을 옮겨 치며 나그네 인생을 살았습니다. 그러나 단 한 번도 내 집을 짓고 안주하리라 생각해 본 적이 없었습니다. 그에게는 많은 땅을 사고 훌륭한 저택을 지을 돈이 있었습니다. 그러나 그는 잠시 이 세상에 머무는 동안 장막에 우거해야 하는 나그네 인생임을 잊지 않았습니다. 예수님도 자신이 나그네 인생임을 이렇게 표현하셨습니다.

"여우도 굴이 있고 공중의 새도 거처가 있으되 오직 인자는 머리 둘 곳이 없다"(마 8:20).

그렇습니다. 하나님의 부르심을 입은 사람들은 장막에 거하는 나그네 인생임을 잊지 말아야 합니다. 믿음의 족장들이 장막 생활을 영위했으며, 선지자들과 사도들과 디아스포라들이 장막과 토굴 생활을 기쁨으로 영위했음을 마음에 새겨야겠습니다.

오늘도 참 하나님의 사람들은 장막 생활을 영위해 갑니다. 오늘날의 장막 생활은 텐트에서 거주한다기보다는 검소하게 사는 삶을 의미합니다. 짧은 인생길 다 가도록 나 자신의 삶에 집착하지 말고, 주님이 기뻐하시는 삶을 살아 드리는 귀한 사명자들이 되어야 할 것입니다.

장막 생활은 주님의 명령을 좇아 살아감을 의미합니다.
아브라함은 하나님이 떠나라 명하시는 즉시 장막을 거두었고, 머무르라 명하시는 곳에 장막을 쳤습니다. 다시 말해, 주님의 명령에 따라 떠나고 명령에 따라 머무르는 신앙의 삶을 살았습니다.
하나님께서는 광야 생활 40년 동안 이스라엘 민족의 장막 생활을 통해 하나님의 백성이 어떻게 생활해야 하는지를 가르쳐 주셨습니다. 구름기둥이 머물면 그들의 장막도 함께 머물렀습니다. 그 구름기둥은 바로 하나님의 임재를 뜻합니다. 또 구름기둥은 오늘 내 안에 내주해 계시는 성령이십니다. 따라서 우리는 이 땅 위에 영원한 집을 지어서는 안 됩니다. 다만 내 안에 계셔서 날마다 감동을 주시는 주님의 뜻만을 좇아 장막을 거두기도 하고, 또 장막을 옮겨 치기도 하는 나그네 인생을 살아야겠습니다.

셋째, 아브라함은 더 나은 본향을 사모하는 사람이었습니다.

이 세상의 고향 땅은 세월이 가면 변할 수밖에 없으며 종말에는 영원히 사라져 버릴 땅입니다. '10년이면 강산도 변한다.'는 말은 이제 옛말이 되어 버렸습니다. 시대가 발전한 오늘날에는 일 년에 한 번씩 강산이 변하는 것을 피부로 느낄 수 있습니다.
아마도 깊은 산 속의 오지 마을을 제외하면 고향의 옛 모습을 그대로 간직한 곳은 찾아보기 힘들 것입니다. 그래서 고향의 옛 추억이나 인정은 퇴색해 버리고 고향이라는 이름만 남는 것은 아닌가 하는 생각이 들기도 합니다.

믿음의 조상 아브라함은 이 세상에 진정한 고향이 없음을 먼저 깨달은 사람입니다. 그러기에 그는 더 나은 본향을 사모하며 장막에 우거하는 나그네로서 만족한 삶을 살았습니다. 그가 비록 생전에는 본향에 갈 수 없었지만, 먼 훗날에는 반드시 그가 사모하던 본향에 들어가게 될 것을 굳게 믿었습니다. 그가 그토록 사모하던 더 나은 본향은 곧 하나님께서 그를 위해 하늘에 예비하신 영원한 본향입니다.

"저희가 나온 바 본향을 생각하였더면 돌아갈 기회가 있었으려니와 저희가 이제는 더 나은 본향을 사모하니 곧 하늘에 있는 것이라 그러므로 하나님이 …저희를 위하여 한 성을 예비하셨느니라"(히 11:15-16).

하나님이 예비해 놓으신 본향은 어떤 곳입니까? 그곳은 하나님의 영광으로 충만한 곳이고(계 21:23), 성곽이 각색 보석으로 꾸며진 곳이며(계 21:18-21), 생명수 강이 흐르는 곳입니다(계 22:1). 하나님이 성도와 함께 거하시는 곳이고(계 21:3), 다시 사망이 없고 애통하는 것이나 아픈 것이 없는 곳이며(계 21:4), 생명책에 기록된 자들만 가는 곳(계 20:15)입니다.

잠시 머물다 가는 나그네 인생을 살아가는 동안 낮에는 참새처럼 주님을 찬양하고, 밤에는 나래 접은 참새가 되어 장막에서 쉼을 얻는 주 안에서의 참 나그네 인생이 다 되어야겠습니다.

2. 성경적 인생론
-시 103:15-18

"인생은 그날이 풀과 같으며 그 영화가 들의 꽃과 같도다 그것은 바람이 지나면 없어지나니 그곳이 다시 알지 못하거니와 여호와의 인자하심은 자기를 경외하는 자에게 영원부터 영원까지 이르며 그의 의는 자손의 자손에게 미치리니 곧 그 언약을 지키고 그 법도를 기억하여 행하는 자에게로다"(시 103:15-18).

19 62년, 내 나이 22세 되던 해의 가을밤이었습니다. 천마산 기슭에 자리한 저희 집은 밤이 되면 적막에 싸인 채 송림 숲을 흔드는 바람 소리만이 자연의 숨결을 느끼게 해 주었습니다. 그날이 주일 밤이라 기억됩니다. 저녁 예배를 마치고 청년들과 어울려 지내다 보니 밤 12시쯤 되어서야 집으로 돌아오게 되었습니다. 집 앞에 다다랐을 때 조그마한 도랑을 건너게 되었습니다. 한 발을 도랑 건너편에 내디딘 채, 문득 깊어가는 가을 밤하늘을 바라보며 영롱한 별무리들이 우주 공간을 가득 메운 신비의 세계 속으로 점차 빠져들었습니다. 바로 그 시간, 길 건너편 공동묘지에서 여우들의 울음소리가 밤의 적막을 가르며 여운을 남겼습니다. 그때 죽음이라는 두 글자가 화살처럼 번뜩이며 스쳐갔습니다. 죽음! 죽음! 죽음! 그 순간 나의 뇌리에는 온통 죽음이라는 두 글자뿐이었습니다.

'그렇구나! 언젠가는 내게도 죽음의 날이 찾아오겠지. 그렇다! 인생이란 결국 한 줌의 흙으로 돌아가는 것이다. 그렇다면 나는 왜 존재

하는 것일까? 무엇 때문에 살아야 하는가?'

이 물음을 두고 오랜 세월을 고뇌한 끝에 두 가지 결론을 얻게 되었습니다.

'요한복음 12장 24절 말씀처럼 어차피 죽을 인생, 대범하고 뜻있게 살자. 예수님처럼 하나님께 헌신하고 이웃을 섬기는 자가 되자.'

이렇듯 40년 전, 죽음이라는 인생 최대의 문제 앞에서 고뇌의 깊은 터널을 통해 이룩된 나의 인생관이기에, 그때나 지금이나 조금도 변함 없이 지속되고 있는 것입니다.

"우리의 년수가 칠십이요 강건하면 팔십이라도 그 년수의 자랑은 수고와 슬픔뿐이요 신속히 가니 우리가 날아가나이다…우리에게 우리 날 계수함을 가르치사 지혜의 마음을 얻게 하소서"(시 90:10, 12).

인류 역사란 수많은 사람이 태어나고 살다가 죽어 간 그 삶의 발자취라 말할 수 있습니다. 또 인류 역사가 남겨 놓은 것은 21세기 과학 문명과 문화가 아니라, 인류 역사 속에 스쳐 지나간 수천 억 인류의 거대한 공동묘지라고 생각됩니다.

시편 기자는 인생에 대해 이렇게 말했습니다.

"저희는 잠간 자는 것 같으며 아침에 돋는 풀 같으니이다"(시 90:5).

"우리의 모든 날이 주의 분노 중에 지나가며 우리의 평생이 일식간에 다 하였나이다"(시 90:9).

이처럼 인생이 아침에 돋는 풀처럼 잠시 나타났다가 사라져 그 흔적조차 찾을 수 없는 것이라면, 도대체 인간이란 어떤 존재이며, 그 존재 이유는 무엇이고, 또 죽은 후에는 어떻게 되는 것입니까? 그러나 어느 누구도 인생에 대하여 명확한 지론을 제시하지는 못합니다. 오로지 사람을 만드시고 섭리하시며 영생을 주시는 하나님만이 성경을 통해서 그 해답을 제시해 주십니다.

성경은 사람의 존재의 근원을 다음과 같이 들려주십니다.

"**여호와 하나님이 흙으로 사람을 지으시고 생기를 그 코에 불어 넣으시니 사람이 생령이 된지라**"(창 2:7).

여기서 사람을 흙으로 지었다는 것은 무엇을 의미합니까?

첫째로, 인간의 무가치성을 말해 줍니다.

"**여호와께서 자기를 경외하는 자를 불쌍히 여기시나니 이는 저가 우리의 체질을 아시며 우리가 진토임을 기억하심이로다**"(시 103:13-14).

둘째로, 인간의 연약성을 말해 줍니다. 인간의 마음에 근심·염려·두려움·슬픔이 밀려오는 파도처럼 끊이지 않고 찾아옵니다. 게다가 인간의 육체는 자주 아프고 쉽게 늙습니다(전 12:1-8).

셋째로, 인생의 헛됨을 말해 줍니다. 배우 고은아씨는 간증을 통해 그가 청소하다가 녹이 슨 자신의 트로피를 발견하고 충격을 받았다고 합니다. 그것을 계기로 그는 회심하고 주께 돌아왔습니다.

"**전도자가 가로되 헛되고 헛되며 헛되고 헛되니 모든 것이 헛되도다 사람이 해 아래서 수고하는 모든 수고가 자기에게 무엇이 유익한고**"(전 1:2-3).

넷째로, 인생이 나그네임을 말해 줍니다. 유치원 아이들이 선생님과 함께 바닷가로 소풍을 갔습니다. 아이들은 종일 모래성을 쌓고 조개껍질을 모으며 해 가는 줄 모르고 재미있게 놀았습니다. 그런데 갑자기 호루라기 부는 소리와 함께 선생님이 아이들을 부르는 소리가 들렸습니다.

"얘들아! 이제 집으로 돌아가자!"

선생님의 소리를 들은 아이들은 비로소 자신들이 집을 떠나 바닷가에 와서 놀고 있었음을 깨닫게 되었습니다. 아이들은 즉시 모든 것을 버리고 선생님과 함께 집으로 돌아갔습니다. 바로 이런 것이 짧은 인생이 아닐까요?

"나는 당신들 중에 나그네요 우거한 자니"(창 23:4).

다섯째로, 인생의 허무함을 말해 줍니다. 지난날 나의 인생이 가난했든지, 부했든지, 인기 있는 연예인이었든지, 권좌에 오른 대통령이었든지, 또는 인류 역사에 떠오른 별이었든지 간에, 인생의 마지막 지점에 함께 서서 인생의 지는 해를 바라볼 때는 누구나 다 인생의 허무함을 절감하지 않을 수 없습니다.

"주께서 모든 인생을 어찌 그리 허무하게 창조하셨는지요"(시 89:47).

여섯째로, 인생은 수고와 슬픔뿐임을 말해 줍니다. 우리는 야곱의 인생을 통해서 고난의 인생이 무엇인지를 깨닫게 됩니다. 야곱의 일생은 집시와 같이 떠도는 유랑의 삶이었습니다. 그리고 그의 일생은 헛된 수고의 삶이었을 뿐만 아니라 쉼 없이 쫓기는 고통의 삶이었습니다.

일곱째로, 인생의 짧음을 말해 줍니다. 어느 날 강직하고 성실한 삶을 살아온 60대 노인 한 분이 저를 찾아와 이렇게 물었습니다. "이제 나는 어디로 가는 겁니까?"

"우리의 평생이 일식간에 다하였나이다"(시 90:9).

"너희 생명이 무엇이뇨 너희는 잠간 보이다가 없어지는 안개니라"(약 4:14).

여덟째로, 인간이 시한부 존재임을 말해 줍니다.

"너는 흙이니 흙으로 돌아갈 것이니라"(창 3:19).

시한부 존재는 비단 말기 암환자나 사형수뿐만이 아니라 이 지구상

제1부 성경적 인생론 | 33

에 존재하는 모든 사람이 다 시한부 존재라고 말할 수 있습니다. 망망대해에 떠 있는 조각배에 실린 운명과도 같습니다. 그래서 시한부 인생은 항시 불안합니다. 현재와 미래가 불투명하기 때문입니다. 또 건강문제 · 가정문제 · 직장문제로 늘 마음 편할 날이 없이 시련과 고난의 연속입니다. 그러다가 종국에는 예고 없이 찾아오는 죽음을 맞아 침몰하고 마는 것입니다.

아홉째로, 인간은 종국에 티끌로 돌아가는 존재임을 말해 줍니다. 이 세상에 찾아온 모든 사람이 다 죽어 한 줌의 흙으로 돌아갔습니다. 오늘의 기름진 토양은 바로 우리 조상들의 티끌이라 해도 과언이 아닙니다. 오랜 세월 동안 비바람 맞아 낡은 집이 어느 한순간에 무너지듯, 인간도 그 어느 한순간에 무너져 버리고 마는 것입니다. 왜 그렇습니까? 사람은 흙으로 지어진 존재이며, 또한 하나님께서 범죄한 사람을 향하여 흙으로 돌아가라고 명하셨기 때문입니다.

"네가 얼굴에 땀이 흘려야 식물을 먹고 필경은 흙으로 돌아가리니 그 속에서 네가 취함을 입었음이라 너는 흙이니 흙으로 돌아갈 것이니라"(창 3:19).

❊ 이렇듯 시한부적인 나그네 인생인 우리는 이제 어떠한 삶을 살아야 할까요?

첫째, 하나님 앞에서 살아야 합니다.

"외모로 보시지 않고 각 사람의 행위대로 판단하시는 자를 너희가 아버지라 부른즉 너희의 나그네로 있을 때를 두려움으로 지내라"(벧전 1:17).

둘째, 허사를 경영하지 말아야 합니다. 솔로몬 왕은 평생 동안 부귀영화만을 추구하였으나 그 모든 것이 허사를 경영한 것이었습니다(전 2:3-11).

"주의 뜻이면 우리가 살기도 하고 이것저것을 하리라"(약 4:15).

셋째, 하나님을 경외하는 삶을 살아야 합니다.

"일의 결국을 다 들었으니 하나님을 경외하고 그 명령을 지킬지어다 이것이 사람의 본분이니라"(전 12:13).

넷째, 항상 주의 일에 더욱 힘쓰는 삶을 살아야 합니다.

"그러므로 내 사랑하는 형제들아 견고하며 흔들리지 말며 항상 주의 일에 더욱 힘쓰는 자들이 되라"(고전 15:58).

3. 하나님의 청지기 인생
-벧전 4:10-11

인간이란 헬라어로 '안드로포스'입니다. 이 말은 '미래지향적 존재'라는 의미를 내포하고 있습니다. 인간은 하늘을 바라보는 존재, 다시 말해 신앙의 눈으로 하늘에 계신 하나님을 바라보고, 먼 훗날 우리도 가게 될 천국을 바라보는 존재라는 뜻입니다. 또 미래지향적 존재는 현재를 보는 것이 아니라 '미래를 내다본다'는 의미가 있습니다. 현재의 어두운 상황, 즉 가난과 역경 속에 살아가는 오늘의 나 자신이 아니라 미래에 현실로 나타나게 될 밝은 세상, 평화와 번영이 깃든 미래를 내다보는 것이 곧 '미래지향적인 안드로포스'입니다. 이처럼 인간이란 낱말 자체는 매우 긍정적이고 희망적인 뜻이 담겨 있습니다.

첫째, 인간은 하나님이 지으신 피조물입니다.

"여호와 하나님이 흙으로 사람을 지으시고 생기를 그 코에 불어 넣으시니 사람이 생령이 된지라"(창 2:7).

인간에게는 두 가지 요소가 있는데, 하나는 흙이고 다른 하나는 생기입니다. 즉, 흙으로 빚어진 '육체'와 하나님의 생기인 '생명의 호흡'으로 만들어진 존재입니다. 여기서 흙의 히브리어인 '아팔'은 티끌을 의미하는 바, 인체를 성립시키는 흙의 원소를 가리킵니다. 사람의 육체가 티끌로 지어졌다는 것은 의미심장한 여운을 남겨 줍니다. 첫 사람 아담이 태초에 흙으로 빚어졌고, 또한 흙에서 나는 모든 것들을 먹고 잠시 살다가 종국에는 흙으로 다시 돌아가지 않았습니까? 창세기 3장 19절 말씀은 언제나 우리 마음을 숙연하게 만듭니다.

> "너의 먹을 것은 밭의 채소인즉 네가 얼굴에 땀이 흘러야 식물을 먹고 필경은 흙으로 돌아가리니 그 속에서 네가 취함을 입었음이라 너는 흙이니 흙으로 돌아갈 것이니라."

그렇습니다. 인간은 흙입니다. 흙 중에서도 티끌로 빚어진 무가치한 존재일 뿐입니다. 티끌은 공중의 기류에 의해 떠도는 한낱 미미한 존재에 불과합니다. 그러므로 티끌로 빚어진 육체뿐인 인간은 존재의 가치성도 발견할 수 없습니다. 또 바람처럼 떠도는 헛된 삶일 뿐입니다. 결국 종국에는 티끌로 다시 돌아가는 허무뿐입니다. 이처럼 티끌에서 와서 티끌을 먹고 살다가 종국에는 다시 티끌로 돌아가야 하는 육체를 지닌 인간이 무슨 소망이 있기에 오늘도 바삐 뛰어야 하고 큰 소리로 외쳐야 할까요? 또 세상의 헛된 것들을 손에 움켜쥐려고 바둥거리는 부질없는 모습이 육체뿐인 인간의 현주소라고 생각됩니다.

한편 다른 현주소를 지닌 자들이 있습니다. 그들은 바로 영적 존재로서 육체를 입고 사는 오늘의 우리입니다. 비록 티끌로 지음받고 티끌을 먹고 사는 존재일지라도, 또한 종국에는 티끌로 돌아가야 할 같은 존재일지라도 분명 우리의 현주소는 저 하늘입니다. 하늘은 영적 생명을 지닌 자들만이 들어갈 수 있는 영적 사람들만의 영원한 안식처입니다.

여기서 영적 생명을 지닌 자란 누구를 가리킵니까? 영적 생명을 지닌 자는 곧 하나님의 아들이 있는 자입니다.

> "또 증거는 이것이니 하나님이 우리에게 영생을 주신 것과 이 생명이 그의 아들 안에 있는 그것이니라 아들이 있는 자에게는 생명이 있고 하나님

의 아들이 없는 자에게는 생명이 없느니라"(요일 5:11-12).

그렇습니다. 영적 생명은 그리스도 안에 있습니다. 따라서 그리스도를 마음에 영접한 자만이 그 안에 영적 생명이 있는 것입니다. 나와 여러분 속에 영원한 생명이 있기에 우리는 하늘에 현주소를 둔 하늘의 사람들인 것입니다. 즉, 우리는 모두 천국 시민권을 지닌 하나님 나라의 백성들입니다. 지금은 티끌과 같은 존재로서 잠시 이 세상에 머문다 해도 우리의 소망은 저 하늘에 있습니다. 따라서 우리는 참 안드로포스입니다. 미래지향적인 꿈이 있고 영원한 소망을 지닌 참 행복자들입니다. 그것은 바로 생명의 원천 되시는 주님이 지금도 우리 마음에 계시기 때문입니다.

> "너희 속에 착한 일을 시작하신 이가 그리스도 예수의 날까지 이루실 줄을 우리가 확신하노라"(빌 1:6).

둘째, 인간은 하나님의 형상대로 지어진 하나님의 자녀입니다.

> "하나님이 가라사대 우리의 형상을 따라 우리의 모양대로 우리가 사람을 만들고 그로…모든 것을 다스리게 하자 하시고 하나님이 자기 형상 곧 하나님의 형상대로 사람을 창조하시되 남자와 여자를 창조하시고"(창 1:26-27).

여기서 하나님의 형상이란 하나님의 성품, 하나님의 마음, 하나님의 속성을 의미하는 것입니다. 왜 하나님께서는 이처럼 인간을 하나님의 형상대로, 그리고 하나님의 모양대로 창조하셨을까요? 더욱이 하나님께서는 모든 생물들을 말씀으로 창조하셨는데, 유달리 인간만은 왜 친히 흙으로 빚으시고, 그 코에 생기를 불어넣으셔서 생령이 되게 하셨을까요? 하나님 앞에서 이것을 묻지 않을 수 없습니다. 이 물음에 대해 하나님께서는 이같이 대답해 주십니다. "너는 생명을 받은 영적인 내 자녀이다."

구약 성경에는 하나님과 이스라엘의 관계를 부자(夫子) 관계로 표현해 놓았습니다. "이스라엘은 내 아들 내 장자라"(출 4:22).

"영접하는 자 곧 그 이름을 믿는 자들에게는 하나님의 자녀가 되는 권세를 주셨으니 이는 혈통으로나 육정으로나 사람의 뜻으로 나지 아니하고 오직 하나님께로서 난 자들이니라"(요 1:12-13).

오늘날 우리는 하나님의 형상과 모양대로 창조된 하나님의 피조물이며, 동시에 하나님의 은혜로 구속함을 받고 영적 이스라엘이 된 하나님의 자녀입니다.

"야곱아 너를 창조하신 여호와께서 이제 말씀하시느니라 이스라엘아 너를 조성하신 자가 이제 말씀하시느니라 너는 두려워 말라 내가 너를 구속하였고 내가 너를 지명하여 불렀나니 너는 내 것이라"(사 43:1).

셋째, 인간은 하나님의 청지기로 지어졌습니다.

하나님께서는 세상 만물을 다 창조하신 후, 자기 형상을 닮은 사람을 창조하셔서 이 모든 것들을 다스리는 청지기 사명을 주셨습니다.

"하나님이 그들에게 복을 주시며 그들에게 이르시되 생육하고 번성하여 땅에 충만하라, 땅을 정복하라, 바다의 고기와 공중의 새와 땅에 움직이는 모든 생물을 다스리라 하시니라"(창 1:28).

"여호와 하나님이 그 사람을 이끌어 에덴동산에 두사 그것을 다스리며 지키게 하시고"(창 2:15).

청지기(Steward)란 낱말은 '위임받은 자'라는 뜻을 지니고 있습니다. 즉, 청지기는 가옥이나 재산 관리자로 주인을 대리하는 직책입니다. 또 청지기란 '오이코노모스'로서 가정 관리자·감독이라는 뜻도 있습니다. 이는 주인의 재산을 맡아 관리하기 위해 고용된 관리인을 말합니다. 이처럼 청지기란 주인의 모든 소유를 맡아 주인의 뜻대로 관리하기 위해 주인에게서 전권을 위임받은 자입니다. 하나님이 인간을 창조하신 두 가지 목적이 바로 여기에 있습니다. 첫째는 하나님의 영광과 위대하심을 찬양하는 자녀로 삼으심에 있습니다. 둘째는 하나님의 청지기로서 창조된 만물을 다스리고 지킴에 있습니다. 첫 사람 아담은 바로 에덴동산에 있는 모든 생물을 다스리고 지키는 하나님의 대리자로서 그는 하나님의 청지기였습니다.

하나님의 청지기는 하나님께서 친히 임명하신 자라야 합니다. 하나님의 청지기에게는 각기 다른 사명이 부여됩니다. 예를 들면, 여호수아에게는 가나안 정복 사명이 부여되었고, 엘리야에게는 이스라엘의 죄를 척결하는 사명이 부여되었습니다. 그리고 요시야 왕에게는 우상 제거와 신앙부흥의 사명이 주어졌습니다.

하나님의 청지기는 하나님의 뜻을 좇아 사명을 감당해야 합니다. 여호수아는 하나님의 뜻을 좇아 이스라엘 민족을 가나안 땅으로 인도하여 그 땅을 분배하였습니다.

하나님의 청지기는 하나님이 주시는 힘과 능력을 공급받아 청지기 사명을 감당해야 합니다. 모세가 행한 그 위대한 사역은 모두 하나님이 사명을 감당하라고 그에게 주신 지혜와 능력이 나타난 결과였습니다.

"각각 은사를 받은 대로 하나님의 각양 은혜를 맡은 선한 청지기같이 서로 봉사하라 만일 누가 말하려면 하나님의 말씀을 하는 것같이 하고 누가 봉사하려면 하나님의 공급하시는 힘으로 하는 것같이 하라 이는 범사에 예수 그리스도로 말미암아 하나님이 영광을 받으시게 하려 함이니 그에게 영광과 권능이 세세에 무궁토록 있느니라"(벧전 4:10-11).

하나님의 청지기는 하나님의 영광만을 위해 충성해야 합니다. 사도 바울이 행한 선교 사역의 행적에는 언제나 예수 이름과 하나님의 영광만이 나타났습니다.

- "그런즉 너희가 먹든지 마시든지 무엇을 하든지 다 하나님의 영광을 위하여 하라"(고전 10:31).

오늘 우리는 모두 하나님의 형상대로 지음받은 하나님의 자녀들이며, 또한 하나님의 청지기로 부름받은 하나님의 사람들입니다.

✼ 하나님의 청지기 된 우리는 어떠한 삶을 살아야 할까요?

첫째, 하나님의 영광만을 위하여 살아야 합니다(고전 10:31). 잠시 이 세상 사는 동안 내 목적이나 영광을 추구해서는 안 될 것입니다.

둘째, 하나님이 내게 맡겨 주신 사명만을 위해 살아야 합니다.
"땅 끝까지 이르러 내 증인이 되리라"(행 1:8).

셋째, 날마다 하나님만을 바라보는 삶을 살아야 합니다(골 3:1-3). 해바라기가 해만 바라보며 은혜의 햇살을 받아 살아가듯, 하나님의 청지기도 하나님만을 바라보며 하나님이 주시는 은혜와 능력을 힘입어 살아야 합니다.

- "내가 산을 향하여 눈을 들리라 나의 도움이 어디서 올꼬 나의 도움이 천지를 지으신 여호와에게서로다"(시 121:1-2).

넷째, 날마다 하나님의 뜻만을 좇는 삶을 살아야 합니다. 모세가 하나님의 명령을 따라 행하였듯이 오늘날 우리도 성령의 감동을 좇아 충성을 다하는 하나님의 청지기가 되어야겠습니다.

- "네가 죽도록 충성하라 그리하면 내가 생명의 면류관을 네게 주리라"(계 2:10).

 ## 4. 하나님의 사랑
-요 3:16

인간은 누구나 태어나는 날이 있고 죽음을 맞이하는 날이 있습니다. 아무도 하나님이 정하신 이 운명의 길을 벗어나지는 못합니다. 인생이란 참으로 짧은 것입니다.

> "모든 육체는 풀과 같고 그 모든 영광이 풀의 꽃과 같으니 풀은 마르고 꽃은 떨어지되 오직 주의 말씀은 세세토록 있도다"(벧전 1:24-25).

인생도 그 영화도 잠시 지나가면 그 끝날이 이르게 됨을 성경은 가르쳐 줍니다. 나는 사할린에서 고국을 그리며 살아가고 있는 어느 노부부의 이야기를 들었습니다. 그들은 이렇게 말했습니다.

"우리는 70세가 넘었습니다. 이제 무슨 욕망이 있겠습니까? 돈도 싫고, 부귀영화도 싫습니다. 단지 우리의 소원은 떠나온 고국에 돌아가 내 나라, 내 조국 땅을 한번 밟아 보고 그곳에 묻히는 것뿐입니다. 이 안타까움 때문에 잠을 이루지 못하고 날마다 울며 밤을 지새웁니다."

❋ 성경은 인생에 대하여 다음과 같이 들려주십니다.

인생은 짧은 것입니다. 인생은 참으로 헛것 같고, 지나가는 그림자 같습니다(시 102:11). 또 잠깐 보이다가 없어지는 아침 안개와도 같습니다(약 4:14). 인생은 풀과 같고(시 90:5-6), 잠깐 자는 것 같습니다(시 90:5).

"우리의 년수가 칠십이요 강건하면 팔십이라도 그 년수의 자랑은 수고와 슬픔뿐이요 신속히 가니 우리가 날아가나이다"(시 90:10).

"여호와여 사람이 무엇이관대 주께서 저를 알아주시며 인생이 무엇이관대 저를 생각하시나이까 사람은 헛것 같고 그의 날은 지나가는 그림자 같으니이다"(시 144:3-4).

인생을 일컬어 '잠시 이 세상을 지나가는 나그네'라고 표현했습니다. 야곱은 노년에 이런 고백을 했습니다.

"내 나그네 길의 세월이 일백 삼십 년이니이다 나의 연세가 얼마 못되니 우리 조상의 나그네 길의 세월에 미치지 못하나 험악한 세월을 보내었나이다"(창 47:9).

"주 앞에서는 우리가 우리 열조와 다름이 없이 나그네와 우거한 자라 세상에 있는 날이 그림자 같아서 머무름이 없나이다"(대상 29:15).

나그네란 잠시 머무르다가 반드시 떠나야 하는 존재입니다. 돈을 많이 가졌든 적게 가졌든, 신분이 높든지 낮든지 간에 나그네의 운명은 동일한 것입니다.

인간이란 풀잎처럼 세상 바람에 쉽게 흔들리는 연약한 존재입니다. 인간은 누구나 고독에 잠기며 또한 예측할 수 없는 미래를 내다보며 불안을 느낍니다. 그리고 종국에는 죽음을 맞을 수밖에 없는 시한부적 존재이기도 합니다. 어느 시인은 인생을 노래하여 "고해에 떠 있는 일엽편주(一葉片舟)라고 읊었습니다. 망망대해에 떠 있는 작은 배 한 척에 외로이 실린 운명, 이것이 곧 인생이라는 말입니다. 때로는 폭풍우가 몰려오고, 또 때로는 거친 파도가 노도와 같이 밀려와 공포에 사로잡혀 떨어야 하는 것이 인생입니다. 그리고 종국에는 세상 파도에 휩쓸려 침몰되고 마는 존재가 나그네 인생입니다. 참으로 나그네 인생이란 헛되고 헛된 세월을 지날 뿐입니다.

이렇듯 인생이 헛되다는 것을 알면서도 그 헛된 세월의 길을 달려가기 위해 나그네들이 모인 곳이 이 세상입니다. 어떤 사람은 욕망의 바람을 잡으려고 뛰어갑니다. 또 어떤 사람은 행복의 파랑새를 잡으려고 꿈길을 달려갑니다. 또 어떤 사람은 허영의 신기루를 좇아 죽음의 사막길을 달려갑니다. 그러나 이 모두가 다 헛되고 부질없는 일입니다. 결국에는 공허와 실망만이 기다릴 뿐입니다.

오늘의 이 사회는 헛되고 부질없는 인생사를 적나라하게 보여 줍니다. 태산같이 쌓아 놓은 돈더미 앞에 앉은 재벌의 귓전에는 노조원들의 원망에 찬 고함소리만이 들릴 뿐입니다. 정치권력의 정상에 오른 대통령의 귓전에도 원망과 분노에 찬 적대 세력의 비난 소리뿐입니다.

"전도자가 가로되 헛되고 헛되며 헛되고 헛되니 모든 것이 헛되도다 사람이 해 아래서 수고하는 모든 수고가 자기에게 무엇이 유익한고 내가 해 아래서 행하는 모든 일을 본즉 다 헛되어 바람을 잡으려는 것이로다"(전 1:2-3, 14).

이렇듯 인생이 짧고 헛되며 죽음으로 모든 것이 끝난다면 인간은 무엇 때문에 존재해야 합니까? 결혼은 왜 하고, 자녀는 왜 낳고 키우며, 학교는 왜 다녀야만 합니까? 돈은 벌어서 무엇하며, 생존 경쟁에서 이겨 성공하고 출세하는 것은 무슨 의미가 있는 것입니까? 이러한 물음에 대하여 명확한 답을 얻을 수 없다면 남는 것은 허무와 공허뿐입니다. 그러므로 인생을 영위하기 전에 먼저 나 자신의 존재의 의미와 삶의 목적을 분명히 깨달아야 합니다.

인간은 도대체 어디에서 온 것일까요? 왜 고달픈 인생을 영위하다가 종국에는 죽음으로 끝나고 마는 것일까요?

이 물음에 답할 수 없는 사람들은 두 가지 유형의 인생길을 걷게 됩니다. 그 하나는 삶의 현주소를 포기한 알코올 중독자와 마약 중독자와 염세주의자이며, 또 다른 하나는 짐승과 같은 삶을 살아가는 정치권력자·고리대금업자·악덕기업주·인신매매업자·깡패·창녀·강도·살인자 등입니다. 이러한 인간의 모습은 부정적인 인생론을 지닌 세상적 차원의 삶이라고 말할 수 있습니다.

이제 우리는 성경으로 돌아가서 긍정적이고도 소망적인 인생론을 정립해 보아야겠습니다. 하나님은 인간을 창조하신 창조주이시며 또한 영혼과 생명을 주신 영적인 아버지이십니다. 하나님께서는 자신의 피조물인 첫 사람 아담을 사랑하셨고, 그에게 넘치는 복을 주셨습니다. 그리고 그에게 단 한 가지를 요구하셨는데, 그것은 피조물로서 조물주에게, 또한 자녀로서 생명의 아버지에게 순종하라는 것이었습니다.

하나님께서는 첫 사람 아담과 행위계약을 맺으셨습니다.

"동산 각종 나무의 실과는 네가 임의로 먹되 선악을 알게 하는 나무의 실과는 먹지 말라 네가 먹는 날에는 정녕 죽으리라"(창 2:16-17).

이것은 아담에게 순종을 요구하시는 하나님의 시험이었습니다. 아담이 그 명령을 지키면 낙원에서 영생복락을 누릴 것이고, 이것을 지키지 않으면 낙원에서 쫓겨나 영원히 멸망할 것을 하나님은 미리 알려 주셨습니다. 하나님으로부터 이 명령을 받은 아담은 그 말씀을 마음 깊이 두려움으로 받아 간직하였고, 아내 하와에게도 하나님의 이러한 명령을 마음 깊이 간직하고 지킬 것을 당부했습니다. 그러나 세월이 흐른 어느 날 영원히 돌이킬 수 없는 비극의 시간이 찾아오고야 말았습니다.

첫 사람 아담이 행위계약을 파기했습니다. 하나님의 명령을 하나님의 말씀으로 받지 않고 남편의 말로만 들은 하와가 뱀의 미혹을 받아 선악과를 따먹은 것입니다. 하와는 남편 아담에게도 선악과를 주어 먹게 했습니다. 이로써 하나님께서 아담과 맺은 행위계약이 깨어지게 되었습니다.

❋ 이렇듯 돌이킬 수 없는 영원한 불행을 자초한 이유는 무엇일까요?

첫째, 말씀을 들을 때 하나님의 말씀으로 받지 않고 사람의 말로 받았기 때문입니다.

둘째, 하나님께서 금하신 선악과나무 열매를 보고자 그 나무 가까이 갔기 때문입니다.

셋째, 뱀의 미혹, 즉 마귀의 미혹을 받았을 때 즉시 물리치지 않았기 때문입니다.

넷째, 범죄한 아내가 마귀에게 미혹된 것을 책망하지 않고 인정에 이끌렸기 때문입니다.

아담은 행위계약을 파기한 범죄자의 모습을 보여 줍니다. 이렇듯 행위계약을 깨뜨린 범죄자의 내면에는 혼돈과 흑암만이 남아 있었습니다(창 3:7-13). 그들은 벌거벗은 것에 대해 수치감을 느껴 무화과나무 잎으로 치마를 만들어 입었습니다. 또 죄책감과 양심의 소리로 인해 두려움에 떨며, 하나님을 피해 숲속 깊은 곳에 숨었습니다. 그러나 하나님 앞에 끌려나온 그들은 자기 죄를 타인에게 떠넘기려는 변명만 늘어놓았습니다.

행위계약을 파기한 그들에게 하나님의 심판과 저주가 임했습니다(창 3:14-19). 뱀은 배로 다니고 종신토록 흙을 먹어야만 하고, 여자에게는 잉태와 출산의 고통이 형벌로 내려졌습니다. 또 남자는 종신토록 수고해야만 그 소산을 먹을 수 있도록 노동의 대가를 치르게 하셨습니다. 더욱이 너는 흙이니 흙으로 돌아가라는 절망적 선고를 받게 되었습니다(창 3:14-19).

그러나 하나님께서는 저주하신 그들에게 긍휼을 베푸셨습니다(창

3:21). 하나님께서는 인간 스스로 죄의 수치를 가릴 수 없음을 보시고 짐승의 피를 흘려 그 가죽으로 옷을 지어 입히셨습니다.

"피 흘림이 없은즉 사함이 없느니라"(히 9:22).

하나님께서는 범죄한 인간을 에덴동산에서 내쫓으셨습니다.

"여호와 하나님이 에덴동산에서 그 사람을 내어 보내어 그의 근본 된 토지를 갈게 하시니라"(창 3:23).

이 말씀은 하나님과의 영원한 단절을 의미하는 것입니다. 이는 마치 전선이 끊어진 상태와 같습니다. 생명의 힘과 풍요로움을 영원히 상실한 채 영원한 흑암만이 남게 되었습니다.

"하나님의 생명에서 떠나 있도다"(엡 4:18).

영적 죽음이란 현세의 영적 곤고함과 내세의 영원한 지옥 형벌을 의미합니다. 또 하나님과 단절된 인간은 영적 감각 기능의 마비를 초래했습니다.

"저희가 감각 없는 자 되어"(엡 4:19).

미국이 사모아 섬에서 핵실험을 감행하였습니다. 그 결과 핵 방사능에 오염되어 감각 기능이 마비된 거북이 떼가 뜨거운 모래사장으로 깊이 들어가 떼죽음을 당하고 말았습니다. 이러한 상태가 범죄한 인간의 운명입니다. 범죄로 말미암아 하나님과 단절된 인간이 자신들의 비참한 상태를 깨닫고 생명의 원천 되시는 하나님께로 돌아가고자 하는 몸부림이 인류의 역사를 만들어 왔습니다. 그러한 몸부림은 도덕과 철학과 종교와 선행으로 나타났습니다. 그러나 이러한 인간의 노력으로는 결코 하나님께로 돌아갈 수도 없고, 또한 잃어버린 생명의 힘과 풍성한 삶을 되찾을 수도 없습니다. 이는 마치 끊어진 전선이 스스로 이어질 수 없는 이치와 같습니다.

하나님의 아가페 사랑이 절망에 처한 인간들에게 빛으로 찾아오셨습니다(요 3:16). 끊어진 전선이 이어질 수 있는 단 하나의 방법은 전기공이 다른 전선을 가지고 끊긴 양쪽을 이어 주는 것입니다. 이를 통해 다시금 전력이 흐르게 되고 풍성한 삶을 회복할 수 있는 것입니다. 이와 같이 하나님과 인간 사이의 단절을 인간의 힘으로 회복할 수 없다면 누가 우리를 이 비참한 운명에서 구원해 주시겠습니까?

단 한 분이 계십니다. 그분은 곧 하나님의 아들 예수 그리스도이십니다. 그분이 하나님의 보내심을 받아 인간의 육신을 입고 2천 년 전 이 세상에 찾아오셨습니다(요 3:16). 그리스도는 하나님과 인간 사이를 갈라놓은 죄의 문제를 해결해 주시기 위해 그가 친히 우리의 죄를 담당하시고 십자가에 못 박혀 피를 흘리셨습니다. 예수 그리스도는 나의 대속자, 나의 구원자, 나의 메시아이십니다(사 53:5-6).

"주 예수를 믿으라 그리하면 너와 네 집이 구원을 얻으리라"(행 16:31).

제2부

여호와 하나님

1. 신의 존재 증명 ▶ 51
2. 기독교의 유일성 ▶ 59
3. 하나님 본래의 성질 ▶ 66
4. 하나님의 성품 ▶ 72
5. 하나님의 명칭 ▶ 79
6. 유일신 하나님 ▶ 84
7. 삼위일체 하나님 ▶ 88
8. 생명의 주 되신 하나님 ▶ 95
9. 소원을 두고 행하게 하시는 하나님 ▶ 99
10. 소망을 살아계신 하나님께 두라 ▶ 104

1. 신의 존재 증명
-시 19:1-4

강양욱 목사는 성직자의 신분을 지닌 하나님의 종이었습니다. 이러한 그가 어떻게 무신론 사상을 지닌 북한 공산주의의 주요 인물이 될 수 있었을까요? 처음부터 그의 마음에 신이 존재하지 않았던 것일까요?

신이 참으로 존재하는지 그렇지 않은지의 문제는 역사 속에서 늘 논란이 되어 왔습니다. 과학 문명 이전의 사람들은 나름대로 신의 존재를 믿었고, 또한 신을 의지하고 두려워해야 할 대상으로 여겼습니다. 그들은 비가 많이 오거나 적게 오면 하늘을 바라보고 천지신명께 기우제를 지냈습니다. 그러나 과학 문명의 발달과 더불어 신에 대한 관념은 점차 희박해졌습니다. 이와 함께 과학만능주의・물질만능주의가 만연해짐에 따라 역사의 무대는 신본주의(神本主義)에서 인본주의(人本主義)로 바뀌게 되었습니다. 그리하여 시날 평지의 바벨탑이 서구 문명과 문화의 꽃으로 피어나 다시 재현되었을 때 '신(神)은 죽었다'는 망언까지 나오게 되었습니다. 그것은 인본주의에 심취해 있던 사람들이 20세기의 과학 문명이 실낙원을 복낙원으로 바꾸어 주리라고 확신했기 때문입니다. 그러나 이들의 허망한 꿈이 그 나래를 펴기도 전에 서구 문명은 제1, 2차 세계대전으로 초토화되고 말았습니다. 그리하여 인류는 무너진 과학 문명의 잔재 위에 무릎을 꿇고 다시금 절대자이신 하나님께 돌아가기 위한 신앙운동이 일어나게 된 것입니다.

신의 존재는 어떻게 알 수 있을까요? 우리가 전자오르간을 볼 때, 그것을 만드는 과정은 보지 못했어도 그 전자오르간을 만든 사람이 있다는 것에 대해서는 누구도 의심치 않습니다. 우주 공간의 해와 달과 별, 그리고 산과 바다와 평원, 저 떠가는 구름, 각종 짐승과 새와 꽃들과 물고기는 우연히 생겨난 것일까요? 아니면 신에 의해 창조된 결과물일까요?

✳ 인간이 신의 존재를 알 수 있는 방법은 다음의 두 가지로 나눌 수 있습니다.

첫째, 선천적 지식을 통해 알 수 있습니다. 선천적 지식이란 인간이 성장하면서 필연적으로 발전하는 지식을 말합니다. 사람이 위기에 직면할 때는 누구나 다 신을 찾게 됩니다. 또 양심을 거스르는 행동을 하거나 죄를 지었을 때 사람은 하나님을 두려워하는 본성을 갖고 있습니다. 이를 일컬어 종교성이라 부릅니다(행 17:22). 사람은 하나님을 의식하며 살도록 만들어졌습니다. 이것이 바로 하나님의 형상을 따라 창조된 인간이 짐승과 다른 점입니다.

둘째, 후천적 지식을 통해 신의 존재를 알 수 있습니다. 후천적 지식이란 인간이 성장하면서 체득하는 지식을 말합니다. 이 지식은 자연계시와 특별계시를 통해 얻게 됩니다.

첫째, 자연계시를 통해 신의 존재를 알 수 있습니다.

일반계시라고도 부르는 자연계시는 자연의 존재와 질서를 통해 신의 존재가 계시된다는 것입니다.

갓난아이가 성인으로 성장하면서 자연과 만물을 접하게 됩니다. 이러한 과정에서 많은 것을 보고 느끼고 생각하며, 그 속에서 어떤 질서를 발견하고 연구하게 됩니다. 그 결과로 나타난 것들이 천문학·생물학·의학·과학·지질학·인류학 등입니다. 그러나 공통적인 사실은 어느 분야의 학문이든지 깊이 들어가면 들어갈수록 신의 존재를 인정하지 않을 수 없는 것입니다. 신비한 우주 공간을 메운 별들의 세계, 또 인체의 정밀한 구조와 생명의 신비, 또 수많은 동물과 식물의 각기 다른 모습을 보면서 신의 존재와 창조를 고백하지 않을 수 없습니다. 누가 무한대의 우주 공간을 펼쳐 놓았으며, 신비로 가득 찬 천체를 하늘에 장식해 놓았을까요? 누가 정밀한 인체의 각 부분을 조직하고 생명의 신비를 부여했을까요? 누가 우주와 만물을 붙들고 섭리하기에 매일 아침 해가 뜨고, 지구가 돌아가고, 꽃이 피어나고, 새들이 지저귀는 것일까요? 우주와 만물이 오늘도 자연법칙의 질서 속에서 존재하는 것은 우연일까요, 아니면 신의 섭리일까요? 성경은 이 물음에 대해 이렇게 말해 줍니다.

> "하늘이 하나님의 영광을 선포하고 궁창이 그 손으로 하신 일을 나타내는도다 날은 날에게 말하고 밤은 밤에게 지식을 전하니 언어가 없고 들리는 소리도 없으나 그 소리가 온 땅에 통하고 그 말씀이 세계 끝까지 이르도다"(시 19:1-4; 참고 시 136:1-9).

어느 누가 신이 존재하지 않는다고 감히 말할 수 있겠습니까?

> "어리석은 자는 그 마음에 이르기를 하나님이 없다 하도다"(시 14:1).

❋ 신의 존재는 일반계시를 통해 세 가지 면에서 증명할 수 있습니다.

첫째, 우주론적 증거를 통해 증명할 수 있습니다.

원인이 없는 결과란 있을 수 없습니다. 즉, 어떤 사물이 존재한다는 것은 그 사물을 만든 사람이 있음을 암시해 줍니다. 여기에 하나의 시계가 있다면, 그것은 곧 그 시계를 만든 사람이 있음을 전제하는 것입니다. 이 세상에 존재하는 모든 것마다 우연이란 결코 없으며, 모든 존재는 창조의 결과일 뿐입니다. 이 세상에 존재하는 모든 것들은 다 그것을 만든 사람이 있는데, 하물며 신비로 가득 찬 우주와 만물이 어떻게 우연히 존재한다고 말할 수 있겠습니까? 하늘의 무수한 별들이 어떻게 우주 공간에 떠 있을 수 있을까요?

바닷속의 수천 종류의 물고기들, 하늘을 나는 새들, 땅 위를 기며 뛰는 수만 종류의 곤충과 짐승들, 또한 들판과 산야를 덮고 있는 형형색색의 꽃들과 나무들과 풀잎들은 어디에서 생겨난 것일까요? 어디 그뿐이겠습니까? 땅속에 묻혀 있는 금·옥·다이아몬드 등의 빛나는 보석들과 과학 문명 발달에 기여한 석탄·석유·구리·철·석회 등의 지하 자원들은 누가 묻어 두었을까요? 이 모든 것들을 면밀히 살펴볼 때, 우주와 만물이 완벽한 신적 지혜이며 신적 능력의 산물임을 고백하지 않을 수 없습니다. 그러나 세상의 우매한 일부 과학자들은 지금도 신의 존재를 믿지 않을 뿐 아니라 신의 창조도 인정하지 않습니다. 그들은 석유가 동물의 기름이라고 주장합니다. 그렇다면 이 세상 동물들이 다 중동 지역에 가서 집단 자살했다는 것일까요? 또 그들은 나무가 흙 속에 묻혀 오랜 세월이 지나는 과정 속에서 석탄이 되었다고 주장합니다. 그렇다면 수많은 나무들이 함께 행동하여 강원도 깊은 산 속 한곳에 묻혔단 말입니까? 이처럼 우주와 만물이 우연히 존재하게 되었다는 주장은 논리를 상실한 판단일 뿐입니다. 성경은 우주와 만물의 존재의 기원에 대하여 이같이 말해 줍니다.

"태초에 하나님이 천지를 창조하시니라"(창 1:1; 참고 시 33:6, 사 42:5, 45:18).

둘째, 목적론적 증거를 통해 증명할 수 있습니다.

우주 만물을 주의 깊게 관찰해 보면 각기 다른 목적이 있어 창조되었음을 분명히 알 수 있습니다. 예를 들면, 태양은 지면에 빛을 비춰 주고 열을 전달해 주어 사람과 생물이 생존할 수 있게 해 줍니다. 바다에는 수많은 물고기가 서식할 뿐 아니라 물 속에 용해되어 있는 염분으로 우리에게 소금을 제공하며, 수증기를 증발시켜 지표면에 적정한 온도를 유지하게 합니다. 산은 무성한 수목을 자라게 함으로써 인간에게 산소를 공급해 주고, 가뭄과 홍수의 피해를 막아 줍니다. 또 수많은 종류의 광물이 묻혀 있어 과학 문명 발달에 절대적으로 기여하고 있습니다.

또 하나 예를 들면, 사람을 구성하고 있는 여러 기관들도 각기 다른 목적이 있음을 알 수 있습니다. 눈은 세상을 보고, 귀는 소리를 들으며, 입은 생각을 말로 표현합니다. 발은 원하는 곳으로 우리를 인도하고, 손은 무엇이든 목표한 것을 잡을 수 있게 합니다.

이외에도 각 기관에는 더 풍성한 여러 가지 기능과 목적이 있습니다. 인체 속에 있는 위·심장·폐·간·신장 등의 기관들도 보이지는 않지만 일정한 질서에 따라 각각의 목적을 수행하고 있습니다. 또 세상 만물은 모두 어떤 목적이 있어 창조되었음을 분명히 알 수 있습니다. 새는 날기 위해서 날개가 있고, 물고기는 헤엄치기 위해 부레와 지느러미가 있는 것입니다. 이러한 창조의 완벽한 지혜와 능력을 볼 때 우리는 신의 존재를 인정하지 않을 수 없습니다.

셋째, 생명의 증거를 통해 증명할 수 있습니다.

사람 외에도 동물이나 식물이나 작은 곤충·미생물 하나에 이르기까지 살아 있는 모든 생물은 생명체라는 공통점을 지니고 있습니다. 생명체란 곧 생명을 지닌 존재를 뜻하는 것입니다.

그렇다면 생명이란 무엇이며, 또 이 생명은 어디서부터 시작된 것일까요? 우리는 부모님에게서 생명을 이어받았고, 우리의 부모님은 조부모님을 통해 그 생명을 이어받았습니다. 그렇다면 지구상에 존재한 첫 번째 인간의 생명 기원은 어디일까요? 이 물음에 정확하게 대답할 사람은 이 지구상에 단 한 사람도 없습니다. 왜냐하면 그 시대에 살았던 사람은 지금 아무도 없으며, 생명의 시작을 목격한 사람도 없기 때문입니다. 결국 이 물음에 대답할 수 있는 존재는, 최초의 사람에게 생명을 부여한 신(神)뿐일 것입니다. 생명의 기원에 대한 성경의 말씀을 들어봅시다.

"대저 생명의 원천이 주께 있사오니 주의 광명 중에 우리가 광명을 보리이다"(시 36:9; 참고 창 2:7).

둘째, 특별계시를 통해 신의 존재를 알 수 있습니다.

일반계시로는 신의 존재와 위대성을 느낄 수 있지만 신을 직접 체감할 수는 없습니다. 그 까닭은 인간이 죄로 인해 영적 지혜가 어두워졌기 때문입니다(고전 1:21). 따라서 하나님은 특별계시를 통하여 자신이 누구인지를 인간들에게 보여 주셨습니다. 그렇다면 특별계시란 무엇입니까? 그것은 하나님께서 인간에게 직접 자신의 뜻을 드러내신 것을 말합니다.

✳ 특별계시는 다음 세 가지로 나타납니다.

첫째, 하나님께서 직접 인간에게 자신을 나타내 보여주셨습니다.
하나님은 하늘에 계시지만 동시에 우주 공간 어디에나 임재해 계십니다. 성경의 기록을 보면, 하나님은 때로 자신의 종들에게 자신의 임재를 느낄 수 있도록 직접 나타내 보여 주셨습니다. 하나님은 아브라함

(창 15:12-21)과 모세(출 3:4-22)와 엘리야(왕상 19:15-16)와 욥(욥 38:1-4)에게 자신의 모습을 나타내 보이셨습니다. 그러나 신약시대에 이르러서는 하나님이 직접 인간의 모습으로 인간 세계에 찾아오셨습니다. 그리스도가 이 세상에 오심으로 죄인 된 인간이 하나님을 직접 뵙게 된 것입니다(요 1:14, 4:26, 9:37).

둘째, 하나님의 직접적 전달입니다.
하나님은 자신의 생각과 의지를 여러 가지 방법을 통해 그의 종들에게 나타내 보이셨습니다. 음성을 통해 들려주시거나(창 7:1, 12:1; 출 6:1), 꿈으로 보여 주시거나(창 20:3-7, 28:12-15), 환상을 통해 보여주셨습니다(사 6:1-13; 겔 8:1-18; 단 2:19). 또 계시의 영을 통해 선지자들에게 자신의 뜻을 계시하셨습니다. 신약시대 이후에는 성령을 모든 믿는 자에게 보내 주셔서 직접 가르치시고, 생각나게 하시고, 하나님의 뜻을 행할 수 있도록 감동을 주셨습니다(요 14:26; 빌 2:13).

셋째, 하나님의 이적입니다.
이적은 하나님의 특별한 권능이 나타난 것이며, 특별한 임재의 상징이기도 합니다. 우리는 구약성경 속에서 하나님이 이스라엘 백성에게 행하신 놀라운 이적들을 보게 됩니다. 홍해를 갈라 건너게 하셨고, 이스라엘 민족이 광야를 헤매던 40년 동안 불기둥과 구름기둥으로 그들을 지키셨으며, 요단 강물을 멈추게 하여 언약의 땅 가나안에 들어가게 하셨습니다. 또 여리고 성을 7일 동안 돌게 하신 후 그 성을 무너뜨리셨고, 아모리 족속과 전쟁할 때 여호수아의 간구를 들으시고 해와 달이 머물게 하셔서 이스라엘 민족에게 승리를 주셨습니다. 그리고 신약에서도 예수님과 제자들이 행하였던 초자연적인 기적들을 볼 수 있습니다. 예수님은 갈릴리 바다의 풍랑을 꾸짖어 잠잠케 하셨고, 바다 위를 걸으셨으며, 보리떡 다섯 개와 물고기 두 마리로 5천 명을 먹이셨고, 죽은 나사로를 살리셨습니다. 또 베드로가 지나갈 때 그 그림자에 덮이는 사람마다 병이 나았고, 바울의 손수건을 병든 자에게 얹었을 때 다 나음을 입었습니다. 이러한 이적은 악인을 벌하시고 하나님의 백성을 구원하는 데 사용되었습니다. 하나님께서는 땅이 갈라지게 하셔서 모세를 대적하던 고라와 그의 가족을 멸하셨습니다. 그리고 사자의 입을 막으셔서 사자굴에 던져진 다니엘을 보호하셨습니다.

이적은 또한 하나님의 종들이 언약을 믿게 하는 수단이었습니다. 하나님은 출애굽의 지도자로 모세를 택하시고 그에게 그 뜻을 여러 차례 말씀하셨지만, 모세는 좀처럼 확신을 갖지 못했습니다. 그때 하나님은 모세에게 이적을 보여 주셨습니다. 모세가 하나님의 명령대로 지팡이를 던졌을 때 그것이 뱀으로 변했고, 뱀의 꼬리를 잡았을 때 지팡이로 변했습니다. 성경에 나타난 이적의 절정은 역시 예수 그리스도의 성육신 사건이라고 말할 수 있습니다. 예수님이 인간의 몸을 입으시고 인간 세계에 찾아오신 것은 모든 이적 중에서 가장 큰 이적이었습니다.

갓난아이를 낳은 어머니가 존재하는 것은 당연한 것입니다. 꽃밭을 보고 우리는 그 꽃밭을 가꾼 사람이 있다는 것을 알 수 있습니다. 존재란 이처럼 창조의 결과입니다. 우리는 우주 만물 속에서 신적 생명과 신적 지혜와 신적 능력이 지금도 살아 숨쉬고 있는 것을 느낄 수 있습니다. 또 성경 속에 나타난 신의 현현과 이적과 성취는 신의 존재를 명백히 보여 주는 영적 거울입니다.

2. 기독교의 유일성
-사 44:6

"이스라엘의 구속자이신 만군의 여호와가 말하노라 나는 처음이요 나는 마지막이라 나 외에 다른 신이 없느니라"(사 44:6).

인류역사의 시작과 더불어 지구상에 존재하는 모든 사람들이 각기 자기 나름대로의 신을 찾게 되었습니다. 그것은 사람은 누구나 다 인간의 연약성을 절감하기 때문입니다. 비가 오지 않아 가물 때에 천지신명께 기우제를 지냈으며, 또한 고기 잡으러 바다로 나가는 어부들은 해마다 거센 풍랑을 만나지 않도록 용왕제를 지냈습니다.

역사의 변천과 더불어 지구촌 곳곳마다 각기 다른 종교권이 형성되었습니다. 중동의 이슬람권, 인도의 힌두권, 아시아의 불교권, 동유럽과 남미의 천주교권, 미국과 서구의 기독교권 등…. 이처럼 지구촌은 곧 여러 형태의 종교권으로 나누어진 퍼즐이라 말할 수 있습니다.

모든 종교의 공통성은 그들의 신앙의 대상인 신이 있어야 하며 또한 그 신의 말씀인 경전이 있어야 하는 것입니다. 그렇다면 지구촌 안에 존재하는 종교마다 각기 다른 신이 존재한다는 결론에 이르게 됩니다. 다시 말해 불교의 신, 힌두의 신, 이슬람의 신, 기독교의 신, 그리고 수많은 토속 종교의 신들이 존재하게 되는 것입니다.

그러나 이러한 추론은 어디까지나 인간의 이성의 산물일 뿐입니다. 즉 각기 종교마다 그들의 신이 존재하는 것이 아니라 그들 종교의 창시자가 고안해낸 가상의 존재가 곧 그 종교의 신으로 불리어진 것입니다. 따라서 그들 종교의 경전도 그들이 신앙하는 신의 말씀이 아니라 그들 종교의 창시자가 지어낸 인간의 글일 뿐입니다. 또한 그들 종교에 있어서 그 신을 섬기는 예법과 모든 종교행사도 다 역사의 변천 따라 그 종교의 지도자들이 고안하여 만든 것에 불과할 뿐입니다.

이 세상이 하나이듯이 또한 이 세상을 창조하신 신도 한 분뿐이십니다. 따라서 이 세상에 존재하는 모든 종교 중 단 하나만이 참 종교이며 그 나머지는 허구이며 거짓 종교에 불과할 뿐입니다. 그렇다면 어느 종교가 이 세상을 창조한 신을 섬기는 참된 종교이겠습니까? 그 해답은 단 하나뿐입니다.

참 종교는 유일신 하나님을 믿는 기독교뿐입니다. 기독교만이 구원이 있고 축복이 있고 영생복락 하는 내세가 있습니다.

❋ 기독교가 참 종교임을 다음과 같이 입증합니다.

첫째, 신의 계시에 의한 종교입니다.

모든 종교의 신은 실존하지 않지만 기독교의 유일신은 실존하시며 영원불변하시는 절대자이십니다. 기독교 외에 타종교는 인간의 이성으로 그들의 신과 그들의 경전을 고안해 냈습니다. 반면 기독교는 유일신 하나님께서 그의 백성 이스라엘에게 그 자신을 나타내 보여 주셨고 또한 그의 뜻을 밝히 말씀해 주셨습니다. 하나님께서는 모세에게 자신이 누구인지를 이렇게 들려주셨습니다.

"나는 스스로 있는 자니라."

"나는 너희 조상의 하나님 곧 아브라함의 하나님 이삭의 하나님 야곱의 하나님 여호와라"(출 3:14-15).

이처럼 기독교의 유일신 하나님은 영원 전부터 영원까지 자존하시는 절대자이심을 말씀해 주십니다. 이 자존하시는 하나님만이 유일신이시며 또한 그 자신을 계시해 주심으로 발생된 기독교만이 참 종교인 것입니다.

"이스라엘아 들으라 우리 하나님 여호와는 오직 하나인 여호와시니 너는 마음을 다하고 성품을 다하고 힘을 다하여 네 하나님 여호와를 사랑하라"(신 6:4-5).

◆ 하나님의 계시 ◆

아브라함(창 12:1-4), 야곱(창 28:13-15), 모세(출 3:5-15), 여호수아(수 1:1-9), 사무엘(삼상 3:21, 16:1-3), 솔로몬(왕상 3:5), 엘리야(왕상 18:1, 19:15-16), 이사야(사 6:1-3, 8), 예레미야(렘 1:4-10), 에스겔(겔 8:1-4)

둘째, 내세관이 뚜렷한 종교입니다.

대다수의 종교가 지닌 공통성은 현세에 국한된 것들로서 시련과 고난에서의 구원과 형통한 축복이라 말할 수 있습니다. 그러나 이것들은 진정한 종교의 궁극적 목적이라 말할 수 없습니다. 사람은 누구나 다 짧은 생이 끝남과 동시에 죽음을 맞이하기 때문입니다.

따라서 종교가 존재해야 할 궁극적인 목적은 고난에서의 구원도, 또는 형통한 축복이 아니라 죽음으로부터의 영원한 해방 곧 영생인 것입니다. 따라서 죽음의 문제를 해결해 줄 수 없는 종교는 아무 믿을 가치도 없는 것입니다.

그렇다면 이 세상 그 어느 종교가 인간의 죽음 문제를 해결해 줄 수 있겠습니까? 그 해답은 유일신 하나님을 믿는 기독교뿐임을 명확히 입증할 수 있습니다.

1. 하나님은 생명의 원천이십니다.

"대저 생명의 원천이 주께 있사오니 주의 광명 중에 우리가 광명을 보리이다"(시 36:9).

"여호와 하나님이 흙으로 사람을 지으시고 생기를 그 코에 불어 넣으시니 사람이 생령이 된지라"(창 2:8).

2. 기독교의 창시자이신 예수 그리스도의 무덤은 비어 있습니다.

기독교 외의 모든 종교의 창시자들은 이미 다 죽었고, 또 저들의 무덤은 그들 종교의 성지로서 잘 보존되고 있음을 보게 됩니다. 그러나 기독교의 창시자이신 예수 그리스도의 무덤만은 비어 있습니다. 이는 무엇을 말해줍니까? 예수 그리스도는 지금도 살아 계셔서 우리의 생명이 되시고 능력의 원천 되심을 말해 주는 것입니다.

"예수께서 가라사대 나는 부활이요 생명이니 나를 믿는 자는 죽어도 살겠고 무릇 살아서 나를 믿는 자는 영원히 죽지 아니하리니 이것을 네가 믿느냐"(요 11:25-26).

3. 하나님은 죽은 자들을 살리시는 생명의 주인이십니다.

- 수넴 여자의 아들을 살리심(왕하 4:35).
- 다비다를 살리심(행 9:36-40).
- 유두고를 살리심(행 20:9-11).

"이에 성소휘장이 위로부터 아래까지 찢어져 둘이 되고 땅이 진동하며 바위가 터지고 무덤들이 열리며 자던 성도의 몸이 많이 일어나되 예수의 부활 후에 저희가 무덤에서 나와서 거룩한 성에 들어가 많은 사람에게 보이니라"(마 27:51-53).

"보라 내가 너희에게 비밀을 말하노니 우리가 다 잠잘 것이 아니요 마지막 나팔에 순식간에 홀연히 다 변화하리니 나팔 소리가 나매 죽은 자들이 썩지 아니할 것으로 다시 살고 우리도 변화하리라"(고전 15:51-52).

셋째, 하나님에 관한 역사가 뚜렷한 종교입니다.

모든 종교가 지닌 신적 역사를 종합해 보면, 설화와 구전에 의해 씌어진 것들임을 알 수 있습니다. 다시 말해 기독교 외에 모든 종교가 지닌 신적 역사는 인간이 만들어 낸 허구에 불과할 뿐입니다. 반면, 기독교 경전 속에 기록된 신적 역사는 역사적 사실로서 신비로 가득 차 있음을 보여줍니다.

하나님께서는 그의 신적 지혜와 능력으로 천지만물과 인간을 창조하셨습니다. 하나님께서는 그의 능력으로 이스라엘 민족을 애굽에서 구원해 내셨고, 또한 40년 광야 생활 동안 불기둥·구름기둥으로 그들 속에 임재해 계셨습니다. 하나님께서는 흐르는 요단 강물을 멈추시고 여리고성을 무너뜨리심으로 여호수아로 하여금 가나안을 정복케 하셨습니다. 하나님께서는 엘리야의 기도를 들으시고 그 응답으로 불과 폭우를 쏟아주셨습니다. 하나님께서는 최대의 신비이며 이적인 예수 그리스도의 성육신을 동정녀 마리아를 통해 성취하셨습니다. 하나님께서는 오순절 성령 강림을 실현시키심으로 기독교 발생과 천국확장사역을 시작하셨습니다.

이렇듯 성경 속에 기록된 이 모든 신적 역사는 역사적 사실이며 또한 신비 그 자체입니다. 즉 기독교의 하나님은 영원불변하시는 유일신이시며 자연계와 인류역사를 주관하시고 섭리하시는 전능자이십니다.

넷째, 역사라는 단어 자체가 그리스도를 가리킵니다.

인류가 시작된 이래 오늘날까지 있었던 모든 일을 일컬어 역사라고 말합니다. 역사란 영어 문자로 History로서 His Story, 즉 그 사람의 이야기입니다. 여기서 그 사람은 누구를 가리키겠습니까? 바로 역사의 중심 되신 예수 그리스도를 가리킵니다.

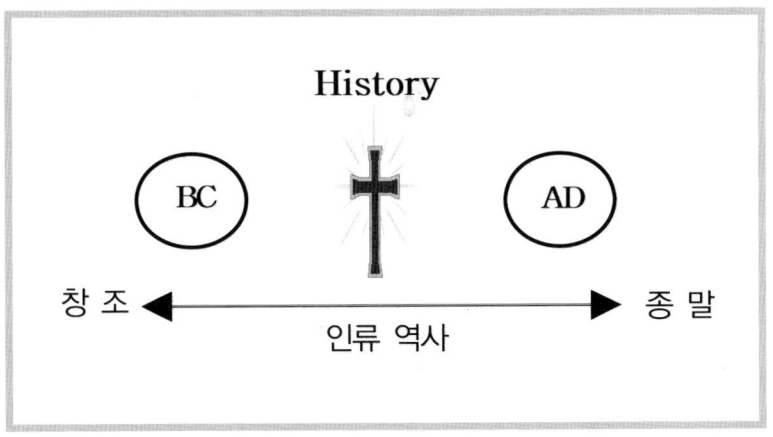

인류 역사는 예수 그리스도를 중심으로 BC와 AD로 나누어집니다.
BC는 'Before Christ'의 약자로서 그리스도 이전시대를 가리킵니다. AD는 'Anno Domini'의 약자로서 그리스도 이후시대를 가리킵니다. 따라서 예수 그리스도는 역사 자체이시면서 또한 인류역사의 분수령이 되신 만왕의 왕, 만유의 주 되신 메시아이십니다.

예나 지금이나 지구촌 모든 사람들이 다 함께 사용하는 캘린더는 인류역사의 표기인 BC와 AD로 표시된 달력입니다. 이것은 기독교만이 참 종교임을 입증해 주는 것입니다.

다섯째, 기독교 정경인 성경은 곧 현대 문명과 문화의 뿌리입니다.

인류역사를 살펴볼 때, 기독교 경전인 성경이 인류에게 끼친 영향은 절대적이라 말할 수 있습니다. 성경이 들어가는 곳마다 기독교 신앙과 사상이 모든 인간을 개화시켰고 또한 성경진리가 인류의 문명과 문화의 꽃을 피웠습니다. 인류역사 속에 문화의 꽃으로 피어난 중세시대의 음악과 미술과 철학이 기독교 성경의 신앙과 사상의 표현이었습니다. 또한 현대 문명의 꽃을 피운 미국 건국의 바탕이 바로 기독교 경전인 성경인 것입니다.

오늘 21세기 현대 문명과 문화 속에 살아 숨쉬는 예술과 과학·정치·경제·사회복지, 그 어느 분야든지 성경의 생명력이 살아 꿈틀거림을 느껴봅니다. 기독교 경전인 성경은 역사의 시작과 진행이며 또한 역사의 마침입니다.

기독교만이 유일한 종교이며 하나님만이 유일한 신이시며 기독교 경전인 성경만이 유일한 신의 계시의 말씀입니다.

3. 하나님 본래의 성질

 한한 존재인 인간이 무한하신 하나님에 대하여 연구하거나 논하는 것은 불가능 그 자체일 뿐입니다. 다만 하나님이 인간에게 자신을 계시해 주신 범위 내에서만 하나님에 대하여 연구하며 가르칠 뿐입니다. 웨스트민스터 소요리 문답서에는 하나님에 대하여 다음과 같이 정의해 놓았습니다.

'하나님은 그 존재에 있어 무한하시고 영원하시며 불변하시는 영으로서 지혜와 능력과 거룩과 공의와 선하심과 진리이시다.'

하나님의 本質(본질)이란 하나님의 본래의 성질 또는 하나님의 본바탕을 의미하는 것입니다.

첫째, 하나님은 영(靈)이십니다.

"하나님은 영이시다"라는 말은 하나님의 신적 본질을 가장 잘 표현해 주는 말입니다. '영'은 움직이는 바람이라는 뜻입니다. 하나님은 바람처럼 무형적·영적 존재이면서 동시에 바람이 움직이듯 살아 행동하시는 인격적 존재이십니다. 하나님의 본질을 가리켜 영이라 함은 오로지 하나님만이 가지고 계시는 신적 특성을 말해주는 것입니다. 성경은 신적 특성을 지닌 무한 완전하신 영이신 하나님에 비례하여, 인간을 가리켜 육체적 존재라 부르는데 그것은 인간의 유한성과 불완전성을 의미하는 것입니다.

예수님은 하나님의 영성에 대하여 이렇게 말씀하셨습니다.

"하나님은 영이시니 예배하는 자가 신령과 진정으로 예배할지니라"(요 4: 24).

이처럼 하나님은 본질적으로 몸의 형체가 없으신 영이십니다. 따라서 하나님은 우리 눈으로 볼 수 없으며 또한 손으로 만질 수 없는 영이십니다. 바로 이 하나님이 사람의 눈으로 볼 수 있고 또 손으로 만질 수 있는 몸의 형체로 이 세상에 찾아오신 분이 바로 예수 그리스도이십니다.

사도 요한은 본질적으로 영이신 하나님이 육신을 입고 이 세상에 찾아오신 예수 그리스도에 대해 다음과 같이 기록해 놓았습니다.

"태초부터 있는 생명의 말씀에 관하여는 우리가 들은 바요 눈으로 본 바요 주목하고 우리 손으로 만진 바라 이 생명이 나타내신바 된지라 이 영원한 생명을 우리가 보았고 증거하여 너희에게 전하노니 이는 아버지와 함께 계시다가 우리에게 나타내신바 된 자니라"(요일 1:1-2).

이처럼 하나님은 영이시기에 사람의 눈으로 하나님의 영적 실체를 보고자 하는 무지의 신앙인이 되어서는 안 될 것입니다.

❋ 영이신 하나님의 특성은 다음과 같습니다.

(1) 하나님은 무형적 존재이십니다.

바람이 형체가 없으나 실존하듯이 하나님도 형체가 없으시지만 실존하시는 무형적 존재이십니다. 이처럼 하나님은 무형적 존재이시기에 사람의 눈으로 볼 수 없는 영이십니다.

"오직 그에게만 죽지 아니함이 있고 가까이 가지 못할 빛에 거하시고 아무 사람도 보지 못하였고 또 볼 수 없는 자시니 그에게 존귀와 영원한 능력을 돌릴지어다"(딤전 6:16).

그렇다면 유형적 실체로 성경에 기록된 하나님의 모습을 어떻게 이해하고 받아들여야 하겠습니까?

하나님께서 말씀하시는 자로 표현되었습니다.

"그들이 날이 서늘할 때에 동산에 거니시는 여호와 하나님의 음성을 듣고"(창 3:8).

하나님께서 발을 가지신 분으로 표현되었습니다.

"주의 손으로 만드신 것을 다스리게 하시고 만물을 그 발아래 두셨으니(시 8:6).

하나님께서 손을 가지신 분으로 표현되었습니다.

"주여 태초에 주께서 땅의 기초를 두셨으며 하늘도 주의 손으로 지으신 바라"(히 1:10).

하나님께서 눈을 가지신 분으로 표현되었습니다.

"여호와의 눈은 의인을 향하시고 그 귀는 저희 부르짖음에 기울이시는도다"(시 34:15).

이렇듯 하나님이 물질적이며, 유형적으로 자신을 표현하셨는가에 대한 해답은 다음과 같습니다. 그것은 무한하신 하나님을 유한한 인간이 이해할 수 있도록 하나님을 사람과 같은 형체와 성품을 지닌 자로 나타낸 상징적 표현일 뿐입니다. 이러한 표현을 나타냄으로써 영이시며, 무형적인 하나님을 체감적으로 느껴볼 수 있게 해 줍니다. 또한 인간을 향하신 하나님의 관심과 행동과 그의 전능하심을 깨닫게 해 줍니다.

✽ 영이신 하나님의 모습을 다음 몇 가지로 표현하였습니다.

하나님은 성결의 영이십니다. 하나님이 성결하시므로 하나님께 속한 성전과 성도들이 성결해야 할 것을 성경은 가르쳐 주십니다.

"이제 너희는 성결케 하고 또 너희 열조의 하나님 여호와의 전을 성결케 하여 그 더러운 것을 성소에서 없이하라"(대하 29:5).

하나님은 진리의 영이십니다.

"이러므로 땅에서 자기를 위하여 복을 구하는 자는 진리의 하나님을 향하여 복을 구할 것이요 땅에서 맹세하는 자는 진리의 하나님으로 맹세하리니 이는 이전 환난이 잊어졌고 내 눈앞에 숨겨졌음이니라"(사 65:16).

하나님은 자유하는 영이십니다.

"주는 영이시니 주의 영이 계신 곳에는 자유함이 있느니라"(고후 3:17).

하나님은 편재하시는 영이십니다.

"내가 주의 신을 떠나 어디로 가며 주의 앞에서 어디로 피하리이까 내가 하늘에 올라갈지라도 거기 계시며 음부에 내 자리를 펼지라도 거기 계시니이다 내가 새벽날개를 치며 바다 끝에 가서 거할지라도 곧 거기서도 주의 손이 나를 인도하시며 주의 오른손이 나를 붙드시리이다"(시 139:7-10).

하나님은 영원하신 영이십니다.

"여호와의 다스리심이 영원 무궁하시도다"(출 15:18).

하나님은 영광의 영이십니다.

"너희가 그리스도의 이름으로 욕을 받으면 복 있는 자로다 영광의 영 곧 하나님의 영이 너희 위에 계심이라"(벧전 4:14).

둘째, 하나님은 인격이십니다.

하나님은 영이시지만 한편 지적이며 도덕적인 존재이십니다. 다시 말해 하나님은 무형적·비물질적 존재이시면서 한편 인격을 지니셨습니다.

"하나님이 모세에게 이르시되 나는 스스로 있는 자니라"(출 3:14).

"그는 뜻이 일정하시니 누가 능히 돌이킬까 그 마음에 하고자 하시는 것이면 그것을 행하시나니 그런즉 내게 작정하신 것을 이루실 것이라"(욥 23:13-14).

또한 하나님은 인격이신 고로 지·정·의의 심리적 특성을 지녔음을 성경은 가르쳐 주십니다. 하나님은 지성을 지니셨습니다.

"여호와여 주께서 나를 감찰하시고 아셨나이다 주께서 나의 앉고 일어섬을 아시며 멀리서도 나의 생각을 통촉하시오며 나의 길과 눕는 것을 감찰하시며 나의 모든 행위를 익히 아시오니 여호와여 내 혀의 말을 알지 못하시는 것이 하나도 없으시니이다"(시 139:1-4).

하나님은 감성을 지니셨습니다.

"여호와는 자비로우시며 은혜로우시며 노하기를 더디하시며 인자하심이 풍부하시도다… 아비가 자식을 불쌍히 여김같이 여호와께서 자기를 경외하는 자를 불쌍히 여기시나니 이는 저가 우리의 체질을 아시며 우리가 진토임을 기억하심이로다"(시 103:8, 13-14).

하나님은 의지를 지니셨습니다.

"오직 우리 하나님은 하늘에 계셔서 원하시는 모든 것을 행하셨나이다"(시 115:3).

이렇듯 인격을 지니신 하나님은 말씀하시고(창 1:3), 눈으로 보시고(창 11:5), 귀로 들으시고(시 94:9), 한탄하시고(창 6:6), 질투하시고(출 20:5), 자비를 베푸시는 하나님으로(시 111:4) 나타내 보이셨습니다.

셋째, 하나님은 무한히 완전하십니다.

하나님의 무한한 완전성은 그의 모든 피조물과 구별되게 하십니다. 그는 무한히 완전한 하나님으로서 어떠한 한계나 제한이 없으시며, 또한 그의 존엄하고 고상함이 그의 모든 피조물을 초월하십니다.

"여호와여 신 중에 주와 같은 자 누구니이까 주와 같이 거룩함에 영광스러우며 찬송할 만한 위엄이 있으며 기이한 일을 행하는 자 누구니이까"(출 15:11).

"여호와여 주는 온 땅위에 지존하시고 모든 신위에 초월하시니이다"(시 97:9).

이처럼 하나님은 무한히 완전하신 분으로서 어떠한 한계나 제한이 없으시며, 그의 존엄함과 고상함이 그의 모든 피조물을 초월해 계십니다.

4. 하나님의 성품

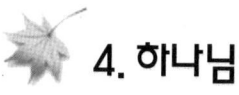나님은 자신을 그 명칭에서뿐만 아니라 그의 성품에서도 계시해 주십니다. 즉 그의 창조·섭리·구속사역에서 그의 완전성을 계시해 주십니다. 하나님의 성품은 절대적 속성(비공유적 속성)과 보편적 속성(공유적 속성)으로 나누어집니다.

첫째, 하나님의 절대적 속성입니다.

하나님의 절대적 속성이란 그의 피조물 중에서 유사점을 전혀 찾아 볼 수 없는 신적 완전성을 의미합니다. 따라서 이 속성은 하나님의 절대적 특성 또는 초월적 위대성을 강조해 줍니다.

(1) 하나님의 자존성(독립성)이 있습니다.

하나님께서는 그 자신의 존재의 필연성에 의해서 존재하시는 고로 인간과 같이 외부의 어떤 것에 그의 존재를 의존하지 않으십니다. 하나님은 그의 존재와 행위에 있어 독립적이어서 모든 피조물로 하여금 그를 의존케 하십니다.

"나는 스스로 있는 자니라… 곧 아브라함의 하나님, 이삭의 하나님, 야곱의 하나님 여호와라 하라 이는 나의 영원한 이름이요 대대로 기억할 나의 표호니라"(출 3:14-15).

이처럼 하나님은 그의 만물에 대해 독립적이며 또한 모든 만물이 그를 통해서만 존재함을 성경은 가르쳐 주십니다.

하나님은 그의 사상에서 독립하십니다.

"깊도다 하나님의 지혜와 지식의 부요함이여 그의 판단은 측량치 못할 것이며 그의 길을 찾지 못할 것이로다"(롬 11:33).

하나님은 그의 의지에서 독립하십니다.

"만물이 주의 뜻대로 있었고 또 지으심을 받았나이다"(계 4:11).

하나님의 능력에서 독립하십니다.

"오직 우리 하나님은 하늘에 계셔서 원하시는 모든 것을 행하셨나이다"(시 115:3).

하나님의 계획에서 독립하십니다.

"여호와의 도모는 영영히 서고 그 심사는 대대에 이르리로다"(시 33:11).

(2) 하나님의 불변성이 있습니다.

하나님은 그의 존재에서뿐만 아니라 그의 완전성과 그의 목적과 그의 언약에 있어 변치 않으십니다. 하나님은 그의 존재에 있어 변치 않으십니다.

"주여 태초에 주께서 땅의 기초를 두셨으며 하늘도 주의 손으로 지으신 바라 그것들은 멸망할 것이나 오직 주는 영존할 것이요… 그것들이 옷과 같이 변할 것이나 주는 여전하여 년대가 다함이 없으리라"(히 1:11-12).

하나님은 그의 목적에 있어 변치 않으십니다.

"누가 태초부터 만대를 명정(命定)하였느냐 나 여호와라 태초에도 나요 나중 있을 자에게도 내가 곧 그니라"(사 41:4).

하나님은 그의 언약에 있어 변치 않으십니다.

"나 여호와는 변역지 아니하나니 그러므로 야곱의 자손들아 너희가 소멸되지 아니하느니라"(말 3:6).

"주는 여상하시고 주의 년대는 무궁하리이다"(시 102:27).

(3) 하나님의 무한성이 있습니다.
하나님의 무한성이란 하나님의 모든 제한으로부터 자유하심을 말해 줍니다. 하나님의 무한성은 다음 세 가지로 생각해 봅니다.
하나님의 절대적 완전성입니다.
하나님의 절대적 완전성은 신의 존재 또는 신의 본질에 관한 하나님의 무한성을 말하는 것으로 하나님의 절대적 속성을 자격 있게 하는 속성입니다. 하나님은 그의 지식과 지혜에서, 선과 사랑에서, 의와 거룩함에서, 또는 주권과 능력에서 무한하십니다.

"네가 하나님의 오묘를 어찌 측량하며 전능자를 어찌 능히 온전히 알겠느냐… 그 도량은 땅보다 크고 바다보다 넓으니라"(욥 11:7-9).

하나님의 영원성입니다. 하나님의 무한성이 시간과 관련하여 생각될 때 영원성이라 불리어집니다. 성경은 보통 그것을 끝없는 연속이라 말합니다.

"여호와여 주는 영원히 계시고 주의 기념 명칭은 대대에 이르리이다"(시 102:12).

이처럼 하나님의 영원성은 모든 시간적인 한계들을 초월하는 것으로 하나님에게는 영원한 존재로 있을 뿐 과거도 미래도 없으십니다.

하나님의 무변성입니다. 하나님의 무한성이 공간과 관련하여 생각할 때 무변성이라 불리어집니다. 이 완전성에 의해서 하나님은 모든 공간을 초월하시며 동시에 그의 전 존재로서 우주 공간의 모든 지점에 존재하십니다. 이를 가리켜 하나님의 편재라 부릅니다. 이처럼 하나님은 그가 창조하신 우주공간을 초월해 계시면서, 한편 그의 존재와 그의 권능으로 우주공간 어디에나 편재해 계시는 절대자이십니다.

> "나 여호와가 말하노라 나는 가까운 데 하나님이요 먼 데 하나님은 아니냐 나 여호와가 말하노라 사람이 내게 보이지 아니하려고 누가 자기를 은밀한 곳에 숨길 수 있겠느냐 나 여호와가 말하노라 나는 천지에 충만하지 아니하냐"(렘 23:23-24).

(4) 하나님의 단일성이 있습니다.

하나님의 단일성은 단수성과 단순성으로 구분됩니다.

하나님의 단수성이란 하나님의 유일성과 또한 하나님이 숫자적으로 한 분이심을 말해줍니다.

> "우리에게는 한 하나님 곧 아버지가 계시니 만물이 그에게서 났고 또한 한 주 예수 그리스도께서 계시니 만물이 그로 말미암고 우리도 그로 말미암았느니라"(고전 8:6).

> "이스라엘아 들으라 우리 하나님 여호와는 오직 하나인 여호와시니 너는 마음을 다하고 성품을 다하고 힘을 다하여 네 하나님 여호와를 사랑하라"(신 6:4-5).

하나님의 단순성이란 그가 혼성된 분이 아니시고 또한 어떤 의미에서도 분할할 수 없는 분이심을 말해줍니다. 더욱이 하나님의 단순성은 신격(神格) 안에 있는 삼위가 하나님의 본질을 구성하는 여러 부분이 아니라는 것을 의미합니다. 그러므로 하나님의 본질과 하나님의 속성이 하나임을 말해줍니다.

둘째, 하나님의 보편적 속성입니다.

하나님의 절대적 속성이 하나님이 절대자이심을 강조한다면 반면 하나님의 보편적 속성은 하나님의 인격적 본성을 강조합니다. 하나님의 보편적 속성에서는 하나님의 의식적이고도 지성적이며 도덕적 또는 인격적인 존재로 나타나심을 보여줍니다.

(1) 하나님의 지성적인 속성들이 있습니다.

하나님의 지성적 속성으로는 하나님의 지식과 지혜가 있습니다.

첫째, 하나님의 지식은 고유하게 있는 것이며 인간들처럼 외부에서 얻어지는 것이 아닙니다. 인간의 지식은 불투명하지만 하나님의 지식은 언제나 완전하며 명백합니다. 하나님의 지식은 총포괄적이기에 전지(全知)라 불리어집니다. 하나님께서는 모든 만물을 과거와 현재와 미래에 걸쳐 실제적으로 발생하는 그대로 아십니다.

하나님은 사람의 마음을 아십니다.

"주만 홀로 인생의 마음을 다 아심이니이다"(왕상 8:39).

하나님은 사람의 사상을 아십니다.

"여호와께서 뭇 마음을 감찰하사 모든 사상을 아시나니 네가 저를 찾으면 만날 것이요 버리면 저가 너를 영원히 버리시리라"(대상 28:9).

하나님은 사람의 행동을 아십니다.

"여호와여 주께서 나를 감찰하시고 아셨나이다 주께서 나의 앉고 일어섬을 아시며 멀리서도 나의 생각을 통촉하시오며 나의 길과 눕는 것을 감찰하시며 나의 모든 행위를 익히 아시오니 여호와여 내 혀의 말을 알지 못하는 것이 하나도 없으시니이다"(시 139:1-4).

하나님은 사람의 형편과 처지를 아십니다.

"여호와께서 하늘에서 감찰하사 모든 인생을 보심이여 곧 그 거하신 곳에서 세상의 모든 거민을 하감하시도다"(시 33:13-14).

둘째 하나님은 그의 지혜로 그의 목적 달성을 위해 가장 좋은 수단을 선택하십니다. 하나님의 지혜의 최종적인 목적은 하나님의 이름을 영화롭게 하는 데 있습니다.

"깊도다 하나님의 지혜와 지식의 부요함이여 그의 판단은 측량치 못할 것이며 그의 길은 찾지 못할 것이로다"(롬 11:33).

(2) 하나님의 도덕적인 속성들이 있습니다.

하나님의 도덕적인 속성들은 일반적으로 하나님의 선(善), 하나님의 사랑으로 나타나집니다.

첫째, 하나님의 선입니다.

하나님의 선이란 지각이 있는 피조물에 대하여 느끼시는 애정을 말합니다. 그러므로 일반 피조물을 향한 하나님의 선이란 하나님으로 하여금 모든 피조물들을 관대하고 인자하게 대하도록 해주는 그의 속성이라 정의하며, 이를 하나님의 자비하심 또는 일반은총이라 말하기도 합니다.

"여호와는 만유를 선대하시며 그 지으신 모든 것에 긍휼을 베푸시는도다"(시 145:9).

이처럼 하나님의 자비하심은 언제나 변함없이 그의 모든 피조물에게 나타나집니다. 하나님은 선인과 악인, 그리고 모든 동물과 식물을 구별치 않으시고 날마다 저들에게 햇빛과 비와 신선한 공기와 생명의 양식을 끊임없이 공급해 주십니다. 이처럼 하나님의 일반은총이 끊임없이 지속되는 것은 하나님이 그 모든 것들을 지으신 조물주이시기 때문입니다.

둘째, 하나님의 사랑입니다.

도덕적 측면에서의 하나님의 사랑은 하나님의 자기만족의 사랑이며 그의 도덕적 형상을 지닌 피조물을 생각할 때 느끼시는 기쁨을 의미합니다. 하나님은 그를 신뢰하고 순종하는 자에게 끊임없이 사랑을 베푸십니다.

"우리가 아직 죄인 되었을 때에 그리스도께서 우리를 위하여 죽으심으로 하나님께서 우리에게 대한 자기의 사랑을 확증하셨느니라"(롬 5:8).

또한 하나님은 그의 자녀들뿐만 아니라 악인에게서도 완전히 그의 사랑을 거두시지 않으십니다.

"하나님이 그 해를 악인과 선인에게 비취게 하시며 비를 의로운 자와 불의한 자에게 내리우심이니라"(마 5:45).

5. 하나님의 명칭

신・구약 성경은 하나님의 명칭이 여러 모습으로 계시되었음을 보여줍니다. 구약성경에 나타난 하나님의 명칭은 주로 지극히 높으신 하나님, 전능하신 하나님, 축복과 위안이 되시는 하나님, 은혜의 하나님으로 계시되었습니다. 한편 신약성경에 나타난 하나님의 명칭은 모든 성도의 하나님, 통치자 되신 하나님, 이스라엘의 아버지 되신 하나님으로 계시되었음을 보여줍니다.

첫째, 구약성경에 나타난 하나님의 명칭입니다.

- **엘로힘(Elohim)으로 계시되었습니다.**

고대에 하나님에 관하여 널리 사용된 용어 중 하나가 엘(El)입니다. 엘(El)은 헬라어의 Θεος, 라틴어의 deus, 영어의 God처럼 하나의 포괄적인 속된 명칭으로서 여러 계급의 신들을 총망라하고 있습니다. 엘(El)이 표현하고 있는 것은 신의 위엄과 권위입니다. 이처럼 하나님께서 자신을 계시하신 최초의 명칭도 포괄적 의미를 담고 있는 엘로힘입니다. El과 Elohim, 이 두 명칭은 하나님께서 강하시고 권능이 있는 분이시기에 경외의 대상이심을 강조하고 있습니다.

- **아도나이(Adonai)로 계시되었습니다.**

이 명칭은 종이 주인에게 대하듯 의존과 순종을 표현하는 것으로 예언서에 흔히 나타나 있습니다.

"만군의 여호와여 그 영광이 온 땅에 충만하도다"(사 6:3).

여기서 아도나이는 보통 주(Lord)로 번역되었습니다. 즉 하나님은 전 인류의 소유주이시며 통치자임을 나타내주는 이름입니다. 아도나이는 엘로힘과 같이 나의 주시며 나의 하나님과 같은 표현, 또는 고대 언약 백성인 이스라엘 사람들 사이에서 여호와(Jehovah)라는 이름으로 사용되었습니다.

- **엘샤다이(El-Shaddai)로 계시되었습니다.**

이 명칭은 창조주 하나님께서 피조물인 인간과 친교관계를 갖기 위해 자신을 낮추신 이름입니다. 또한 이 명칭은 하나님께서 그의 백성의 축복과 위안의 근원이 되신다는 사실을 나타내는 이름입니다(출 6:3). 엘샤다이(El-Shaddai)는 어근 샤드(Shad), 즉 유방으로부터 유래하였습니다. 그 뜻은 양육하는 자, 힘을 주는 자로서 하나님을 믿는 자들 속에 엘샤다이로 임하셔서 저들에게 위안과 복을 주심을 가리킵니다. 계시의 과정에서 이 용어는 위로하시는 주를 의미합니다.

- **여호와(Jehovah), 또는 야웨(Yahweh)로 계시되었습니다.**

하나님은 자신을 여호와 또는 야웨, 즉 은혜의 하나님으로 계시하셨습니다. 이 명칭은 가장 신성하고 가장 탁월한 이름으로 인정되어 왔습니다. 이 명칭은 출애굽기 3장 14절에 근거하여 히브리어의 '스스로 계시다'라는 동사에서 유래된 것으로 하나님의 불변성을 가리키는 이름입니다.

"하나님이 모세에게 이르시되 나는 스스로 있는 자니라"(출 3:14).

여호와라는 명칭은 하나님께서 그의 백성에 대한 신실하심을 의미하기 때문에 유대인들은 이 명칭을 개인 또는 국가적 승리로 표시하는 일이 관례로 되어졌습니다. 때로는 엘로힘-여호와라고 복합적으로 쓰였으며, 그것은 하나님께서 창조주이시며 구속자 되심을 계시하는 뜻입니다.

"나는 네 조상의 하나님이니 아브라함의 하나님 이삭의 하나님 야곱의 하나님이니라"(출 3:6).

따라서 여호와(Jehovah), 또는 야웨(Yahweh)는 이스라엘의 우월성에 대한 개인적인 명칭인 것입니다.

❋ 또한 이 명칭은 의미심장한 복합어 상태로 많이 나타났습니다.

여호와이레(Jehovah-Jireh) - 여호와께서 준비하시다.
 "여호와의 산에서 준비되리라"(창 22:14).
여호와 라파(Jehovah-Rapha) - 치료하시는 하나님
 "나는 너희를 치료하는 여호와임이라"(출 15:26).
여호와 닛시(Jehovah-Nissi) - 하나님은 나의 깃발
 "여호와가 아말렉으로 더불어 대대로 싸우리라"(출 17:16).
여호와 샬롬(Jehovah-Shalom) - 여호와는 우리의 평강
 "기드온이 여호와를 위하여 거기서 단을 쌓고 이름을 여호와 샬롬이라 하였더라"(삿 6:24).
여호와 라(Jehovah-Raah) - 여호와는 나의 목자
 "여호와는 나의 목자시니 내가 부족함이 없으리로다"(시 23:1).
여호와 쉬드케누(Jehovah-Jsidhenu) - 여호와는 우리의 의
 "그 이름은 여호와 우리의 의라 일컬음을 받으리라"(렘 23:6).
여호와 삼마(Jehovah-Shammah) - 여호와께서 거기 계시다

"그 성의 이름을 여호와 삼마라 하리라"(겔 48:35).

만군의 여호와(Jehovah of Hosts)

만군의 여호와는 천군천사를 거느리시며, 모든 피조물에게서 영광을 받으실 왕으로서의 하나님을 가리킵니다.

둘째, 신약성경에 나타난 하나님의 명칭입니다.

신약성경에는 하나님의 명칭이 세 가지로 나타나 있습니다.

- **하나님(Theos, Θεος)으로 계시되었습니다.**

하나님은 신약성경에서 사용된 가장 공통적인 명칭입니다. Theos는 El, Elohim, Elyon의 공통적인 번역으로 지극히 높으신 하나님으로 묘사되었습니다. 또한 Shaddai나 El-Shaddai라는 명칭은 전능하신 하나님으로 번역되었습니다. 데오스(Theos)는 흔히 나의 하나님, 너의 하나님, 우리의 하나님과 같은 소유격으로 사용되었습니다. 그것은 하나님께서 모든 그리스도인의 하나님이시며 또한 그들 개개인의 하나님으로 간주하기 때문입니다.

- **주(Lord, Κυριος)로 계시되었습니다.**

이 명칭은 하나님에 대해서만이 아니라 예수 그리스도에 대해서도 사용되었습니다. 주(Lord)는 Adonai와 Jehovah를 대신한 이름입니다. 주라는 명칭은 이스라엘의 소유자나 지배자로서의 하나님, 또는 왕의 권세와 권위를 가지신 분으로서의 하나님을 가리킵니다.

- **아버지(Father)로 계시되었습니다.**

구약성경에는 하나님과 이스라엘의 특수관계를 표현할 때 아버지라는 명칭이 사용되었습니다.

"여호와여 주는 우리의 아버지시라"(사 63:16).
"여호와의 말씀에 이스라엘은 내 아들 내 장자라"(출 4:22).

이처럼 구약성경에서의 아버지는 하나님과 이스라엘의 특수관계를 표현할 때 사용된 반면, 신약성경에서는 몇 가지 다른 의미로 사용되었습니다. 아버지라는 명칭이 창시자 또는 창조주 하나님으로 표현되었습니다.

"그러나 우리에게는 한 아버지 곧 아버지가 계시니 만물이 그에게서 났고"(고전 8:6).

아버지라는 명칭이 삼위일체 중 제1위 되시는 성부 하나님이 성자 그리스도에 대하여 가지시는 특수관계로 표현되었습니다.

"누구든지 사람 앞에서 나를 시인하면 나도 하늘에 계신 내 아버지 앞에서 저를 시인할 것이요"(마 10:32).

아버지라는 명칭이 하나님의 영적 자녀인 그리스도인들에 대한 그의 윤리적 관계로 표현되었습니다.

"그러므로 하늘에 계신 너희 아버지의 온전하심과 같이 너희도 온전하라"(마 5:48).

6. 유일신 하나님
-사 45:21-22

> " 태초에 하나님이 천지를 창조하시니라." 성경 첫 머리의 이 선언이 기독교의 절대성과 위대성을 잘 말해 주고 있습니다. 천지창조가 없었더라면 민족과 국가, 문명과 문화, 교육과 예술, 철학과 종교는 결코 존재할 수 없는 것입니다.

태초에 하나님이 천지를 창조하셨다는 이 엄숙한 선언 앞에 21C 바벨탑을 쌓아 가는 가인의 후예들은 더 이상 입을 다물 수밖에 없을 것입니다. 반면에 창조주 하나님을 믿는 하나님의 자녀 된 우리들은 절대 자부심과 긍지를 가지고 기독교 교인 된 것을 참으로 하나님께 감사드려야겠습니다. 그것은 창조주 하나님께서 지금도 살아 계셔서 인류 역사의 수레바퀴를 돌리시며, 하나님의 자녀 된 우리들을 책임지고 돌보시기 때문입니다. 유일신 하나님은 모세에게 "나는 스스로 있는 자니라."고 선언하셨습니다.

> "나 외에 다른 신이 없나니 나는 공의를 행하며 구원을 베푸는 하나님이라 나 외에 다른 이가 없느니라 땅 끝의 모든 백성아 나를 앙망하라 그리하면 구원을 얻으리라 나는 하나님이라 다른 이가 없음이니라"(사 44:6, 45:5, 21).

하나님은 우주의 절대자이십니다. 우주만물을 뜻대로 다스리시는 통치자이십니다. 유일신 하나님은 지금도 해와 달과 별들을 붙드시고 운행케 하십니다. 유일신 하나님은 세상 모든 민족과 국가를 종들을 세워

통치하십니다. 악한 왕 애굽의 바로도 하나님이 세우시고, 쓰시고, 심판하셨습니다. 선한 왕 다윗도 하나님이 세우시고, 복을 주시고 존귀케 하셨습니다. 유일신 하나님은 지명해 부르신 종들을 오른손으로 붙드시고 그들을 통해 인류역사의 수레바퀴를 지금도 돌리고 계십니다. 유일신 하나님만이 창조주이시요, 섭리주이시며, 심판주이시며 인류역사 종말의 날 우리들을 천국으로 인도하시는 영생하시는 하나님이십니다.

✽ 유일신 하나님에 대한 성도의 신앙자세는 어떠해야겠습니까?

첫째, 유일신 하나님 외에 다른 신을 마음에 품어서는 안 됩니다.

"하나님이 이 모든 말씀으로 일러 가라사대 나는 너를 애굽 땅 종 되었던 집에서 인도하여 낸 너의 하나님 여호와로라 너는 나 외에 다른 신들을 네게 있게 말지니라 너를 위하여 새긴 우상을 만들지 말고 또 위로 하늘에 있는 것이나 아래로 땅에 있는 것이나 땅 아래 물 속에 있는 것의 아무 형상이든 지 만들지 말며 그것들에게 절하지 말며 그것들을 섬기지 말라"(출 20:1-5).

이스라엘 민족이 이 명령을 어기고 우상을 섬긴 죄로 그 나라가 멸망하고 말았습니다.

우상숭배란 기독교 하나님을 섬기면서도 다른 종교, 다른 신을 마음에 둔 것을 가리킵니다. 기독교 하나님을 섬기면서도 죽은 조상들에게 제사 지내는 것을 가리킵니다. 기독교 하나님을 섬기면서도 무덤에 가 분향하고 묵념하는 것을 가리킵니다. 기독교 하나님을 섬기면서도 무당·점쟁이·철학관에 가서 운수를 물어 보는 것을 가리킵니다. 기독교 하나님을 섬기면서도 세상 탐욕을 품은 것을 가리킵니다. 기독교 하나님을 섬기면서도 하나님보다 세상을 더 사랑하는 것, 다시 정리하면 마음 중심에 하나님 외에 다른 것이 들어 있음이 곧 우상숭배입니다.

둘째, 유일신 하나님만을 마음과 뜻을 다해 사랑해야 합니다.

"이스라엘아 들으라 주 곧 우리 하나님은 유일한 주시라 네 마음을 다하고 목숨을 다하고 뜻을 다하고 힘을 다하여 주 너의 하나님을 사랑하라"(막 12:29-30).

우리가 잘 되고 복 받는 길이 여기에 있습니다. 곧 유일신 하나님만을 사랑하고 그 뜻대로 마음과 정성을 다해 하나님을 섬기는 일입니다. 일편단심으로 하나님만을 사랑하며 섬기는 삶을 말합니다.

"오직 나와 내 집은 여호와를 섬기겠노라"(수 24:15). 이것이 여호수아의 생애를 마감하는 숨결의 소리였습니다. 하나님만을 사랑했기에 아브라함은 생명과도 같은 아들 이삭을 하나님께 드렸습니다. 하나님만을 사랑했기에 테레사 수녀는 그의 청춘과 그의 생애를 기꺼이 하나님께 드렸습니다. 하나님만을 사랑했기에 사도 바울은 마지막 그의 단 하나뿐인 목숨까지도 하나님께 제물로 드렸습니다. 이토록 참 사랑은 드리는 것이요, 바치는 것입니다.

셋째, 유일신 하나님 말씀에 순종하는 성도들이 되어야겠습니다.

"내가 오늘날 천지를 불러서 너희에게 증거를 삼노라 내가 생명과 사망과 복과 저주를 네 앞에 두었은즉 너와 네 자손이 살기 위하여 생명을 택하고 네 하나님 여호와를 사랑하고 그 말씀을 순종하며 또 그에게 부종하라"(신 30:19-20).

하나님 말씀에 순종하는 길은 형통하고 복을 받는 길이요, 불순종하는 길은 불통하고 망하는 길입니다. 아담이 불순종하여 저주를 받았고, 사울이 불순종하여 저주를 받았으며, 요나가 불순종하다가 지옥의 고통을 맛보았습니다. 반면, 노아는 하나님 말씀에 순종하여 그와 그 가정이 구원을 받았습니다. 바울은 주님의 말씀에 순종하여 위대한 사도의 길을 걸었습니다. "순종이 제사보다 낫고 듣는 것이 수양의 기름보다 낫다."고 사무엘 선지자는 말씀하셨습니다.

> "내가 오늘날 네게 명한 이 명령은 네게 어려운 것도 아니요 먼 것도 아니라…오직 그 말씀이 네게 심히 가까와서 네 입에 있으며 네 마음에 있은즉 네가 이를 행할 수 있느니라"(신 30:11-14).

넷째, 유일신 하나님께 신령과 진정으로 예배드리는 성도들이 되어야겠습니다.

> "하나님은 영이시니 예배하는 자가 신령과 진정으로 예배할지니라"(요 4:24).

아벨이 이 제사를 드림으로 하나님께서 그와 그 제물을 열납하셨습니다. 그에게 나타나 미래를 예언하셨고 타는 횃불로 응답하셨습니다. 솔로몬이 이 제사를 드림으로 하나님께서 그가 구한 지혜와 구하지도 않은 부귀·영화까지도 주셨습니다. 사도들이 이 예배를 드림으로 하나님의 능력을 받아 기적을 나타내며 능력 있는 말씀을 증거했습니다. 반면 의무적·습관적인 예배는 가인과 사울처럼 도리어 저주를 받기도 합니다. 하나님은 마음에 없는 예배, 정성이 없는 예배, 진리가 없는 예배, 성령의 주장하심을 따라 드려지지 않는 예배는 받지 않으십니다.

> "믿음이 없이는 기쁘시게 못하나니 하나님께 나아가는 자는 반드시 그가 계신 것과 또한 그가 자기를 찾는 자들에게 상 주시는 이심을 믿어야 할지니라"(히 11:6).

하나님은 지금도 임재해 계셔서 우리의 예배드리는 마음을 다 헤아리십니다. 보고, 듣고 계시는 하나님 앞에 옷깃을 다시 여미고 신령과 진정으로 예배드려 하나님의 은총을 입는 우리가 다 되어야겠습니다.

7. 삼위일체 하나님
-마 28:19-20

기독교는 신비의 종교입니다. 인간의 사고와 인간의 논리와 자연의 법칙을 초월하여 기독교는 존재하는 것입니다. 그것은 우주만물과 인간을 창조하시고 섭리하시는 신이 기독교 신앙의 대상이신 유일신 하나님이시기 때문입니다. 기독교의 경전인 성경은 신비로 시작해서 신비로 진행되고 신비로 마쳐짐을 보게 됩니다. 우주만물과 인간의 창조, 노아의 홍수·홍해 갈라짐·해와 달이 멈춤·요단 강물이 멈춤·엘리야의 가뭄과 큰비·나사로의 부활·예수께서 바다 위를 걸으심, 이 모든 것들이 기독교 경전인 성경기록과 또한 기독교 신앙이 진리와 신비로 가득 차 있음을 보여줍니다.

본문의 말씀은 유일신 하나님을 삼위일체의 하나님으로 나타내고 있습니다. 대한예수교장로회 교리에 보면 이렇게 기록되어 있습니다. "하나님의 본체에 삼위가 계시니 성부·성자·성령이시다. 이 삼위는 한 하나님이시다. 본체는 하나요, 권능과 영광이 동등이시다." 또 웨스트민스터 신앙고백에는 이렇게 기록되어 있습니다.

'하나님의 본체는 하나이시나 삼위로 계신다. 즉, 한 본체와 한 권능과 한 영원성이다. 아버지로서의 하나님, 아들로서의 하나님, 성령으로서의 하나님이시다. 성자는 영원토록 성부에게서 탄생하시고(요 1:14, 18), 성령은 영원토록 성부와 성자에게서 나온다(요 15:26; 갈

4:6).'

루이스 뻘콥의 『기독교 신학 개론』 중 '삼위일체 교리'에는 이렇게 기록되어 있습니다. '하나님은 그의 본질적 존재에 있어서는 한 분이시지만 한 분 안에는 성부·성자·성령이라 불리는 삼위(세 인격)가 존재해 계신다.' 그러나 이 삼위는 여러 사람의 여러 인격처럼 분리된 형태의 세 인격이 아니라 오히려 신적 본질이 존재하는 세 형태인 것입니다. 그러면서도 삼위는 서로 인격적 관계를 지니고 있습니다. 성부는 성자에게 말씀하실 수 있으며, 또 성령을 파송하실 수 있습니다. 이 삼위가 그 본질적 존재에 있어서 하나라는 사실에 삼위일체의 참 신비가 있는 것입니다. 이 삼위일체 교리는 인간의 이성으로는 도저히 이해할 수 없는 신비입니다.

원숭이가 인간의 문명 세계를 전혀 이해할 수 없지만 실존하는 것처럼, 지적 한계가 있는 인간이 삼위일체 되신 하나님을 이해할 수 없다 하더라도 삼위 하나님은 실존하시는 것입니다. 그러므로 성경이 하나님의 말씀임을 믿는다면, 삼위일체 교리도 의심 없이 믿어야 할 것입니다.

첫째, 삼위일체 교리의 성경적 증거는 다음과 같습니다.

구약의 증거는 세 가지로 나타납니다.
하나님은 자신을 복수형으로 말씀하셨습니다.

"하나님이 가라사대 우리의 형상을 따라 우리의 모양대로 우리가 사람을 만들고"(창 1:26).

여호와의 사자는 신적 인격으로 묘사되었습니다.

"여호와의 사자가 광야의… 샘물 곁에서 그를 만나 가로되 사래의 여종하갈아 네가 어디서 왔으며 어디로 가느냐"(창 16:7-8).

성령 하나님은 인격으로 묘사되었습니다.

"주의 성신을 근심케 하였음으로 그가 돌이켜 그들의 대적이 되사 친히 그들을 치셨더니"(사 63:10).

신약의 증거는 다음과 같습니다. 신약의 증거는 구약의 증거보다 더 명확합니다. 그것은 성자의 성육신과 성령의 강림을 기술하고 있기 때문입니다.

예수님이 세례 받으실 때 삼위 하나님이 동시에 나타나셨습니다.

"예수께서 세례를 받으시고 곧 물에서 올라 오실새 하늘이 열리고 하나님의 성령이 비둘기같이 내려 자기 위에 임하심을 보시더니 하늘로서 소리가 있어 말씀하시되 이는 내 사랑하는 아들이요 내 기뻐하는 자라 하시니라"(마 3:16-17).

예수님의 고별 강화 속에 삼위 하나님이 언급되었습니다.

"내가 아버지께 구하겠으니 그가 또 다른 보혜사를 너희에게 주사 영원토록 너희와 함께 있게 하시리니 저는 진리의 영이라"(요 14:16-17).

예수님의 지상 명령 속에 삼위 하나님이 언급되었습니다.

"예수께서 나아와 일러 가라사대 하늘과 땅의 모든 권세를 내게 주셨으니 그러므로 너희는 가서 모든 족속으로 제자를 삼아 아버지와 아들과 성령의 이름으로 세례를 주고 내가 너희에게 분부한 모든 것을 가르쳐 지키게 하라"(마 28:18-20).

사도의 축복 기도 속에 삼위 하나님이 언급되었습니다.

"주 예수 그리스도의 은혜와 하나님의 사랑과 성령의 교통하심이 너희 무

리와 함께 있을지어다"(고후 13:13).

둘째, 삼위 하나님의 신적 명칭과 사역은 다음과 같습니다.

✻ 성부 하나님(제1위의 하나님)의 신적 명칭과 사역은 다음과 같습니다.

성부 하나님은 모든 창조물의 근원이십니다.

"그러나 우리에게는 한 하나님 곧 아버지가 계시니 만물이 그에게서 났고"(고전 8:6).

성부 하나님은 이스라엘 선민의 아버지이십니다.

"여호와여 주는 우리의 아버지시라"(사 63:16).

성부 하나님은 삼위일체의 제2위와 관련하여 제1위에 적용됩니다.

"말씀이 육신이 되어 우리 가운데 거하시매 우리가 그 영광을 보니 아버지의 독생자의 영광이요"(요 1:14 ;참고 요 8:54).

성부 하나님은 창조와 섭리 사역, 구속 사역의 계획에서 삼위를 대표합니다.

✻ 성자 하나님(제2위의 하나님)의 신적 명칭과 사역은 다음과 같습니다.

성자 하나님은 하나님의 아들이라 칭합니다. 성자 하나님은 신성(神性)과 인성(人性)을 공유하십니다. 성자의 신성이란 성자 하나님이 영원 전부터 영원까지 하나님이심을 가르쳐 주십니다.

"태초에 말씀이 계시니라 이 말씀이 하나님과 함께 계셨으니 이 말씀은

곧 하나님이시니라"(요 1:1).

성자의 인성이란 성자 하나님 되신 예수님이 우리와 똑같은 인성을 지니셨음을 말해 줍니다. 즉, 예수님은 우리처럼 출생하여 성장하셨고, 피곤함과 굶주림을 느끼시며, 고통의 눈물을 흘리셨지만 죄가 없으십니다.

성자 하나님의 신적 명칭을 성경은 이렇게 표현해 놓았습니다.

"이는 한 아기가 우리에게 났고 한 아들을 우리에게 주신바 되었는데 그 어깨에는 정사를 메었고 그 이름은 기묘자라, 모사라, 전능하신 하나님이라, 영존하시는 아버지라, 평강의 왕이라 할 것임이라"(사 9:6).

성자 하나님께 신적 존영이 돌려졌습니다.

"아버지께서 아무도 심판하지 아니하시고 심판을 다 아들에게 맡기셨으니 이는 모든 사람으로 아버지를 공경하는 것같이 아들을 공경하게 하려 하심이라"(요 5:22-23).

성자 하나님의 신적 사역은 다음과 같습니다.

• 삼위 하나님의 창조 사역에서 성자 하나님은 중보적 원인이 되십니다.

   성부 하나님은 창조 사역에서 삼위를 대표하십니다.
   성자 하나님은 창조 사역에서 중보적 원인이 되십니다.
   성령 하나님은 창조 사역에서 완성자이십니다.
우리는 구약 성경에서 이 사실을 확인할 수 있습니다.
"하나님이 가라사대 빛이 있으라 하시매 빛이 있었고"(창 1:3).
"하나님이"………… 말씀하시는 성부 하나님!
"가라사대 빛이 있으라 …말씀 그 자체이신 성자 하나님!
"빛이 있으라 하시매 빛이 있었고"… 말씀을 창조로 나타내시는 성령 하나님!

● 삼위 하나님의 구속사역에서 성자 하나님은 중보적 원인이 되십니다(요 3:16; 엡 1:7; 빌 1:6).

성부 하나님은 대속의 제물 되신 예수 그리스도를 이 세상에 보내주셨습니다. 성자 하나님은 십자가에 못 박히사 대속의 제물이 되셨습니다. 성령 하나님은 그 예수님을 믿어 구원받도록 역사하십니다.

✱ 성령 하나님(제3위의 하나님)의 신적 명칭과 사역은 다음과 같습니다.

첫째, 성령의 신성은 다음과 같습니다.
성령은 신적 명칭을 지니셨습니다.

"어찌하여 사단이 네 마음에 가득하여 네가 성령을 속이고 땅값 얼마를 감추었느냐…사람에게 거짓말 한 것이 아니요 하나님께로다"(행 5:3-4).

성령은 신적 존영을 받으십니다.

"주 예수 그리스도의 은혜와 하나님의 사랑과 성령의 교통하심이 너희 무리와 함께 있을지어다"(고후 13:13).

"그러므로 너희는 가서 모든 족속으로 제자를 삼아 아버지와 아들과 성령의 이름으로 세례를 주고"(마 28:19).

성령은 신적 사역을 행하십니다. 성령은 창조 사역의 완성자이십니다.

"여호와의 말씀으로 하늘이 지음이 되었으며 그 만상이 그 입 기운으로 이루었도다"(시 33:6).

성령은 특수임무를 위해 인간에게 영감과 재능을 부여하십니다.

성령 하나님은 브살렐에게 지혜와 지식과 재능을 주사 공교한 일을 연구하며 성막 기구를 만들 수 있게 하셨습니다(출 31:1-5). 성령은 구속 사역을 위해 그리스도를 준비하시고 그리스도에게 권능을 주셨습니다(행 10:38).

성령은 영감으로 성경을 쓰게 하셨습니다.

"예언은 언제든지 사람의 뜻으로 낸 것이 아니요 오직 성령의 감동하심을 입은 사람들이 하나님께 받아 말한 것임이니라"(벧후 1:21; 참고 딤후 3:16).

성령은 교회를 형성하고 확장하시며, 교회를 섭리하고 주관하십니다.

둘째, 성령은 인격이십니다.

성령은 하나님의 능력이나 감화력이 아닙니다. 성령은 분명히 한 인격으로 묘사되었습니다. 성령은 지식을 나타내십니다.

"보혜사 곧 아버지께서 내 이름으로 보내실 성령 그가 너희에게 모든 것을 가르치시고 내가 너희에게 말한 모든 것을 생각나게 하시리라"(요 14:26).

성령은 감정을 표현하십니다.

"하나님의 성령을 근심하게 하지 말라 그 안에서 너희가 구속의 날까지 인치심을 받았느니라"(엡 4:30; 참고 사 63:10).

성령은 의지를 나타내십니다.

"성령이 아시아에서 말씀을 전하지 못하게 하시거늘…예수의 영이 허락지 아니하시는지라"(행 16:6-7).

"이 모든 일은 같은 한 성령이 행하사 그 뜻대로 각 사람에게 나눠 주시느니라"(고전 12:11).

8. 생명의 주 되신 하나님
-시 36:9

사람은 누구나 자기의 가장 소중한 것을 잃었을 때 실망과 좌절의 벽에 부딪히게 되며 동시에 소수의 사람들이 스스로 자기 생명을 끊기도 합니다. 노조운동을 하다가 분신자살을 하고, 사업에 실패한 후에 또는 실연당한 후에 음독자살을 하기도 합니다.

왜 우리의 현실 속에 이렇듯 수많은 비극이 일어나야만 합니까? 그 대답은 분명합니다. 인간의 삶에서 가장 소중한 것이 무엇인지 잘못 알고 있기 때문입니다.

인간에게 있어 가장 소중한 것이 무엇일까요? 성경은 이 물음에 대하여 인간의 생명이라고 단호히 말해 줍니다.

"사람이 만일 온 천하를 얻고도 제 목숨을 잃으면 무엇이 유익하리요 사람이 무엇을 주고 제 목숨을 바꾸겠느냐"(막 8:36-37).

지금으로부터 100년 전 이야기입니다. 영국 런던에 살고 있던 한 소년이 스코틀랜드 어느 시골에 놀러 갔습니다. 이 소년이 호수에서 수영하던 중에 갑자기 발에 쥐가 나서 죽음의 위기에 직면하게 되었습니다. 그 순간 이 소년이 외치는 절규의 소리를 듣고 밭에서 일하던 한 소년이 달려와 그를 구해 주었습니다. 그로부터 몇 년이 지난 어느 날 청년이 된 그 도시 소년은 다시 그 시골로 내려와 자기 생명의 은인인 옛 친구를 찾았습니다. 그리고 지난날의 은혜를 갚기 위해 그의 소원이 무엇인지 물었습니다. 농촌 청년은 도시에 가서 의학을 공부하는 것이 소원이라고 대답했습니다. 부자인 도시 청년의 부모는 기꺼이 그 농촌 청년의 소원대로 의학을 공부할 수 있도록 도와주었습니다. 이 농촌 청년이 바로 페니실린을 연구, 개발하여 노벨 의학상을 받은 알렉산더 플레밍 경(1881-1955)입니다. 한편 도시 청년도 훗날 영국의 위대한 정치가가 되었습니다. 그는 제2차세계대전 말기에 루스벨트 미국 대통령, 스탈린 러시아 수상과 3자 회담을 하러 갔다가 폐렴에 걸려 위급하게 되었습니다. 플레밍 경이 이 소식을 전해 듣고 영국 런던에서 페니실린을 급히 보내어 그로 하여금 치료받게 하였고, 그는 결국 완쾌되었습니다. 그의 생명은 알렉산더 플레밍에 의해 두 번이나 구원을 얻은 것입니다. 이 정치가의 이름이 바로 당시 영국 수상이던 윈스턴 처칠(1874-1965)입니다.

우리는 이 실화를 통하여 인간에게 가장 소중한 것이 생명이라는 것을 다시 확인할 수 있습니다. 호수에 빠져 죽어가는 소년에게 많은 재물이 무슨 소용이 있겠습니까? 또 폐렴에 걸려 죽어가는 윈스턴 처칠에게 영국 수상이라는 정치적 지위가 무슨 의미가 있겠습니까?

이 세상에 인간이 생존해 있는 동안 생명보다 더 소중한 것은 결코 있을 수 없습니다. 생명은 하나님이 인간에게 주신 선물 중 가장 귀한 것입니다. 이 세상의 모든 것은 다만 생명의 존속과 유지를 위하여 존재할 뿐입니다.

우리는 우리에게 주신 단 하나뿐인 생명을 가장 귀히 여겨야 합니다. 그리고 타인의 생명 역시 하나님이 그에게 허락하신 가장 귀한 선물임을 알고 소중히 여겨야 합니다.

첫째, 하나님은 생명의 원천이십니다.

인간의 생명, 즉 숨을 쉬는 생기의 흐름은 어디서부터 시작되었을까요? 이 물음에 대한 해답이 창세기 2장 7절에 기록되어 있습니다.

> "여호와 하나님이 흙으로 사람을 지으시고 생기를 그 코에 불어넣으시니 사람이 생령이 된지라" 즉, 하나님은 인간을 지으신 조물주이시며 또한 생기를 주신 생명의 원천이십니다. "대저 생명의 원천이 주께 있사오니 주의 광명 중에 우리가 광명을 보리이다"(시 36:9).

하나님은 아담에게만이 아니라 우리 모두에게도 친히 이 생명을 주셨습니다. 이것은 전능하신 하나님의 예언의 성취이며 또한 재창조의 신적 능력인 것입니다(창 1:28).

> "이는 만민에게 생명과 호흡과 만물을 친히 주시는 자이심이라"(행 17:25).

내 생명은 우연히 존재하는 것도 아니고, 부모님이 주신 것도 아닙니다. 하나님이 친히 내게 주신 가장 값진 선물이자 은혜입니다. 그러므로 내 생명이 얼마나 귀하고 소중한지를 깊이 명심하고 단 하나뿐인 내 생명을 그리스도 안에서 아름답게 보존해야겠습니다.

둘째, 하나님은 생명의 섭리주이십니다.

생명의 원천이시며 우리에게 생명을 주신 하나님은 우리 생명의 주인이시며, 또한 우리의 생명을 돌보고 지키시는 섭리주이십니다.

하나님은 우리를 먹이심으로 생존케 하시는 섭리주이십니다.

하나님은 출애굽한 이스라엘 민족이 40년 동안 광야에 머물렀을 때 하늘에서 만나를 내려 그들을 먹이셨습니다. 또 7년 기근 때 요셉을 통하여 그 아버지와 형제들을 먹이셨고, 3년 기근 때 사렙다 과부를 먹여 살리셨습니다.

나의 지난날을 돌이켜볼 때 물질적으로 어려운 고비들이 있었으나 그때마다 섭리주 되신 하나님께서 나를 먹이셨고 만족한 것으로 채워 주셨습니다(마 6:30-32).

하나님은 시련과 역경에 처한 우리의 생명을 지켜 주시는 섭리주이십니다.

하나님께서는 히스기야 왕의 생명을 15년 더 연장시켜 주셨고, 사울 왕의 추격으로부터 다윗의 생명을 지켜 주셨으며, 인생의 폭풍우 속에서 바울의 생명을 지켜 주셨습니다.

하나님께서는 몇 차례 죽음의 위기에서 이 종의 생명도 지켜 주셨습니다. 두 차례나 강물에 빠져 죽음 직전에 처한 나를 구해 주셨고, 수술을 받은 후 과다출혈로 절망적 상황에 처한 나를 다시 살려 주셨습니다. 하나님께서는 참으로 내 생명의 원천이시며, 내 생명의 주인이십니다.

> "내가 산을 향하여 눈을 들리라 나의 도움이 어디서 올꼬 나의 도움이 천지를 지으신 여호와에게서로다 여호와께서 너로 실족지 않게 하시며 너를 지키시는 자가 졸지 아니하시리로다 이스라엘을 지키시는 자는 졸지도 아니하고 주무시지도 아니하시리로다 여호와는 너를 지키시는 자라 여호와께서 네 우편에서 네 그늘이 되시나니 낮의 해가 너를 상치 아니하며 밤의 달도 너를 해치 아니하리로다 여호와께서 너를 지켜 모든 환난을 면케 하시며 또 네 영혼을 지키시리로다 여호와께서 너의 출입을 지금부터 영원까지 지키시리로다"(시 121:1-8).

9. 소원을 두고 행하게 하시는 하나님
-빌 2:1

"너희 안에서 행하시는 이는 하나님이시니 자기의 기쁘신 뜻을 위하여 너희로 소원을 두고 행하게 하시나니 모든 일을 원망과 시비가 없이 하라."

그리스도인이라면 누구나 다 실존의 하나님을 믿습니다. 이 하나님은 우주와 만물을 창조하시고 섭리하시는 전능자이시며 또한 인류역사의 수레바퀴를 돌리시며 인간의 흥망성쇠를 주관하시는 절대자이십니다. 바로 이 하나님이 구약시대에는 성부 하나님으로 나타나셨고, 신약시대에는 성자 하나님으로 나타나셨습니다.

그렇다면 은혜시대에 살아가는 오늘 우리들에게는 어떤 하나님으로 나타나실까요? 이 물음에 대한 해답을 바울 사도는 이렇게 들려주십니다.

"너희 안에서 행하시는 이는 하나님이시니…." 이 말씀은 참으로 놀라운 진리를 우리에게 깨닫게 해 주십니다. 구약시대의 하나님은 우주적인 하나님으로 나타나셨고, 또한 신약시대의 하나님은 이스라엘 민족의 하나님으로 나타나셨습니다. 반면 은혜시대의 하나님은 모든 그리스도인들의 하나님으로 각기 그들 속에 나타나셨습니다.

"너희 안에서 행하시는 이는 하나님이시니." 그는 곧 성령 하나님이십니다. 이 성령 하나님은 불기둥·구름기둥으로 이스라엘 민족과 함께 광야에 계셨던 하나님이십니다. 이 성령 하나님은 오순절날 사도들에게 임하여 신적 권능을 나타내셨던 하나님이십니다. 이 성령 하나님은 사도 바울로 하여금 신약성경 13권을 집필케 하시고 또한 세계선교의 토대를 이루게 하신 하나님이십니다. 바로 이 성령 하나님이 그리스도를 주로 고백하는 모든 그리스도인 속에 내재해 계십니다.

그렇다면 성령 하나님께서 그리스도인 속에 내재해 계신 이유가 무엇일까요? 우리는 이 물음에 대한 해답을 성경 속에서 쉽게 찾아볼 수 있습니다. 출애굽한 이스라엘 민족이 광야에서 머물렀던 40년 동안 하나님께서 구름기둥 불기둥으로 항시 이스라엘진에 머물러 계셨습니다. 그것은 갈 길을 알지 못하는 그 민족을 인도하시기 위함이었고, 또한 불뱀으로부터 저들을 지켜 주시며 만나로 저들을 먹여 주시기 위함에서였습니다.

이처럼 은혜시대 성도들 속에 찾아오신 성령 하나님도 그리스도인 한 사람 한 사람을 보호해 주시고 인도해 주시며, 또한 필요한 모든 것을 공급해 주시는 참 목자 되신 하나님이십니다.

첫째, 그리스도인 안에서 운행하시는 하나님이십니다.

그리스도인 속에는 성령 하나님이 계셔서 창세 때처럼 지금도 쉬지 않고 그 마음을 운행하십니다. 마치 인공위성이 상공 위에서 지구촌 구석구석의 모든 일들을 살피듯이 오늘 내 안에 계신 성령님도 내 마음 상태와 생각을 속속들이 살피고 계십니다. 왜 성령 하나님은 이처럼 내 마음속에 계셔서 항상 운행하시고 내 마음과 삶을 감찰하실까요? 그분이 바로 내 창조주이시며 소유주이시며 섭리주이신 내 하나님이시기 때문입니다.

꽃밭은 꽃씨를 심고 가꾼 자의 것입니다. 따라서 꽃밭에 심겨진 꽃들의 현재와 미래는 그 꽃밭 주인의 마음가짐에 달려 있습니다. 가령 꽃밭 주인이 가을 들국화를 심고 피우기 위해서 아직도 아름다운 꽃송이가 달려 있는 채송화를 뽑아 버릴 수도 있습니다. 이처럼 소유주의 권한은 절대적이라 말할 수 있습니다.

> "내가 오늘날 천지를 불러서 너희에게 증거를 삼노라 내가 생명과 사망과 복과 저주를 네 앞에 두었은즉 너와 네 자손이 살기 위하여 생명을 택하고 네 하나님 여호와를 사랑하고 그 말씀을 순종하며 또 그에게 부종하라"(신 30:19-20).

우리는 이 말씀 속에서 내 소유주 되시는 절대자가 왜 오늘도 내 마음속을 운행하고 살피는지를 명백히 알 수 있습니다. 그것은 하나님을 신뢰하고 그 말씀을 좇아 행하는 자들에게 생명과 복을 주시기 위해서입니다. 반면 하나님을 신뢰하지도 않고 그 말씀을 좇아 순종하지 않는 자들에게는 훈계와 징계의 채찍으로 하나님의 온전한 자녀 만드심에 그 목적이 있는 것입니다.

둘째, 사랑하는 자들 속에 소원을 두고 행하시는 하나님이십니다.

아들을 무한히 사랑하는 아버지는 자기의 뜻을 아들에게 들려주며 아들이 그 뜻을 이루도록 당부합니다. 이처럼 하나님께서도 사랑하는 그의 자녀들의 성격과 인품에 따라, 자기의 기쁘신 뜻을 위하여 각기 다른 소원을 그 마음에 두고 행하게 하십니다. 모세에게는 출애굽의 소원을, 여호수아에게는 가나안 정복의 소원을, 솔로몬 왕에게는 성전 건축의 소원을, 요시야 왕에게는 신앙부흥의 소원을, 바울에게는 복음 전도의 소원을 주셨습니다. 또한 테레사 수녀에게는 빈민 구제의 소원을 주셔서 하나님의 뜻을 이루게 하셨습니다. 구약시대의 하나님, 신약시대의 하나님은 변함없이 오늘 은혜시대 우리의 하나님이십니다. 하나님은 알파와 오메가이시며 처음과 나중이십니다.

모세와 함께 하시던 그 하나님, 사도 바울 안에서 역사하시던 그 성령님은 지금도 변함없이 우리의 하나님이 되셔서 우리와 함께 계십니다.

✳ 지난날 저자에게 소원을 두고 행하게 하신 하나님의 섭리 역사를 몇 가지만 소개하고자 합니다.

첫째, 성경진리를 정립하여 가르치게 하셨습니다. 목회 초년 시절, 하나님이 제게 소원을 주신 대로 성도들에게 성경 진리를 마음과 뜻을 다해 가르쳤습니다. 그 결과 예수님을 믿은 지 몇 개월밖에 되지 않은 청년들이 눈물로 밤을 지새우며 간증문을 썼고, 또한 교회의 성장과 부흥을 가져다 주었습니다.

둘째, 해외 선교 사역을 하게 하셨습니다. 하나님의 섭리 역사로 태국, 러시아, 필리핀, 스리랑카, 인도에 가서 10여 년에 걸쳐 선교사역을 감당하였습니다.

셋째, 정립된 성경 진리를 6권의 책으로 출판하여 보급하게 하셨습니다.

이 소원을 이루도록 믿음과 지혜와 힘을 주신 하나님께 감사와 찬송과 영광을 돌려드립니다(『가장 값진 보화』, 『치유의 능력』, 『참 예수 제자』 -예영출판사; 『내가 아니요!』, 『성령의 치유사역』, 『두란노서원의 진리강론』 -나됨출판사).

넷째, 선교 사역자들을 훈련시킬 선교 센터를 건축하게 하셨습니다. 이 소원을 2001년에 이루어 주신 하나님께 무한한 감사와 영광을 돌려 드립니다(대지 1,000평에 240평의 2층 벽돌건물).

다섯째, 주님의 능력 있는 제자를 양육하게 하셨습니다.
지난 20여 년 동안 복음진리와 치유의 능력을 지닌 예수 제자를 양육하여 국내·외에 파송하여 사역하도록 주께서 섭리 역사해 주셨습니다.

여섯째, 복음 사역을 DVD로 제작하여 보급할 예정입니다.
선교 사역·제자양육 사역·치유사역·기독교 문화사역·진리강론을 50여 개의 DVD로 제작 중에 있습니다.

오늘까지 나와 함께하신 하나님! 오늘까지 나의 삶 속에서 역사하신 하나님! 내 인생의 걸음이 다하는 그 순간까지 주님의 섭리의 손길이 함께하실 것을 확신하며 감사와 찬송과 영광을 주님께 돌려드립니다.

10. 소망을 살아 계신 하나님께 두라
-딤전 4장 9-10

이 세상에 있는 모든 것들은 흐르는 세월 따라 그 모습을 달리합니다. 젊은 날의 아름답고 늠름한 모습 대신 주름골이 깊어 가는 노년의 세월이 찾아옵니다. 사랑하는 이들과 영원토록 삶을 같이하기를 바랐지만, 그 언젠가는 병듦과 늙음으로 이별해야 할 시간이 찾아옵니다. 이처럼 사람의 겉모습과 삶에만 변화가 오는 것이 아니라 사람의 입에서 나오는 약속의 말들도 힘없이 떨어지는 낙엽처럼 소멸되어 지곤 합니다. 자연도 인생도 또한 사람의 말도 다 변하기에 이 세상에 영원한 것이 결코 존재하지 않음을 깨닫게 해 줍니다. 시편 기자는 이런 신앙고백을 하였습니다.

"내가 산을 향하여 눈을 들리라 나의 도움이 어디서 올꼬 나의 도움이 천지를 지으신 여호와에게서로다… 여호와께서 너의 출입을 지금부터 영원까지 지키시리로다"(시 121:1-2, 8).

인간 역사를 주관하시며 피조물 된 인간의 생애를 섭리하시는 하나님께 소망을 두는 복된 성도들이 다 되어야겠습니다.

첫째, 하나님만이 영원불변하십니다. 사람은 누구나 다 점차 늙어 가다가 종국에는 죽음을 통해 한 줌의 흙으로 돌아가는 것이 인간의 운명임을 성경은 가르쳐주십니다.

반면에 하나님은 그의 존재와 언약과 계획과 섭리 사역에 있어서 영원히 변함이 없으시기에 우리가 생존하는 동안 안심하고 삶을 영위할 수 있는 것입니다.

"여호와여 주는 영원히 계시고 주의 기념 명칭은 대대에 이르리이다"(시 102:12).

둘째, 하나님만이 신실하십니다. 하나님의 속성 중 우리로 하여금 믿음을 갖게 하는 것은 바로 하나님의 신실하심입니다. 하나님께서는 이사야 선지자를 통해 하나님의 언약의 신실하심을 이같이 말씀하셨습니다.

"비와 눈이 하늘에서 내려서는 다시 그리로 가지 않고 토지를 적시어서 싹이 나게 하며 열매가 맺게 하여 파종하는 자에게 종자를 주며 먹는 자에게 양식을 줌과 같이 내 입에서 나가는 말도 헛되이 내게로 돌아오지 아니하고 나의 뜻을 이루며 나의 명하여 보낸 일에 형통하리라"(사 55:10-11).

하나님은 그가 하신 말씀을 반드시 이루십니다. 성경 66권은 이처럼 하나님의 언약의 말씀과 또한 그 언약이 성취된 말씀으로 가득 차 있음을 보여 줍니다. 하나님은 아브라함에게 언약하신 그대로 아들 이삭을 그에게 선물로 주셨습니다. 또한 아브라함으로 하여금 이스라엘 민족의 조상이 되게 하셨고, 더 나아가 그 후손 가운데 메시아가 오심으로 그가 믿음의 조상이 되리라는 하나님의 언약을 성취하셨습니다.

기독교 역사는 성경의 신실성을 보여 주는 한 폭의 그림과도 같습니다. 구약 선지자들을 통해 언약하신 대로 메시아를 이미 이 세상에 보내 주셨고, 또한 말세에 보내 주시겠다고 언약하신 보혜사 성령도 이미 보내 주셨습니다. 이제 머지않아 성취될 마지막 남은 언약은 역사의 종말과 그리스도의 재림뿐입니다.

"진실로 너희에게 이르노니 천지가 없어지기 전에는 율법의 일점 일획이라도 반드시 없어지지 아니하고 다 이루리라"(마 5:18).

셋째, 하나님만이 나의 선한 목자이십니다.

"여호와는 나의 목자시니 내가 부족함이 없으리로다 그가 나를 푸른 초장에 누이시며 쉴 만한 물가로 인도하시는도다 내 영혼을 소생시키시고 자기 이름을 위하여 의의 길로 인도하시는도다 내가 사망의 음침한 골짜기로 다닐지라도 해를 두려워하지 않을 것은 주께서 나와 함께 하심이라 주의 지팡이와 막대기가 나를 안위하시나이다 주께서 내 원수의 목전에서 내게 상을 베푸시고 기름으로 내 머리에 바르셨으니 내 잔이 넘치나이다 나의 평생에 선하심과 인자하심이 정녕 나를 따르리니 내가 여호와의 집에 영원히 거하리로다"(시 23:1-6).

구약성경에는 여호와 하나님이 선한 목자로 나타나셨고, 신약성경에는 예수 그리스도가 선한 목자로 나타나셨습니다. 하나님께서는 노아의 생애를 책임지셨으며, 아브라함의 평생을 인도하셨고, 요셉이 총리의 자리에 이르도록 함께하셨으며, 바울로 하여금 위대한 선교사역을 완수케 하신 선한 목자이십니다.

영원불변하시는 하나님, 신실하신 하나님, 또한 선한 목자 되신 하나님은 바로 오늘 나와 여러분의 하나님이십니다. 나의 생애가 끝나는 그날까지 나와 동행하시며 불꽃같은 눈동자로 지켜 주시고, 나의 생사화복을 전적으로 책임져 주시는 참 좋으신 우리 모두의 하나님이십니다.

제3부

구원자 예수

1. 인류역사의 중심 되신 그리스도 ▶ 109
2. 참 하나님, 참 사람이신 예수 ▶ 113
3. 생명의 떡 예수 ▶ 122
4. 예수 부활의 생명과 능력 ▶ 128
5. 화목제물 되신 예수 ▶ 133
6. 하나님의 아들 그리스도 ▶ 138
7. 그리스도는 성경의 중심이시다 ▶ 144

1. 인류역사의 중심 되신 그리스도

역사를 일컬어 History라 말합니다. History란 그 사람의 이야기, 곧 예수 그리스도에 관한 이야기입니다.

역사는 기원전과 기원후로 나누어지는데 기원전을 BC(Before Christ)라 부르고 기원후를 AD(Anno Domini)라 부릅니다. BC란 예수 그리스도 탄생 이전을 일컬으며, AD는 예수 그리스도 이후 시대를 일컫는 것입니다. 따라서 예수 그리스도는 역사 그 자체이시며 또한 기원전과 기원후로 나누는 인류역사의 분수령이 되십니다.

예수님은 2008년 전 이 세상에 찾아오셔서 33년의 짧은 생애를 유대 땅에 머무르시다가 다시 하나님 나라로 올라가셨습니다. 예수님의 생애는 두 부분으로 나누어집니다. 첫 번째 30년은 율법 아래서 인간의 모든 고난의 삶을 친히 경험하신 사생애였으며, 두 번째 3년은 성령 충만을 받으신 후 성령에 이끌려 복음사역을 행하신 공생애였습니다.

예수님은 공생애 3년이라는 짧은 기간 동안에 가장 위대한 신적 발자취를 인류역사 속에 남겨 놓으셨습니다.

예수 그리스도의 권세 있고 감화력 있는 설교는 수많은 청중을 매료시켰습니다(마 7:28-29).

예수 그리스도께서 가르치신 성경의 심오한 진리는 어느 신학자도 모방할 수 없는 하늘의 소리였습니다(마 13:54).

예수 그리스도는 백성 중의 모든 병과 모든 약한 것을 고치신 유일한 전능하신 의사였습니다(마 4:23-25).
　예수 그리스도는 초월적 능력으로 자연계를 다스리신 섭리주 하나님이셨습니다(막 4:39).

❋ 역사가 샤프는 예수 그리스도에 대하여 이렇게 들려줍니다.

- 예수 그리스도는 한 권의 책도 저술하지 않으셨지만 도서관 책꽂이에는 그에 관한 저서로 가득 차 있다.
- 예수 그리스도는 학교를 세운 적이 없으시지만 오늘날 예수 그리스도의 이름으로 수많은 학교가 세워졌고, 또한 수많은 그리스도의 제자들이 그들 학교마다 차고 넘쳐남을 볼 수 있다.
- 예수 그리스도는 의술을 배운 적이 없으시지만 그러나 그는 수많은 사람들의 질고를 치유하신 전능한 의사이시다.
- 예수 그리스도는 문화와 예술을 연마한 적이 없으시지만 21세기의 문화와 예술이 그의 이름으로 꽃을 피웠다.
- 예수 그리스도는 복지사업을 계획하지 않으셨지만 오늘의 지구촌 안에는 수많은 복지 단체들이 그리스도의 이름으로 활동을 전개하고 있다.

이처럼 예수 그리스도는 그의 공생애 3년 동안 비록 짧은 시간들을 이 땅에서 사역하셨지만 2천 년이 지난 오늘에 이르러서는 그의 사상, 그의 진리, 그의 교훈, 그의 섬김이 지구촌 모든 나라마다 차고 넘침을 보여줍니다.

❋ 예수 그리스도께서 보통 사람과 다른 점은 다음과 같습니다.
　하나님의 아들이신 예수님이 육신을 입고 이 땅에 오셔서 보통 사람과 동일한 생애를 사셨지만 한편 전혀 다른 신적 모습을 지니셨음을 보여 주십니다.
　예수 그리스도는 예언 성취로 오셨습니다.

"베들레헴 에브라다야 너는 유다 족속 중에 작을지라도 이스라엘을 다스릴 자가 네게서 내게로 나올 것이라 그의 근본은 상고에 태초에니라"(미 5:2).

예수 그리스도는 하나님의 아들이십니다.

"주는 그리스도시요 살아계신 하나님의 아들이시니이다"(마 16:16).

예수 그리스도는 죄를 알지도 못하시고 죄가 없으십니다.

"그가 우리 죄를 없이하려고 나타내신바 된 것을 너희가 아나니 그에게는 죄가 없느니라"(요일 3:5; 고후 5:21).

예수 그리스도는 수많은 죄인을 위하여 죽으셨습니다.

"우리가 아직 죄인 되었을 때에 그리스도께서 우리를 위하여 죽으심으로 하나님께서 우리에게 대한 자기의 사랑을 확증하셨느니라"(롬 5:8; 사 53:5-6).

예수 그리스도는 죽음에서 부활하셨습니다.

"그리스도께서 우리 죄를 위하여 죽으시고 장사지낸바 되었다가 성경대로 사흘 만에 다시 살아 나사 게바에게 보이시고 후에 열 두 제자에게와 그 후에 오백여 형제에게 일시에 보이셨나니"(고후 15:3-6).

예수 그리스도는 하나님 나라로 올라가셨습니다.

"주 예수께서 말씀을 마치신 후에 하늘로 올리우사 하나님 우편에 앉으시니라"(막 16:19).

예수 그리스도께서 재림하실 것을 예언하셨습니다.

"너희 가운데서 하늘로 올리우신 이 예수는 하늘로 가심을 본 그대로 오시리라"(행 1:11).

예수 그리스도는 지금도 그리스도인 안에 함께 계십니다.

"볼지어다 내가 세상 끝날까지 너희와 항상 함께 있으리라"(마 28:20).

✲ 예수 그리스도만이 인간에게 주실 수 있는 네 가지 선물이 있습니다.

인간의 죄를 용서해 주시고 영생을 주십니다.

"모든 사람이 죄를 범하였으매 하나님의 영광에 이르지 못하더니 그리스도 예수 안에 있는 구속으로 말미암아 하나님의 은혜로 값없이 의롭다 하심을 얻은 자 되었느니라"(롬 3:23-24).

참 평안을 주십니다.

"평안을 너희에게 끼치노니 곧 나의 평안을 너희에게 주노라"(요 14:27).

참 삶의 목적을 주십니다.

"또 가라사대 너희는 온 천하에 다니며 만민에게 복음을 전파하라"(막 16:15).

승리의 삶을 살 수 있는 능력을 주십니다.

"내게 능력 주시는 자 안에서 내가 모든 것을 할 수 있느니라"(빌 4:13).

이처럼 예수 그리스도는 참 인간이시면서 또한 참 신이셨기에 그를 신뢰하고 순종하는 자들에게 이와 같은 놀라운 은혜를 베풀어 주십니다.

 ## 2. 참 하나님, 참 사람이신 예수

예수 그리스도는 2008년 전 유대 땅 베들레헴에서 탄생하셨습니다. 그는 보통 사람들과 똑같은 성정을 지니셨으며 평범한 서민의 삶을 사셨습니다. 또한 그는 30세가 되기까지 천한 신분의 목수 일을 하시면서 홀어머니와 동생들을 부양한 성실 근면한 청년이었습니다. 그가 31세가 되었을 때 그도 다른 사람들처럼 세례 요한으로부터 세례를 받으심과 동시에 성령의 권능이 그에게 임하는 놀라운 신적 체험을 하였습니다. 그로부터 그는 성령에 이끌리시며 천국복음을 선포하시고 또 질고에 시달리는 자들을 고치시는 신적 삶을 사셨습니다.

그러나 그를 시기하고 모함하는 유대교 종교지도자들에 의해 그는 십자가에 못 박혀 죽음으로써 그의 33년의 짧은 생은 마감해야만 했습니다. 그런데 그가 죽은 지 3일 만에 무덤에서 부활하는 놀라운 기적이 일어났습니다. 더욱 놀라운 것은 그가 부활하신 지 40일째 되는 날, 수많은 사람들이 지켜보는 가운데 그의 몸이 들려서 하늘로 승천함과 동시에 천사들이 나타나 이 예수가 다시 오실 것을 예고하였습니다.

이처럼 짧은 생애 동안 인간의 희로애락을 그가 몸소 다 경험하셨고, 한편 역사 속에 가장 위대한 신적사역을 행하셨던 이 예수는 과연 어떤 분이신가요!

첫째, 예수 그리스도는 신성을 지니신 하나님이십니다.

예수님은 한 인간으로 출생하셔서 인간으로서의 모든 성장과정과 인간이 지니는 희로애락을 다 경험하신 반면, 그는 신성을 지니시고 신적 사역을 행하신 성자 하나님이십니다.

(1) 예수 그리스도는 신성을 지니셨습니다.

● 예수 그리스도는 태초부터 계신 성자 하나님이십니다.

예수님은 동정녀 마리아를 통해 출생하심으로부터 그가 존재하신 것이 아니라 세상이 창조되기 이전 영원 전부터 스스로 계신 하나님이십니다. 요한은 예수 그리스도의 선재(先在)하심에 대하여 이렇게 증언하였습니다.

"태초에 말씀이 계시니라 이 말씀이 하나님과 함께 계셨으니 이 말씀은 곧 하나님이시니라"(요 1:1).

여기서 태초란 세상의 시작점을 말하는 것이 아니라 창조이전 영원 전을 가리키는 것입니다. 또한 예수 그리스도를 말씀으로 표현한 것은 그가 하나님 아버지의 계시자라는 의미에서 이 명칭을 취한 것입니다.

"태초부터 있는 생명의 말씀에 관하여는 우리가 들은 바요 눈으로 본 바요 주목하고 우리 손으로 만진 바라"(요일 1:1).

"또 그가 피 뿌린 옷을 입었는데 그 이름은 하나님의 말씀이라 칭하더라"(계 19:13).

● 예수 그리스도는 세상 만물을 창조하신 성자 하나님이십니다.

예수 그리스도는 태초부터 하나님과 함께 계셨을 뿐만 아니라 세상 만물을 창조하신 전능하신 하나님이십니다.

"그가 태초에 하나님과 함께 계셨고 만물이 그로 말미암아 지은바 되었으니 지은 것이 하나도 그가 없이는 된 것이 없느니라"(요 1:2-3).

이처럼 예수 그리스도께서 창조하신 세상 만물은 다음 두 가지 사실을 깨닫게 해 주십니다.

예수 그리스도의 신적 지혜의 무한함을 깨닫게 해 줍니다. 산야에 피어 있는 꽃들과 나무, 수만 종류의 새와 곤충, 물고기, 짐승들, 그 하나하나를 볼 때 신적 지혜의 무한함을 고백치 않을 수 없습니다.

예수 그리스도의 신적 능력의 위대함을 깨닫게 해 주십니다.

무한대한 우주공간에 떠 있는 해와 달과 별들, 그리고 우람한 산맥과 끝없이 펼쳐진 바다를 볼 때, 그리스도의 신적 능력의 위대함을 찬양드리며 그리스도의 절대성을 고백하게 되는 것입니다.

- 예수 그리스도는 언약성취로 오신 성자 하나님이십니다.

예수 그리스도께서 하나님의 보내심을 받아 이 세상에 오심에 대한 예언적 언약이 성경 전반에 걸쳐 기록되어 있습니다.

예수 그리스도가 여자의 후손으로 오실 것을 언약하셨습니다.

"내가 너로 여자와 원수가 되게 하고 너의 후손도 여자의 후손과 원수가 되게 하리니 여자의 후손은 네 머리를 상하게 할 것이요 너는 그의 발꿈치를 상하게 할 것이니라"(창 3:15).

예수 그리스도가 아브라함의 후손으로 오실 것을 언약하셨습니다.

"네 자손을 인하여 천하 만민이 복을 받으리라"(창 26:4).

예수 그리스도가 베들레헴에서 탄생하실 것을 언약하셨습니다.

"베들레헴 에브라다야 너는 유다 족속 중에 작을지라도 이스라엘을 다스릴 자가 네게서 내게로 나올 것이라 그의 근본은 상고에 태초에니라"(미 5:2).

예수 그리스도가 동정녀 마리아를 통해 오실 것을 언약하셨습니다.

"주의 사자가 현몽하여 가로되…저에게 잉태된 자는 성령으로 된 것이라 아들을 낳으리니 이름을 예수라 하라 이는 그가 자기 백성을 저희 죄에서 구원할 자이심이라"(마 1:20-21).

● 예수 그리스도는 온 백성에게 미칠 큰 기쁨의 좋은 소식으로 이 세상에 찾아오신 성자 하나님이십니다.

"보라 내가 온 백성에게 미칠 큰 기쁨의 좋은 소식을 너희에게 전하노라 오늘날 다윗의 동네에 너희를 위하여 구주가 나셨으니 곧 그리스도 주시니라"(눅 2:10-11).

예수 그리스도가 온 백성에게 미칠 큰 기쁨의 좋은 소식이 되심은 다음 두 가지로 나타나집니다.

● 예수 그리스도는 구원자이십니다.

예수 그리스도는 죄와 저주 가운데 영멸할 인간을 구원하시기 위해 그는 이 세상에 찾아오셨습니다.

"아들을 낳으리니 이름을 예수라 하라 이는 그가 자기 백성을 저희 죄에서 구원할 자이심이라"(마 1:21).

이 예수를 나의 구주로 믿는 자는 죄와 멸망에서 구원 받아 영생을 얻으며 또한 풍성한 삶을 누리게 됩니다.

● 예수 그리스도는 임마누엘 되십니다.

사람은 누구나 다 연약성과 죄성을 지녔기에 빈곤과 어두운 삶의 그늘을 벗어날 수 없는 것입니다. 이렇듯 숙명이라는 굴레에 갇힌 인류에게 생명의 빛과 능력이 되시기 위해 예수 그리스도는 이 세상에 찾아오셨습니다.

"보라 처녀가 잉태하여 아들을 낳을 것이요 그 이름은 임마누엘이라 하리라 하셨으니 이를 번역한즉 하나님이 우리와 함께 계시다 함이라"(마 1:23).

(2) 예수 그리스도의 신적 속성은 그가 하나님 되심을 말해줍니다.

예수 그리스도는 영원 전부터 영원까지 계시는 하나님이십니다.

"나는 알파와 오메가요 처음과 나중이라"(계 21:6).

"거룩하다 거룩하다 거룩하다 주 하나님 곧 전능하신 이여 전에도 계셨고 이제도 계시고 장차 오실 자라"(계 4:8).

예수 그리스도는 그의 존재와 언약에 있어 불변하시는 하나님이십니다.

그의 존재는 변하지 않으십니다.

"예수 그리스도는 어제나 오늘이나 영원토록 동일하시니라"(히 13:8).

"볼지어다 내가 세상 끝날까지 너희와 항상 함께 있으리라"(마 28: 20).

예수 그리스도는 무소부재하신 하나님이십니다.

예수님이 신령한 몸으로 부활하신 후 그는 여러 차례에 걸쳐 그의 제자들에게 신적 모습으로 나타나셨습니다.

"두 세 사람이 내 이름으로 모인 곳에는 나도 그들 중에 있느니라"(마 18:20).

예수 그리스도는 전지하신 하나님이십니다. 예수님은 모든 사람의 마음과 삶을 다 아시고 또한 미래에 나타나질 일을 다 알고 계신 하나님이십니다.

　-나다나엘이 참 이스라엘 사람임을 아셨습니다(요 1:47-48).
　-감람원 맞은편 마을에 나귀새끼가 매여 있는 것을 아셨습니다(눅

19: 28-30).

　-유월절을 지킬 큰 다락방이 어디에 있는지 다 알고 계셨습니다(눅 22:7-13).

　-수가성 여인의 과거를 다 아시고 말씀하셨습니다(요 4:18).

예수 그리스도는 전능하신 하나님이십니다.

예수님은 능치 못함이 없으신 하나님이십니다. 그는 자연의 법칙을 초월하여 자연계를 다스리신 하나님이십니다.

　-바람과 바다를 꾸짖으신대 아주 잔잔해졌습니다(마 8:23-27).

　-바다 위를 걸어가셨습니다(마 14:25).

　-오병이어의 기적을 나타내셨습니다(요 6:8-13).

　-물이 변하여 포도주가 되게 하셨습니다(요 2:1-11).

이처럼 예수님은 하나님의 속성을 그대로 다 지니시고 나타내 보여 주신 성자 하나님이십니다.

(3) 예수 그리스도의 신적 사역은 그가 하나님 되심을 말해줍니다.

예수 그리스도는 하나님만이 행하신 신적 사역을 그도 행하심으로 그가 하나님 되심을 입증해 주셨습니다.

예수 그리스도는 창조사역을 행하셨습니다.

우주와 만물, 그리고 사람이 다 그리스도에 의해 창조되었음을 성경은 가르쳐 주십니다.

"그가 태초에 하나님과 함께 계셨고 만물이 그로 말미암아 지은바 되었으니 지은 것이 하나도 그가 없이는 된 것이 없느니라"(요 1:2-3).

예수 그리스도는 구속사역을 행하셨습니다.

예수 그리스도가 이 세상에 오신 목적이 인류 구속에 있음을 성경은 가르쳐 주십니다.

"아들을 낳으리니 이름을 예수라 하라 이는 그가 자기 백성을 저희 죄에서 구원할 자이심이라"(마 1:21).

"하나님이 세상을 이처럼 사랑하사 독생자를 주셨으니 이는 저를 믿는 자마다 멸망치 아니하고 영생을 얻게 하려 하심이라"(요 3:16).

예수 그리스도는 섭리사역을 행하셨습니다.

예수 그리스도는 하나님만이 하실 수 있는 섭리사역을 그도 행하셨습니다. 예수 그리스도는 자연과 만물, 그리고 인간을 섭리하셨습니다.

예수 그리스도께서 거센 바람과 풍랑을 다스리셨습니다(마 8:23-27).

예수 그리스도께서 갈릴리 호수의 물고기들을 한 곳으로 모이도록 명하시고 잡히게 하시므로 베드로로 하여금 섭리주 되신 예수님을 체험케 하셨습니다(눅 5:4-8).

예수 그리스도께서 무화과나무를 저주하시므로 그 즉시 말라죽게 하셨습니다(마 21:19).

예수 그리스도께서 죽은 나사로를 다시 살리셨습니다(요 11:43-44).

둘째, 예수 그리스도는 인성을 지니신 하나님이십니다.

예수 그리스도는 참 하나님이시며 동시에 그는 참 사람이셨습니다.

예수 그리스도는 인간의 출생과 성장, 그리고 희로애락의 삶과 죽음을 다 경험하신 참 사람이셨습니다.

예수 그리스도의 탄생이 그의 참 사람됨을 말해줍니다.

"오늘날 다윗의 동네에 너희를 위하여 구주가 나셨으니 곧 그리스도 주시니라 너희가 가서 강보에 싸여 구유에 누인 아기를 보리니 이것이 너희에게 표적이니라"(눅 2:11-12).

예수님의 성장이 그의 참 사람됨을 말해줍니다.

예수님은 보통 사람과 똑같은 성장과정을 거치셨습니다. 그가 갓난 아이 때는 엄마 품에 안겨 젖을 먹었으며 또한 태어난 지 8일 만에 성전에 올라가 할례의식을 거행하였습니다.

"예수는 그 지혜와 그 키가 자라가며 하나님과 사람에게 더 사랑스러워 가시더라"(눅 2:52).

예수님이 성경의 가르침을 받은 사실이 그의 참 사람됨을 말해줍니다.

"그가 선생들 중에 앉으사 저희에게 듣기도 하시며 묻기도 하시니 듣는 자가 다 그 지혜와 대답을 기이히 여기더라"(눅 2:46-47).

예수님이 목수 일을 하셔서 그 어머니와 동생들을 섬긴 사실이 그의 참 사람됨을 말해줍니다.

"이 사람이 마리아의 아들 목수가 아니냐…하고 예수를 배척한지라"(막 6:3).

"예수께서 한가지로 내려가사 나사렛에 이르러 순종하여 받드시더라"(눅 2:51).

예수님이 보여주신 연약성이 그의 참 사람됨을 말해줍니다.
예수께서 피곤을 자주 느끼셨습니다.

"예수께서 행로에 곤하여 우물곁에 그대로 앉으시니 때가 제 육시쯤 되었더라"(요 4:6).

"바다에 큰 놀이 일어나 물결이 배에 덮이게 되었으되 예수는 주무시는지라"(마 8:24).

예수께서 목마르셨습니다.

"가라사대 내가 목마르다"(요 19:28).

예수께서 주리셨습니다.

"그때에 예수께서… 사십 일을 밤낮으로 금식하신 후에 주리신지라"(마 4:1-2).

"이른 아침에 성으로 들어오실 때에 시장하신지라"(마 21:18).

예수께서 눈물을 흘리셨습니다.

"예수께서 온 유대인들이 우는 것을 보시고 심령에 통분히 여기사… 눈물을 흘리시더라"(요 11:33-35).

예수께서 탄식하셨습니다.

"예수께서 마음속에 깊이 탄식하시며 가라사대 어찌하여 이 세대가 표적을 구하느냐"(막 8:11-12).

예수께서 시험을 받으셨습니다.

"예수께서… 성령에 이끌리시며 마귀에게 시험을 받으시더라"(눅 4:1-2).

예수께서 멸시와 조롱을 당하셨습니다.

"예수에게 자색옷을 입히고 가시면류관을 엮어 씌우고… 갈대로 그의 머리를 치며 침을 뱉으며… 십자가에 못 박으려고 끌고 나가니라"(막 15:17-20).

예수님의 죽으심이 그의 참 사람 됨을 말해줍니다.

"예수께서 큰 소리를 지르시고 운명하시다"(막 15:37).

이처럼 예수님은 참 하나님이시며 동시에 참 사람됨을 복음서는 가르쳐 주십니다. 따라서 예수님은 하나님과 사람 사이에 중보자가 되실 수 있었습니다. 또한 오늘도 변함없이 그리스도를 신뢰하고 순종하며 따르는 자들의 삶속에 찾아오셔서 위대한 삶을 살아가게 하십니다. 예수님은 참 하나님이시며, 참 사람이십니다.

 ### 3. 생명의 떡 예수
-요 6:51

예수님의 공생애 기간 동안 선교 사역은 주로 디베랴 바다를 중심으로 이루어졌습니다. 디베랴 바다의 북쪽으로는 눈 덮인 헬몬산이 우뚝 서 있고, 동쪽으로는 높은 골란 공원이 남북으로 길게 뻗어 있습니다. 서편은 산지로 둘려 있고, 남쪽은 비옥한 평원으로서 요단 강물이 흐르고 있습니다. 이 디베랴 바다를 중심으로 하여 어업과 상업이 번창하였는데, 이 지역을 갈릴리 지역이라 일컬었던 것입니다. 산야에 핀 아름다운 들꽃, 멧새들의 지저귐 소리, 맑고 고요한 호수 위를 나는 갈매기들의 평화스런 모습, 만년설을 이고 우뚝 서 있는 헬몬산, 이처럼 디베랴 바다를 중심으로 한 이 갈릴리 지역이 얼마나 아름답고 살기 좋은 곳인지를 지난 성지순례시 체감해 보았습니다.

바로 이곳이 예수님이 3년 동안 사역하신 복음 전도의 무대였습니다. 때로는 바닷가에서, 때로는 바다가 한눈에 내려다보이는 동산에서 예수님은 수많은 무리들을 가르치셨고 병든 자들을 치료하셨습니다. 때로는 유대인 회당에서 천국 복음을 가르치셨고, 때로는 디베랴 호수 북단에 넓게 펼쳐진 풀밭에서 많은 무리에게 이적의 떡을 먹이기도 하셨습니다. 이러한 사역을 행하시는 예수님의 소문은 삽시간에 널리 퍼져 나갔습니다.

"예수께서 온 갈릴리에 두루 다니사 저희 회당에서 가르치시며 천국 복음을 전파하시며 백성 중에 모든 병과 모든 약한 것을 고치시니 그의 소문이 온 수리아에 퍼진지라 사람들이 모든 앓는 자 곧 각색병과 고통에 걸린 자, 귀신 들린 자, 간질하는 자, 중풍병자들을 데려오니 저희를 고치시더라 갈릴리와 데가볼리와 예루살렘과 유대와 요단강 건너편에서 허다한 무리가 좇으니라"(마 4:23-25).

이제는 더 이상 정서를 느끼게 해 주는 고요한 디베랴 호수만은 아니었습니다. 동서남북에서 수많은 사람들이 예수님을 찾아 모여 왔습니다. 그리하여 유례없는 복음성회가 디베랴 바다 곳곳에서 날마다 이루어졌습니다. 예수님의 권세 있는 말씀은 청중을 사로잡았습니다. 또 예수님의 능력으로 병자들이 고침을 받을 때마다 "나사렛 예수 만세!" "할렐루야!"를 외치는 소리에 파도소리마저 숨을 죽이곤 했습니다. 이렇듯 예수님의 인기가 최고 절정에 이르던 어느 날, 예수님은 갈릴리 북단 가버나움 회당에 가셔서 하나님의 말씀을 강론하셨습니다. 예수님은 그 자신이 인류에게 생명을 주시기 위하여 이 세상에 찾아온 메시아이심을 선포하셨습니다.

"나는 하늘로서 내려온 산 떡이니 사람이 이 떡을 먹으면 영생하리라 나의 줄 떡은 곧 세상의 생명을 위한 내 살이로라… 내가 진실로 진실로 너희에게 이르노니 인자의 살을 먹지 아니하고 인자의 피를 마시지 아니하면 너희 속에 생명이 없느니라 내 살을 먹고 내 피를 마시는 자는 영생을 가졌고 마지막 날에 내가 그를 다시 살리리니 내 살은 참된 양식이요 내 피는 참된 음료로다"(요 6:51, 53-55).

지금까지 예수님은 팔복에 관한 말씀과 인간이 지켜야 할 율법과 하나님 나라에 대하여 무리들에게 강론하셨습니다. 또 말씀의 사실성을 입증하시고자 각색 병든 자들을 고치시고 귀신들을 내쫓으시며 이적을 행하심으로 사람들을 놀라게 하셨습니다. 그러므로 지금까지 예수님의 말씀을 듣고 행하시는 표적을 본 수만 명의 청중들은, 예수님을 하나님이 보내신 특별한 선지자로 의심 없이 믿고 따랐던 것입니다. 바로 그 예수님이 말씀 강론을 통해 자신이 영원한 생명을 주기 위해 이 땅에 찾아오신 하나님의 아들이라는 것과, 또한 자신을 믿어야만 영생을 얻는다고 외쳤을 때 군중들은 동요하기 시작했습니다. 그 청중들 속에는 예수님의 고향인 나사렛에서 온 사람들도 많이 있었습니다. 그들은 예수님이 하나님의 아들이라 하신 말씀에 회의를 품고 수군거렸습니다.

"가로되 이는 요셉의 아들 예수가 아니냐 그 부모를 우리가 아는데 제가 지금 어찌하여 하늘로서 내려왔다 하느냐"(요 6:42).

잠시 후 예수님을 선지자로 믿고 존경하며 따르던 그 많은 무리들이 썰물이 빠져나가듯 예수님 곁을 다 떠나고 말았습니다. 수많은 군중들이 예수님에 대한 불신과 회의를 느끼고 다 떠난 후 그곳에 남은 자들은 예수님의 제자들뿐이었습니다. 예수님은 무거운 침묵을 깨고 이렇게 물으셨습니다. "너희도 가려느냐?" 그때 수제자 베드로가 확신에 찬 음성으로 예수님께 신앙고백을 하였습니다.

"주여 영생의 말씀이 계시매 우리가 뉘게로 가오리이까 우리가 주는 하나님의 거룩하신 자신 줄 믿고 알았삽나이다"(요 6:68-69).

이렇듯 영적인 사람만이 하나님의 말씀을 들을 수도 있고 깨달을 수도 있는 것입니다. 육적인 수많은 군중들이 저버린 그 말씀이 영적인 사람 베드로에게는 구원이요 영생이었던 것입니다.

❋ 베드로가 확신한 예수님은 어떤 분이십니까?

첫째, 하나님의 보내심을 받아 이 땅에 오신 하나님의 아들이십니다.

예수님은 그 자신이 하늘로서 내려왔다고 반복해서 들려주셨습니다. 그는 하나님의 보내심을 받아 하나님이 택한 백성을 구원하러 이 세상에 오신 메시아이십니다.

"하나님이 세상을 이처럼 사랑하사 독생자를 주셨으니 이는 저를 믿는 자마다 멸망치 않고 영생을 얻게 하려 하심이니라"(요 3:16).

예수 그리스도는 하나님의 인치신 자이십니다. 즉, 하나님이 메시아로 인정하신 자이십니다.

예수 그리스도는 보편성을 띤 메시아이십니다. 즉, 예수님은 유대인만의 메시아가 아니라, 유대인과 이방인을 모두 구원하러 오신 메시아이십니다(롬 1:16).

예수 그리스도는 제한된 구속을 실행하실 메시아이십니다. 예수님은 하나님께서 주신 자만을 구원하러 오신 메시아이십니다. 즉, 하나님이 구원하시기로 창세전에 택하신 자들을 구원하러 오신 메시아이십니다.

"찬송하리로다 하나님 곧 우리 주 예수 그리스도의 아버지께서… 창세전에 그리스도 안에서 우리를 택하사… 예수 그리스도로 말미암아 자기의 아들들이 되게 하셨으니 이는 그의 사랑하시는 자 안에서 우리에게 거저 주시는바 그의 은혜의 영광을 찬미하게 하려는 것이라"(엡 1:3-6).

예수 그리스도는 궁극적 구원을 주시는 메시아이십니다.

궁극적 구원이란 하나님이 구원하시기로 예정하시고 예수 그리스도에게 주신 자는 성령의 역사로 반드시 구원을 이루신다는 말입니다.

"너희 속에 착한 일을 시작 하신 이가 그리스도 예수의 날까지 이루실 줄을 우리가 확신하노라"(빌 1:6).

예수 그리스도는 아버지의 뜻을 행하러 오신 메시아이십니다.

"내가 하늘로서 내려온 것은 내 뜻을 행하려 함이 아니요 나를 보내신 이의 뜻을 행하려 함이니라… 내 아버지의 뜻은 아들을 보고 믿는 자마다 영생을 얻는 이것이니 마지막 날에 내가 이를 다시 살리리라"(요 6:38-40).

다시 말해, 하나님 아버지의 뜻은 예수 그리스도를 믿는 자마다 영생을 얻게 하시는 것입니다.

둘째, 예수 그리스도는 하늘로서 내려온 생명의 떡이십니다.

"내가 곧 생명의 떡이니 내게 오는 자는 결코 주리지 아니할 터이요 나를 믿는 자는 영원히 목마르지 아니하리라"(요 6:35).

"나는 하늘로서 내려온 산 떡이니 사람이 이 떡을 먹으면 영생하리라 나의 줄 떡은 곧 세상의 생명을 위한 내 살이로라"(요 6:51).

성경에는 하늘로서 내린 떡이 여러 번 언급되었습니다. 구약 성경에는 광야에 내린 만나와 엘리사 선지자가 베푼 기적의 떡이 있습니다. 또 신약 성경에는 예수님이 무리들에게 베푸신 초자연적 이적의 떡이 두 번이나 나타나 있습니다. 이 모든 떡의 공통성은 생명 없는 떡이며 결국 이 떡을 먹은 자들은 다 죽었음을 성경은 말해 줍니다. 반면 예수 그리스도는 하늘에서 내려온 생명을 지닌 산 떡이라고 말씀해 주셨습니다.

"하나님의 떡은 하늘에서 내려 세상에게 생명을 주는 것이니라"(요 6:33).

예수님이 이 세상에 오신 목적이 여기에 있습니다.

"그도 또한 한 모양으로 혈육에 함께 속하심은 사망으로 말미암아 사망의 세력을 잡은 자 곧 마귀를 없이 하시며 또 죽기를 무서워하므로 일생에 매여 종노릇하는 모든 자들을 놓아 주려 하심이니"(히 2:14-15).

기독교의 유일성이 여기에 있습니다. 불교는 죽어 사리를 남기는 종교이지만, 기독교는 죽은 자에게 생명을 주는 생명의 종교입니다. 예수 그리스도께서 마지막 날에 그리스도 안에서 죽은 모든 자들을 다시 살리시고, 또한 그들에게 영원한 생명을 주시기 위해 오셔야만 했습니다. 그러므로 기독교는 생명의 종교이며, 또한 부활의 소망을 지닌 종교입니다. 하늘로부터 내려온 생명의 떡이신 예수님은 모든 사람에게 이 떡을 먹이기 위하여 스스로 대속의 제물이 되셨던 것입니다.

"그가 찔림은 우리의 허물을 인함이요 그가 상함은 우리의 죄악을 인함이라 그가 징계를 받음으로 우리가 평화를 누리고 그가 채찍에 맞음으로 우리가 나음을 입었도다"(사 53:5).

예수 그리스도는 십자가에 못 박혀 대속의 죽음을 죽으심으로 그 자신이 모든 사람에게 나누어 주는 생명의 떡이 되셨습니다.

"나는 하늘로서 내려온 산 떡이니 사람이 이 떡을 먹으면 영생하리라 나의 줄 떡은 곧 세상의 생명을 위한 내 살이로라"(요 6:51).

그러므로 예수님의 살과 피를 먹고 마시는 자만이 영생을 얻을 수 있습니다. 즉, 예수님의 대속의 죽음을 믿는 자, 곧 예수님의 살을 먹고 예수님의 피를 마시듯이 참으로 믿는 자가 영생을 얻는 것입니다.

우리는 모두 창세전에 하나님께서 택한 자들입니다. 우리는 모두 생명의 떡이신 예수 그리스도를 믿어 영생을 얻은 자들입니다. 또 우리는 예수님이 재림하시는 날 다시 살리심을 받도록 하나님의 약속을 받은 자들입니다. 이제 우리는 주님 다시 오시는 그날을 기다리며 부활의 소망을 지닌 자로서 빛된 삶을 살아야겠습니다. 우리의 생명이 다하는 그 날까지 예수님의 살과 피를 먹고 마시며 이 살과 피를 증거하는 예수님의 증인이 되어야겠습니다.

4. 예수 부활의 생명과 능력
-요 11:25-26

예수님은 갈보리 언덕에 세워진 십자가에 못 박혀 죽으셨습니다. 창 자국과 못 자국에서 흐르는 붉은 피가 예수님의 죽음을 확증했습니다. 또 그가 외치던 진리도, 그를 추종하던 무리들도 모두 어둠 속으로 사라져 갔습니다. 예수님은 무덤 속에 홀로 버려졌고, 세상은 온통 절망과 흑암뿐이었습니다. 그로부터 삼 일째 되는 이른 새벽, 하늘에서 쏟아져 내린 찬란한 빛줄기가 절망의 어둠을 비추었고, 한 천사가 무덤의 돌을 굴려 냈습니다. 잠시 후 몇몇 여인들이 예수님의 무덤을 찾아왔습니다. 천사는 그 여인들에게 이같이 외쳤습니다.

"너희는 무서워 말라 십자가에 못 박히신 예수를 너희가 찾는 줄을 내가 아노라 그가 여기 계시지 않고 그의 말씀하시던 대로 살아나셨느니라"(마 28:5-6).

예수님은 다시 사셨습니다. 예수 부활의 생명, 예수 부활의 능력이 역사의 강물 줄기를 바꾸어 놓았습니다. 예수 부활의 아침이 새 역사의 시작을 알려 주었습니다. 새싹은 흙을 뚫고 대지는 꿈틀거리며 찬란한 생명과 소망의 미래가 열리게 되었습니다.

보라!
푸른 잎이 언덕을 덮고,
맺힌 꽃망울이 새 역사를 예고하노라.

밝아온 부활의 새 아침,
찬란한 생명의 미래!
찬란한 소망의 미래!
그리스도 안에서 우리의 장래가 이것이어라!

기독교는 예수 그리스도의 죽음과 부활에서 시작되었습니다. 그러므로 기독교는 피의 종교이며 또한 부활의 종교입니다. 기독교의 유일성과 절대성이 여기에 있습니다. 죽음의 절망에 처한 자들에게 부활의 생명을 줄 수 있는 종교는 오로지 기독교뿐입니다. 오로지 생명의 원천되시는 하나님만이 죽은 자에게 새 생명을 주시며, 소망이 없는 자에게 소망의 빛줄기를 내려 주십니다.

만약 2천 년 전 예수님이 십자가에 죽으셨을 때, 그것으로 예수님의 생애가 끝났다면 예수님은 한낱 선지자에 불과했을 것입니다. 그분이 전파한 진리도 또한 그분이 행하신 능력도 다만 구약의 선지자 중 하나였다는 것을 보여 주는 증거가 되었을 것입니다.

예수 그리스도의 십자가의 죽음이 인류의 죄를 대신한 죽음이며, 또한 인류의 불행을 대신한 죽음이라 할지라도 그 죽음 자체로 끝났다면 결코 흐르는 역사의 강물줄기는 바꾸어 놓지 못했을 것입니다.

예수님이 십자가에 못 박혀 죽으신 지 삼 일째 되는 이른 아침이었습니다. 예수님의 무덤을 찾아갔던 몇 사람의 여인들이 절망 속에 잠겨 있는 예수님의 제자들을 찾아와 놀라운 소식을 전해 주었습니다. "여러분! 오늘 아침 예수님이 다시 사셨습니다. 내가 부활하신 예수님을 직접 뵈었고 또 그분의 말씀을 직접 들었습니다." 그러나 이 여인이 전한 놀라운 소식을 사실 그대로 믿은 사람은 아무도 없었습니다.

바로 그때 너무나도 놀라운 사실이 그들 앞에 펼쳐졌습니다. 부활하신 예수님이 시공을 초월하여 그들 앞에 나타나신 것입니다. "너희에게 평강이 있을지어다." 부드러운 주님의 음성이 넋을 잃고 바라보는 그들의 정신을 일깨워 주었습니다. 주님은 그의 못 자국 난 손과 창 자국 난 옆구리를 그들에게 보여 주셨습니다. 그때서야 예수님의 제자들은 부활의 주님을 확신하게 되었습니다. "오! 주님! 말씀하시던 대로 다시 사셨습니다. 우리가 이제야 주님을 진실로 믿습니다."

이제 더 이상 그들을 두렵게 할 '적'은 없었습니다. 사망의 권세를 깨뜨리고 부활하신 주님이 그들과 함께 계셨기 때문입니다. 주님의 부활 소식은 삽시간에 예루살렘과 온 유대로 퍼져 나갔습니다. 이 소식을 듣고 슬픔과 실망에 잠겨 있던 무리들이 큰 위로와 용기를 얻었습니다. 반면 예수님을 십자가에 못 박으라고 외치던 무리들과 유대 종교 지도자들은 큰 두려움에 빠져 들었습니다.

점차 시간이 흐를수록 예루살렘과 온 유대가 부활하신 예수님의 놀라운 소식으로 가득 차게 되었습니다. 따라서 예수님의 죽음 이후에 사방으로 흩어졌던 제자들이 다시 한 자리에 모였습니다. 그리고 그들은 십자가에 못 박혀 죽으시고 부활하신 주님을 확신 있게 증거했습니다. 이 신앙을 고백하는 무리들의 모임이 그리스도인의 새로운 공동체이며 바로 신약 교회의 시작이었습니다.

이처럼 기독교 복음 속에는 예수님의 대속의 십자가와 예수님의 생명의 부활이 담겨 있습니다. 예수 그리스도의 십자가 없이는 예수님의 부활을 이해할 수 없고, 예수님의 부활 없이는 십자가의 의미를 부각시킬 수 없습니다. 그러므로 예수님의 십자가와 부활은 분리하여 존재할 수 없고 이 둘이 하나가 되는 곳에만 예수님의 생명과 능력이 나타나게 되는 것입니다. 예수님의 십자가와 예수님의 부활은 역사의 시간이 다하는 그 순간까지 복음 열차가 달려가는 진리의 두 레일이 될 것입니다. 예수님의 부활은 명백한 역사적 사건입니다. 성경의 복음서와 서신서들은 예수님의 부활을 사실 그대로 기록해 놓았습니다. 그 기록 속에는 부활하신 주님을 목격한 증인들의 증언이 담겨 있습니다. 천사의 증언, 막달라 마리아의 증언, 엠마오 도상의 두 제자의 증언, 열두 제자와 바울의 증언 등은 부활하신 주님에 대한 체험담을 사실 그대로 말해 주고 있습니다. 그 외에도 예수님이 승천하실 때 감람산에 모여 이 사실을 목격한 500여 명의 증인들이 있습니다. 어디 그뿐이겠습니까? 예수님의 비어 있는 무덤은 예수 부활의 사실성을 실감하게 해 줍니다. 해마다 예수님의 빈 무덤가에서 부활의 주님을 찬양하는 수많은 순례자들의 행렬은 곧 예수 부활의 증인으로서의 행렬인 것입니다.

✻ 죽음에서 부활하신 예수님을 믿는 자들에게는 다음 두 가지 복이 주어집니다.

첫째, 예수 부활의 생명입니다.

예수님이 부활의 새 생명으로 다시 살아나셨듯이 부활하신 예수를 믿는 자는 누구나 다 이 부활의 새 생명에 동참하게 됩니다.

"주의 죽은 자들은 살아나고 우리의 시체들은 일어나리이다 티끌에 거하는 자들아 너희는 깨어 노래하라 주의 이슬은 빛난 이슬이니 땅이 죽은 자를 내어 놓으리로다"(사 26:19).

"나는 부활이요 생명이니 나를 믿는 자는 죽어도 살겠고 무릇 살아서 나를 믿는 자는 영원히 죽지 아니하리니 이것을 네가 믿느냐"(요 11:25-26).

하나님은 성령의 능력으로 예수 그리스도를 무덤에서 다시 살리셨습니다. 마찬가지로 주님이 재림하시는 그날 하나님은 주를 믿는 모든 자들을 성령의 능력으로 다시 살리실 것을 언약하셨습니다.

"예수를 죽은 자 가운데서 살리신 이의 영이 너희 안에 거하시면 그리스도 예수를 죽은 자 가운데서 살리신 이가 너희 안에 거하시는 그의 영으로 말미암아 너희 죽을 몸도 살리시리라"(롬 8:11).

이 성경 말씀은 우리로 하여금 부활의 확신과 소망을 더욱 견고하게 해 줍니다. 우리 속에 거하시는 성령이 바로 부활의 역사를 일으키는 하나님의 영이시기 때문입니다. 우리는 모두 성령을 모신 하나님의 자녀들입니다. 주님이 재림하시는 그날 모든 사람이 부활의 새 생명으로 다시 살아날 것을 하나님이 보증해 주셨습니다.

"보라 내가 너희에게 비밀을 말하노니 우리가 다 잠잘 것이 아니요 마지막 나팔에 순식간에 홀연히 다 변화하리니 나팔 소리가 나매 죽은 자들이 썩지 아니할 것으로 다시 살고 우리도 변화하리라"(고전 15:51-52).

둘째, 예수 부활의 능력입니다.

부활하신 예수님은 승천하셔서 하나님 우편에 계십니다. 한편 그분의 성령이 우리 가운데 오셔서 부활의 능력을 믿고 순종하는 자 속에 오늘도 역사하고 계십니다.

"믿는 자들에게는 이런 표적이 따르리니 곧 저희가 내 이름으로 귀신을 쫓아내며 새 방언을 말하며 뱀을 집으며 무슨 독을 마실지라도 해를 받지 아니하며 병든 사람에게 손을 얹은즉 나으리라"(막 16:17-18).

"제자들이 나가 두루 전파할새 주께서 함께 역사하사 그 따르는 표적으로 말씀을 확실히 증거하시니라"(막 16:20).

오늘도 알파와 오메가 되신 주님은 변함없이 약속대로 우리와 함께 계십니다. 부활의 주님은 오늘도 주님을 믿으며 말씀을 좇아 순종하는 삶 속에 나타나시고 역사하십니다. 약한 자에게 힘을 주시고 무능한 자에게 능력을 주셔서 주의 증인 된 삶을 살게 해 주십니다.

5. 화목제물 되신 예수
-요일 2:2

사람은 누구나 다 고통이라는 굴레와 죽음이라는 굴레 속에 갇힌 존재로 출생하게 됩니다. 사람들은 이를 일컬어 운명적 존재 또는 숙명적 존재라고 말합니다. 사람이란 이와 같이 고통과 죽음의 굴레에 갇힌 상태로 출생하고, 이 굴레 속에서 삶을 영위하고 삶을 마감하게 되는 것입니다. 즉, 시련의 광야 길을 걷도록 운명 지어진 삶이 인생이라 말할 수 있습니다. 따라서 사람들은 고통과 죽음을 두려워하며 또한 이 숙명의 옷을 벗고 영원한 생명과 복락을 얻기 위해 오랫동안 몸부림쳐 왔습니다.

그 결과 나타난 것이 철학이며 종교입니다. 결국 철학이나 종교의 궁극적인 목적은 고통과 죽음이 없는 영생복락인 것입니다.

그렇다면 철학이나 종교가 고통과 죽음의 굴레 속에 갇혀 있는 인류를 구원해 낼 수 있을까요? 이 물음 자체가 인간의 어리석음을 나타낼 뿐입니다.

"다른 이로서는 구원을 얻을 수 없나니 천하 인간에 구원을 얻을 만한 다른 이름을 우리에게 주신 일이 없음이니라"(행 4:12).

그렇다면 우리는 하나의 질문을 던지지 않을 수 없습니다. 도대체 인간의 고통과 죽음의 뿌리는 무엇이며, 또한 이 절망적 상황에서 벗어나 영생복락을 누릴 수 있는 길은 무엇이겠습니까?

첫째, 인류의 고통과 죽음의 뿌리는 원죄입니다.

사람은 본래 하나님의 형상과 모양대로 하나님에 의해 창조된 피조물로서 고통도 늙음도 죽음도 없는 영생하는 존재로 지음받았습니다. 처음 사람 아담과 하와는 하나님이 특별히 창조하신 낙원에서 생명나무 실과를 따먹으며 행복하게 살았습니다.

이처럼 하나님은 친히 자신의 형상대로 창조하신 사람을 가장 귀히 여기셨고, 사랑과 은혜를 아낌없이 베풀어 주셨습니다. 다만 하나님은 그가 창조하신 사람 아담에게 단 한 가지만을 요구하셨습니다. 그것은 하나님의 권위에 대한 복종이었습니다. 하나님은 이를 위해 아담과 행위계약을 체결하셨습니다.

> "여호와 하나님이 그 사람에게 명하여 가라사대 동산 각종 나무의 실과는 네가 임의로 먹되 선악을 알게 하는 나무의 실과는 먹지 말라 네가 먹는 날에는 정녕 죽으리라 하시니라"(창 2:16-17).

행위계약 속에는 아담의 순종 여부에 따라 그의 운명이 결정된다는 것이 암시되어 있습니다. 즉, 하나님의 명령에 순종하면 고통도 늙음도 죽음도 없는 낙원에서 영생복락을 누릴 수 있지만, 반면 하나님의 명령을 어기고 선악과를 따먹으면 반드시 고통과 늙음과 죽음을 맞이하게 된다는 내용입니다. 그러나 불행하게도 첫 사람 아담은 마귀의 미혹을 받아 선악과를 따먹음으로 후자의 길을 택하고 말았습니다.

우리는 여기서 더 구체적으로 원죄에 대한 성경적인 연구의 필요성을 절감하게 됩니다. 하나님께서 행위계약을 체결하신 첫 사람 아담은 한 개인이 아니라 인류를 대표한 사람으로서의 아담을 가리킵니다.

우리는 로마서를 통해 인류의 기원이 되는 조상이 어떤 사람인지 알게 되었습니다. 인류의 기원이 된 아담은 하나님이 창조하신 첫 사람이었습니다. 그는 인류를 대표하여 행위계약을 체결하였고 또한 그 계약을 깨뜨린 죄인이었습니다. 그는 하나님으로부터 고통과 죽음을 선고받은 첫 인물이었습니다. 여기서 고통이란 영적·정신적·육적인 고통, 즉 인생의 전반적 고통을 의미합니다. 또 죽음이란 영원한 저주와 영적·육적인 멸망을 의미합니다.

따라서 인류를 대표한 첫 사람 아담이 범죄하여 그 저주를 받음으로 그 후손이 모두 그의 범죄와 저주에 동참하는 같은 운명을 지니게 된 것입니다.

> "이러므로 한 사람으로 말미암아 죄가 세상에 들어오고 죄로 말미암아 사망이 왔나니 이와 같이 모든 사람이 죄를 지었으므로 사망이 모든 사람에게 이르렀느니라"(롬 5:12).

다시 말해 인간은 누구나 다 태어나기 전부터 죄인이며 생존하는 모든 날들을 죄와 고통 속에서 살다가 죽도록 운명지어진 것입니다. 바로 이러한 비극적 운명에서 탈피하고자 몸부림하는 긴 세월을 일컬어 인류의 역사라 말합니다.

하나님께서 인류를 대표한 아담과 체결하신 행위계약은 심판과 영원한 형벌을 그 내용으로 하고 있습니다. 아담이 행위계약을 어기고 범죄한 결과 그에게 선고된 형벌은 단순한 고통과 죽음만을 의미하는 것이 결코 아니었습니다. 그것은 하나님과 분리되는 형벌이었습니다(창 3:23-24).

이 형벌은 나무에서 잘려진 가지의 비극적인 운명과도 같은 것입니다. 가지는 나무에서 분리되는 순간 생명이 끊어지기 때문에 잠시 그 잎새가 푸르다 해도 결코 그 생명을 되찾을 수는 없습니다.

또 이 형벌은 빛과 어둠이 분리되는 절망적 상태라고 할 수 있습니다. 전력 공급이 중단되는 순간 인간은 절망적 상황에 직면하게 됩니다. 암흑 속에 갇히고, 추위에 떨어야 하고, 모든 문명의 혜택에서 차단됩니다.

이처럼 하나님으로부터 쫓겨난 순간부터 죄인된 인간의 상태는 흑암의 절망뿐이었습니다. 또 아담에게 선고된 형벌은 종국에는 불과 유황 못에 던지우는 절망적 운명을 가리키는 것입니다.

"누구든지 생명책에 기록되지 못한 자는 불못에 던지우더라"(계 20:15).

둘째, 하나님의 심판과 진노 아래 놓인 인간이 구원을 얻을 수 있는 유일한 길은 오로지 예수 그리스도를 믿는 길뿐입니다.

"내가 곧 길이요 진리요 생명이니 나로 말미암지 않고는 아버지께로 올 자가 없느니라"(요 14:6).

❋ 왜 예수 그리스도를 믿는 길만이 구원의 길인가요?

예수 그리스도께서 우리 죄를 대속하기 위해 죽으셨기 때문입니다.

"그가 찔림은 우리의 허물을 인함이요 그가 상함은 우리의 죄악을 인함이라 그가 징계를 받음으로 우리가 평화를 누리고 그가 채찍에 맞음으로 우리가 나음을 입었도다 우리는 다 양 같아서 그릇 행하여 각기 제 길로 갔거늘 여호와께서는 우리 무리의 죄악을 그에게 담당시키셨도다"(사 53:5-6).

우리는 여기서 분명한 구원의 진리를 깨닫게 됩니다. 예수 그리스도의 대속의 피 외에는 구원이 있을 수 없다는 사실입니다. 따라서 예수 그리스도만이 참 구원자이시며 또한 기독교만이 유일한 구원의 종교임을 확실히 알 수 있습니다. 예수 그리스도는 곧 화목제물 되신 주님이시기 때문입니다.

하나님과 분리된 죄인이 어떻게 하나님께 돌아갈 수 있으며, 더 나아가 하나님의 은혜와 복을 받아 누릴 수 있겠습니까?

화목제물 되신 예수 그리스도

"저는 우리 죄를 위한 화목 제물이니 우리만 위할 뿐 아니요 온 세상의 죄를 위하심이라"(요일 2:2).

예수 그리스도께서 죄인된 우리를 위하여 화목제물이 되심으로 오늘 우리가 하나님께 나아갈 수 있는 것입니다.

화목제물 되신 예수님은 한 손으로 하나님의 손을 잡으시고 또 한 손으로 죄인된 우리의 손을 잡아 주셨습니다.

그 결과 하나님과 분리되었던 우리가 다시 하나님께로 돌아갈 수 있게 되었고, 에덴동산의 행복한 삶을 다시 회복할 수 있게 된 것입니다.

"자기 아들을 아끼지 아니하시고 우리 모든 사람을 위하여 내어주신 이가 어찌 그 아들과 함께 모든 것을 우리에게 은사로 주지 아니하시겠느뇨"(롬 8:32).

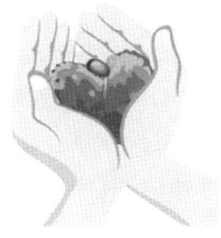

6. 하나님의 아들 그리스도
-마 16:13-20

예수님은 지상에서 평범한 서민의 삶을 사셨으나 가장 위대한 분이셨습니다. 또 예수님은 이름도 빛도 없으신 무명의 시골 목수였으나, 마지막 공생애 3년 동안은 신비로 가득 찬 신적 삶을 나타내셨습니다. 그분이 전한 하나님 나라의 복음은 신적 권세가 있어 수많은 청중의 마음을 사로잡았습니다. 또 그분의 손길이, 그분의 발길이, 그분의 눈길이 닿는 곳마다 신적 능력이 나타나 자연과 귀신과 병마와 죽음이 그 앞에 굴복했습니다. 그러므로 예수님이 계시는 곳에는 언제나 영혼이 메마른 자, 육신이 병든 자들로 인산인해를 이루었습니다. 따라서 예수님은 잠시 쉴 겨를도, 음식 잡수실 겨를도 없이 복음 전도 사역에 모든 열정을 다 쏟으셨습니다.

예수님은 유대 고을마다, 갈릴리 촌락마다 찾아가셔서 복음을 전파하시고, 죽은 영혼을 구원하시며, 불쌍한 자들을 위로하시고, 병든 자들을 치료해 주셨습니다. 이렇듯 공생애 3년 동안의 바쁜 사명 일정은 예수님뿐만 아니라 그의 제자들에게도 같이 적용되었습니다. 날마다 예수님을 좇아 섬기면서 맡겨진 일에 충성하다 보면 하루해가 짧기만 했습니다. 이렇듯 공생애 기간의 바쁜 일정 속에서도 예수님의 마음 깊은 곳에는 또 다른 사명적 꿈이 있었습니다. 그것은 곧 제자 양육 사역이었습니다. 예수님은 잠시 세상에 머물다가 다시 하나님 나라로 가셔야만 했습니다.

따라서 예수님이 하시던 복음 사역을 계속 이어갈 복음 전도자들이 절대 필요했습니다. 따라서 예수님은 공생애를 시작할 때 먼저 열두 명의 제자를 선택하셨습니다. 예수님은 3년 동안 그들과 생사고락을 함께 하시면서 복음 사역 현장에서 그들을 훈련시키셨습니다. 이렇듯 갈릴리 예수제자훈련원은 건물이 따로 없었고, 입학식과 졸업식도 없었습니다. 학위나 교과목도 따로 없었습니다. 어디서나 예수님이 복음을 전하시는 곳이 신학 강단이었고, 또 어디서나 신적 이적을 행하시고 병든 자를 치유하시는 곳이 능력 치유의 훈련 장소였습니다. 산 위나 들판이나 바닷가, 어느 곳이든지 저녁 늦도록 복음 사역을 행한 그 자리가 바로 그들의 안식처였습니다. 그러나 시작이 있으면 끝이 있는 것입니다. 예수님은 자신의 공생애 사역이 끝날 때가 이르렀음을 아셨습니다. 이제 머지않아 예수님은 마지막으로 예루살렘에 올라가셔야 했고 또한 그곳에서 십자가에 못 박혀 죽으셔야만 했습니다.

이처럼 장차 일어날 모든 일을 아시는 예수님은 사랑하는 그의 제자들과 마지막으로 함께 시간을 보내기 원하셨습니다. 마치 먼 길을 떠나야 하는 아버지가 사랑하는 자녀들과 함께 시간을 보내기 원하는 그러한 심정이셨습니다. 아버지가 사랑하는 자녀들에게 꼭 들려주고 싶은 이야기가 있듯이, 예수님도 사랑하는 제자들에게 꼭 들려주고 싶은 말을 마음 깊은 곳에 간직하고 계셨습니다.

그러던 어느 날 예수님은 제자들만 데리고 가이사랴 빌립보 지방으로 가셨습니다. 예수님이 그의 제자들과 함께 그곳에 가신 것은 단 하나의 목적 때문이었습니다. 그것은 바로 예수님 자신이 누구신지를 분명히 그들 가슴에 심어 주기 위함이었습니다.

첫째, 가이사랴 빌립보는 어떤 지역입니까?

갈릴리 호수 동북쪽 40㎞ 지점에 있는 이스라엘 최북단 지역으로서,

요단강의 발원지이며 아름다운 경관을 지닌 에덴동산과 같은 곳입니다. 또한 고대 시리아인들이 바알을 숭배하던 전당이 있는 곳이며, 헬라의 자연신 '판(Pan)'을 섬기던 제단이 있는 곳이기도 합니다. 따라서 가이사랴 빌립보의 본래 이름은 '파니아스(Panias)'이며 오늘날도 그곳을 '바니아스(Banias)'라고 부릅니다.

또 이곳은 로마 가이사 황제의 은혜를 입은 헤롯 대왕이 가이사 황제를 신격화하기 위해 흰 대리석으로 신전을 지은 곳이며, 헤롯 다음으로 그의 아들인 빌립이 가이사 황제와 자기 이름을 합쳐 가이사랴 빌립보라 칭하였습니다. 이렇듯 고대 시리아인들이 섬기던 바알 전당과, 헬라의 신인 판의 제단과, 가이사 황제를 신격화한 신전이 있던 곳이 바로 가이사랴 빌립보였습니다. 다시 말해, 이방신과 우상을 섬기던 신전으로 가득 찬 이곳에 예수님은 그의 제자들을 데리고 오셨습니다. 그 목적은 예수님만이 참신이며 유일한 구주이심을 확신시켜 주시기 위해서였습니다.

❋ 예수님은 제자들에게 다음 두 가지를 물으셨습니다.

사람들이 인자를 누구라 하더냐? '인자(人子)'는 인성을 지닌 참 사람을 의미합니다. 예수님의 이 같은 물으심에 제자들은 들은 그대로 솔직하게 말씀드렸습니다. "가로되 더러는 세례 요한 더러는 엘리야 어떤 이는 예레미야나 선지자 중의 하나라 하나이다." 우리는 제자들의 이러한 대답을 통해 하나의 궁금증을 갖게 됩니다. 군중들이 왜 예수님의 권세 있는 말씀을 들으며 이적 행함을 보고서도 예수님을 선지자 중의 하나로만 보았을까요? 그것은 그들이 인간 예수님만을 보았기 때문입니다. 그들이 본 예수님은 가난한 목수의 아들 예수, 무식하고 초라한 어부들을 제자로 데리고 다니시는 예수, 인간적 사랑과 따스함이 느껴지는 예수, 때로는 피곤을 느끼고 곤히 잠드시는 예수였습니다. 그렇기 때문에 예수님의 신적 권위와 능력을 보면서도 단지 하나님의 보내심을 받아 다시 온 구약 선지자 중의 한 사람으로만 생각했던 것입니다. 어떤 사람들은 예수님을 다시 오리라고 예언된 엘리야 선지자로 생각했습니다. 유대인들은 메시아가 오시기 전에 엘리야가 먼저 온다고 믿었기 때문입니다.

"보라 여호와의 크고 두려운 날이 이르기 전에 내가 선지 엘리야를 너희에게 보내리니"(말 4:5).

어떤 사람들은 예수님을 다시 오신 예레미야 선지자로 보았습니다. 외경인 에스드라 이서 2장 18절에 이런 말씀이 기록되어 있습니다. "너희 도움을 위해 내가 나의 종 이사야와 예레미야를 보내리라." 이처럼 유대인들은 외경의 말씀대로 예레미야 선지자가 다시 오리라 믿었던 것입니다. 유대 사람들의 전승에 따르면, 유대 백성들이 바벨론 포로로 끌려가기 직전 예레미야 선지자가 성전 법궤를 느보산 한 동굴에 숨겨두었습니다. 따라서 메시아가 오시기 직전 그가 다시 와서 이 법궤를 성전에 옮겨 놓아, 하나님의 영광이 다시 이스라엘 백성에게 비칠 것을 고대하였던 것입니다(마카비 2서 2:1-12).

이렇듯 당시 유대 사람들은 오실 메시아에 대한 대망과 아울러 그 앞에 먼저 찾아올 하나님의 선지자에 대해 큰 기대감을 갖고 있었습니다. 이 때문에 광야에 외치는 자의 소리로 나타났던 세례 요한이나, 광야에서 신적 능력으로 복음을 전파했던 예수님을 메시아에 앞서 보냄 받은 약속된 선지자 중의 한 사람으로만 보았던 것입니다.

"너희는 나를 누구라 하느냐?" 예수님은 또다시 제자들에게 물으셨습니다. 이 예수님의 물음 앞에 베드로는 확신에 찬 신뢰적 신앙고백을 하였습니다.

"주는 그리스도시요 살아 계신 하나님의 아들이시니이다"(마 16:16).

그리스도는 메시아와 같은 말로서 '기름부음을 받은 자'라는 뜻입니다.

예수님은 대제사장으로서 기름부음을 받으셨습니다. 그분은 율법의 마침이 되신 영원한 대제사장이십니다(롬 10:4; 히 10:21).

예수님은 왕으로서 기름부음을 받으셨습니다. 예수님은 하늘과 땅의 모든 권세를 지니신 만왕의 왕이십니다(마 28:18; 빌 2:8-11).

예수님은 선지자로서 기름부음을 받으셨습니다.

"이는 참으로 세상에 오실 그 선지자라 하더라"(요 6:14).

그러므로 우리는 그리스도 되신 예수님을 영원한 대제사장으로서, 하늘과 땅의 모든 권세를 가지신 왕으로서, 또한 선지자로서 섬기고 그분에게 충성을 다해야 할 것입니다.

❋ 예수님이 그의 제자들에게 "너희는 나를 누구라 하느냐"고 물으신 그 의미는 무엇이겠습니까?

첫째, 저들이 지닌 신념적 신앙이 신뢰적 신앙으로 견고해지기를 바라셨기 때문입니다. 신념적 신앙이란 자기 생각에 기초를 둔 신앙입니다. 그러나 이 신념의 신앙은 시련 앞에서 흔들리게 되고 변질되기 쉽습니다. 반면 신뢰적 신앙이란 성경 진리에 그 기초를 둔 신앙입니다. 즉, 예수님이 나의 구주, 나의 하나님이심을 확신하는 신앙입니다. 이 신뢰적 신앙은 그 근원이 하나님이시기에 시련이 온다 해도 결코 흔들리거나 변질되지 않습니다. 이런 의미에서 장차 예수님이 수난당하시더라도 그 제자들의 신앙이 흔들리지 않고 견고하기를 원하셨던 것입니다.

둘째, 예수님이 하늘과 땅의 모든 권세를 지니신 왕이심을 확신하게 하는데 그 목적이 있었던 것입니다. 예수님이 온 세상을 통치하시는 권세와 능력을 지니신 왕이심을 확신할 때, 비로소 그들이 예수님을 대신하여 복음 전파자가 될 수 있기 때문입니다.

예수님은 살아 계신 하나님의 아들이시며 또한 그 자신이 하나님이십니다. 우리의 믿음이 바로 여기에 있습니다.

"주는 그리스도시요 살아 계신 하나님의 아들이시니이다."

이 확신의 고백이 진정한 크리스천의 신앙인 것입니다.

7. 그리스도는 성경의 중심이시다
-롬 14:7-9

우마차 바퀴를 볼 때 우리는 귀중한 하나의 사실을 발견하게 됩니다. 그것은 바퀴를 지탱해 주는 십여 개의 지주들이 그 중심에 있는 축을 중심하여 균일하게 곧게 뻗어 있음을 보게 됩니다.

이 같은 원리는 가정이나 직장이나 국가나 국제사회 모두가 다 하나로 통일되어 있음을 보여줍니다. 한 가정의 축은 아버지입니다. 한 직장의 축은 경영자입니다. 한 국가의 축은 통치자입니다. 국제사회의 축은 UN입니다.

첫째, 그리스도는 인류 역사와 성경과 교회의 중심입니다.

예수 그리스도는 인류 역사의 중심이십니다.

인류 역사는 예수 그리스도를 정점으로 하여 BC와 AD로 나누어집니다. BC(Before Christ)는 예수 그리스도 이전 곧 구약시대를 가리키며, AD(Anno Domini=in the year of our Lord)는 예수 그리스도 이후 은혜시대를 가리키는 것입니다. 이처럼 예수 그리스도는 인류 역사를 주관하시며 섭리하시는 인류의 주가 되십니다. 따라서 오늘도 인류 역사의 수레바퀴는 예수 그리스도에 의해 돌아가고 있는 것입니다.

예수 그리스도는 성경의 중심이십니다.

성경은 구약과 신약 두 권의 책으로 나뉘어 있습니다. 구약 39권, 신약 27권으로 합 66권이 하나로 묶여서 성경이 완성된 것입니다. 이처럼 방대한 분량의 성경 속에는 세상과 만물 창조·인간의 타락·이스라엘의 족장 이야기·출애굽 사건·이스라엘의 역사·시가서·선지서·복음서·서신서·예언서의 내용이 담겨 있습니다.

그러나 성경 66권을 자세히 관찰해 보면, 창세기부터 계시록까지 모든 성경이 예수 그리스도라는 통일된 하나의 메시지로 이어져 있음을 발견하게 됩니다.

예수님은 여자의 후손으로 이 세상에 오셨습니다(창 3:15; 갈 4:4).
예수님은 아브라함과 다윗의 자손으로 이 세상에 오셨습니다(창 22:18; 갈 3:16; 마 1:1).
예수님은 속죄제 염소, 아사셀 염소로 비유되었습니다(레 16:9-10).
예수님은 놋뱀으로 비유되었습니다(민 21:9; 요 3:14).
예수님은 수난당하는 종으로 비유되었습니다(사 53:1-12).
예수님은 치료하는 광선을 발하는 의로운 해로 비유되었습니다(말 4:2).
예수님은 태초에 계셨던 말씀으로 비유되었습니다(요 1:1).
예수님은 각 사람의 심령을 비추는 참 빛으로 비유되었습니다(요 1:9, 8:12).
예수님은 세상 죄를 지고 가는 하나님의 어린양으로 비유되었습니다(요 1:29).
예수님은 의의 한 행동으로 비유되었습니다(롬 5:18).
예수님은 참 포도나무로 비유되었습니다(요 15:1-8).
예수님은 그 오른손에 일곱 별의 비밀과 일곱 금촛대를 가진 자로 비유되었습니다(계 1:20).

예수님은 백마를 탄 자로 비유되었습니다(계 6:2).
예수님은 광명한 새벽별로 비유되었습니다(계 22:16).

이처럼 창세기부터 계시록에 이르기까지 성경 66권 말씀이 예수 그리스도로 관통되었음을 볼 수 있습니다. 예수 그리스도는 성경의 중심이십니다.

"오직 이것을 기록함은 너희로 예수께서 하나님의 아들 그리스도이심을 믿게 하려 함이요 또 너희로 믿고 그 이름을 힘입어 생명을 얻게 하려 함이니라"(요 20:31).

예수 그리스도는 교회의 중심이십니다.
하나님의 교회는 곧 그리스도 예수 안에서 거룩해진 성도들을 일컫는 말이며, 또한 예수 그리스도를 따르는 신앙 공동체를 가리키는 말이기도 합니다.

"하나님의 교회 곧 그리스도 예수 안에서 거룩하여지고 성도라 부르심을 입은… 하나님 우리 아버지와 주 예수 그리스도로 좇아 은혜와 평강이 있기를 원하노라"(고전 1:2-3).

그러므로 성도는 그리스도 예수 안에서 새로운 피조물 된 하나님의 교회임을 우리는 확신케 되었습니다. 그러므로 예수 그리스도는 교회의 중심이시며 그리스도인의 신앙과 삶의 중심이십니다.

둘째, 그리스도인이 그리스도 중심의 삶을 살아야 할 이유는 다음과 같습니다.

- 예수 그리스도께서 자신의 피로써 우리를 사셨기 때문입니다.
예수 그리스도께서 십자가 위에서 흘리신 피는 대속제물의 피였습니다.

"그가 찔림은 우리의 허물을 인함이요 그가 상함은 우리의 죄악을 인함이라 그가 징계를 받음으로 우리가 평화를 누리고 그가 채찍에 맞음으로 우리가 나음을 입었도다 우리는 다 양 같아서 그릇 행하여 각기 제 길로 갔거늘 여호와께서는 우리 무리의 죄악을 그에게 담당시키셨도다"(사 53:5-6).

이처럼 예수 그리스도께서 대속의 피를 흘려 우리의 죄값을 지불하시고 그분의 것으로 삼으셨습니다.

또한 예수 그리스도께서 십자가 위에서 흘리신 피는 화목제물의 피였습니다. 범죄한 인간은 하나님으로부터 버림받은 후 실낙원의 주인공이 되었습니다. 이 주인공은 다시는 하나님께로 돌아갈 수 없게 되었고 또한 하나님의 얼굴을 뵐 수도 없게 되었습니다. 이렇듯 가련한 실낙원의 주인공을 위해 예수 그리스도께서 친히 화목제물이 되셔서 그 고귀한 피를 다 쏟으셨습니다. 그분은 십자가상에서 한 손은 하나님 아버지의 손을 잡으시고 또 한 손은 버림받은 인간의 손을 잡으셨습니다. 그리고 하나님을 향해 부르짖으셨습니다.

"내 아버지여! 내가 이 세상 죄인의 죄와 진노를 대신하여 화목제물이 되어 피를 흘리나이다. 내 아버지여! 대속의 피 흘림을 받으사 실낙원의 이 세상 죄인들을 용서하옵시고 하나님의 자녀로 다시 영접하여 주옵소서!"

그 순간 성소와 지성소를 막았던 휘장이 위에서부터 아래로 찢어지는 일이 일어났습니다. 죄인을 향해 닫혔던 하나님의 가슴이 다시 활짝 열린 것입니다. 그 순간부터 누구든지 그리스도 예수의 이름으로 하나님 앞에 나아가는 자마다 기꺼이 하나님은 그들을 영접하셔서 그 넓은 품에 안아주셨습니다.

"그러므로 형제들아 우리가 예수의 피를 힘입어 성소에 들어갈 담력을 얻었나니 그 길은 우리를 위하여 휘장 가운데로 열어 놓으신 새롭고 산 길이요 휘장은 곧 저의 육체니라"(히 10:19-20).

그러므로 누구든지 예수께서 휘장 가운데로 열어 놓으신 새롭고 산 길을 통해 하나님께 나아가는 자는 모두 하나님과 화목해지는 은혜를 입게 되는 것입니다. 하나님과 화목하게 된 자는 하나님을 '아바 아버지'라 부를 수 있는 특권을 누리게 되고(갈 4:6), 간구의 응답을 받게 되며(요일 5:14-15), 영적 지혜와 능력을 받게 됩니다(빌 4:13). 또 성령의 열매를 맺으며(갈 5:22-23), 복음 전도의 결실을 맺는 삶을 살아가게 됩니다(행 1:8).

- 우리가 주의 것이기 때문입니다.

"우리 중에 누구든지 자기를 위하여 사는 자가 없고 자기를 위하여 죽는 자도 없도다 우리가 살아도 주를 위하여 살고 죽어도 주를 위하여 죽나니 그러므로 사나 죽으나 우리가 주의 것이로라 이를 위하여 그리스도께서 죽었다가 다시 살으셨으니 곧 죽은 자와 산 자의 주가 되려 하심이니라" (롬 14:7-9).

예수 그리스도는 십자가상에서 죽으심으로 끝난 것이 아니라 삼일만에 사망의 권세를 이기시고 부활하심으로 모든 죽은 자와 산 자의 주가 되셨습니다. 예수 그리스도는 내게 부활의 생명을 심어 주신 주님이십니다. 오늘 내 속에 이 부활의 생명이 있기에 내세와 천국에서의 영생복락이 보장된 것입니다. 예수 그리스도는 내게 부활의 능력을 쏟아 주시는 주님이십니다. 주님의 부활의 능력은 곧 만왕의 왕으로서의 절대 능력입니다. 주님의 부활의 능력은 곧 만유의 주로서 만유를 통치하시는 절대 능력입니다. 따라서 이 부활의 능력을 받은 자마다 승리의 삶을 살게 됩니다. 마귀의 역사를 이기고(벧전 5:8-9), 세상을 이기며(요일 5:4-5), 인생의 시련을 극복하고(고후 4:8-10), 또 사명의 길을 달려 갑니다(딤후 4:7).

셋째, 그리스도 안에서 새로운 피조물된 성도가 어떻게 사는 것이 그리스도 중심의 삶일까요?

- 그리스도를 내 인생의 주님으로 영접해야만 합니다.

그리스도를 주님으로 영접하기 전까지는 자신의 결정에 따라 행동하고, 자신의 목적을 위해서 노력하며, 자신의 뜻과 주장을 관철하기 위해서 살아갑니다. 다시 말해, 철저히 자기중심적인 삶을 살아가는 것입니다. 성경은 이러한 사람을 일컬어 영적 교만자라고 지적합니다. 그렇다면 어떻게 해야 나 중심의 삶에서 벗어나 그리스도를 내 주님으로 영접할 수 있을까요? 성경의 대답은 단 하나뿐입니다. 그것은 먼저 성령의 내적 조명으로 나 자신이 영적 교만자라는 것을 깊이 인식해야만 합니다. 바로 이 시점에서 하나님의 신적 두려움이 임하고, 통회와 회심을 통해 그리스도를 내 인생의 주님으로 영접하게 되는 것입니다.

성 어거스틴은 성령이 들려주시는 하나님의 음성을 듣고 주님을 영접했으며, 요한 웨슬리는 로마서 강해를 듣던 중에 그리스도를 주님으로 영접했습니다. 사울은 다메섹 도상에서 예수님의 음성을 듣고 그 마음에 주님을 영접했습니다.

> "볼지어다 내가 문밖에 서서 두드리노니 누구든지 내 음성을 듣고 문을 열면 내가 그에게로 들어가 그로 더불어 먹고 그는 나로 더불어 먹으리라"(계 3:20).

- 그리스도의 말씀만을 좇아 행하여야 합니다.

눈을 감아도 그리스도이시며 눈을 떠도 예수 한 분뿐인 사람만이 그리스도의 말씀만을 좇아 행하게 됩니다. 막달라 마리아의 마음에는 오직 예수님 한 분뿐이었고, 사도 바울의 뇌리 속에도 오직 예수님 한 분의 영상으로 가득 차 있었습니다.

제 나이 20대 초반, 하나님의 은혜를 입은 후 나의 삶 전부가 예수님 뿐이었습니다. 하나님의 말씀을 읽다가도 예수 그리스도의 십자가를 생각하며 눈물을 흘렸고 찬송을 하면서도 흐느껴 울곤 하였습니다. 그것은 내 마음에 예수님 한 분뿐이었기 때문입니다.

"사람이 나를 섬기려면 나를 따르라 나 있는 곳에 나를 섬기는 자도 거기 있으리니 사람이 나를 섬기면 내 아버지께서 저를 귀히 여기시리라"(요 12:26).

제4부

구원의 은총

1. 영생과 풍성한 삶 ▶ 153
2. 믿는 자의 축복 ▶ 159
3. 하나님의 구속사 ▶ 166
4. 복음진리의 삼요소 ▶ 171

1. 영생과 풍성한 삶
-요 10:10

기독교는 영원한 생명을 주는 종교입니다. 기독교 복음의 절대성이 여기에 있습니다. 인류 역사 이래 오늘날까지 이 지구상에 거한 모든 사람들의 최대 관심사가 생명이라고 해도 과언이 아닐 것입니다. 생명이 있는 사람만이 행복한 가정과 풍요로운 미래를 추구하게 되는 것입니다. 그러므로 사람은 자기 생명을 이 세상 그 무엇보다 더 소중히 여기는 것입니다.

'어떻게 해야 생명을 잘 보존할 수 있을까?' 이 물음에 대한 해답을 찾아 발전한 것이 오늘의 의학입니다. 그러나 오늘의 의학이 인간의 생명을 조금 더 연장해 줄 수는 있어도 결코 영원한 생명을 부여할 수는 없습니다. 진시황제가 영원한 생명을 얻기 위해 불로초를 찾아 헤맸지만 그런 꿈은 환상에 불과했습니다.

우리는 30년 전 매몰탄광에 갇혀 16일 동안의 사투 끝에 구조되었던 양창선 씨를 기억할 것입니다. 그 당시 50대 초반이던 그가 30년이 지난 오늘 80세의 노인으로 변해 있음을 보게 됩니다. 무엇을 말해 줍니까? 흐르는 강물처럼 덧없는 세월을 실감하게 해 줍니다. 그 누구도 인간의 늙어 감을 멈출 수 없음을 말해 줍니다. 결국 인생이란 지혜의 왕 솔로몬의 체감적 고백처럼 짧은 것이고 헛된 것입니다. 죽음으로써 한 생명이 끝남과 동시에 모든 삶의 활동도 멈추고 마는 것입니다. 알렉산더 대왕의 죽음과 함께 정복자의 말발굽 소리도 저 멀리 역사의 뒤안길로 사라져 버렸습니다. 무디 목사의 죽음과 함께 청중의 영혼을 흔들어 일깨워 주던 우렁찬 능력의 메시지도 더 이상 들을 수 없게 되었습니다. 이처럼 신자건 불신자건 간에 죽음은 누구에게나 동일하게 찾아옵니다.

그렇다면 왜 인간은 잠시 살다 끝나는 생명을 위하여 이토록 몸부림쳐야 하는 것일까요? 또 죽음으로 끝나는 인생이라면 인간에게 종교는 무슨 의미가 있는 것일까요?

이 두 물음에 대하여 명확한 답을 얻은 사람만이 진정한 종교인이며 참으로 행복한 사람이라 말할 수 있습니다. 죽음으로부터의 영원한 자유, 그것은 곧 영생입니다. 인류 역사란 곧 영원한 생명을 찾기 위한 몸부림이라 말할 수 있습니다.

바로 종교의 필요성이 여기에 있는 것입니다. 종교만이 죽음에서 영원한 자유를 찾을 수 있도록 올바른 길을 제시해 줍니다. 따라서 종교는 교육·문화·정치·경제·사회, 그 어느 것보다 인간의 삶에 있어 최우선의 영역을 다루고 있으므로 절대적인 자리에 놓여져야만 합니다. 종교는 내세적이며 신적인 것이기 때문에 죽음으로부터의 자유와 영원한 생명을 얻게 해 줍니다.

종교 없는 인생 그 자체는 헛된 것입니다. 종교가 없다는 것은 곧 신의 존재를 인정하지 않는 것이며, 반면 종교가 있다는 것은 곧 신의 존재를 인정하며 더 나아가 그 신을 절대 의존함을 뜻하는 것입니다. 이 세상 수많은 신이 있지만 참된 신은 기독교의 유일신 하나님 한 분뿐이십니다. 기독교의 유일신 하나님만이, 기독교의 십자가 진리만이 인류에게 영생과 풍성한 삶을 얻게 해 줍니다. 그러므로 기독교는 살아 계신 유일신 하나님을 믿는 종교이며 영원한 생명을 주는 생명의 종교입니다. 또 기독교는 생명 그 자체이신 그리스도의 임재와 그 능력의 역사가 쉼 없이 계속되고 있는 현재적인 종교입니다. 이러한 참된 종교를 우리에게 허락해 주신 하나님께 언제나 감사하는 삶이 끊이지 말아야 할 것이며, 평생토록 헌신과 충성으로 보답하는 귀한 삶이 되어져야 할 것입니다.

"하나님이 세상을 이처럼 사랑하사 독생자를 주셨으니 이는 저를 믿는 자마다 멸망치 않고 영생을 얻게 하려 하심이니라"(요 3:16).

하나님께서는 이처럼 택하신 자들에게 영생을 주시기 위하여 그의 외아들을 이 세상에 보내 주셨습니다. 그가 곧 길이요 진리요 생명이신 예수 그리스도이십니다.

예수 그리스도는 참 하나님이시며 동시에 참 인간이십니다. 이것은 기독교 역사 초기에 논쟁의 쟁점으로 부각되었던 문제이기도 합니다(롬 1:1-4).

예수 그리스도가 여인의 후손으로 오실 것이 이미 수천 년 전부터 예언되었고, 하나님의 때가 찼을 때 그는 메시아로 이 땅에 찾아오셨습니다(창 3:15; 요 1:1-3, 14).

예수 그리스도는 대속의 제물이 되시기 위해 오신 하나님의 어린양이십니다(사 53:5-6).

이 예수님이 십자가에 못 박혀 피를 흘리신 이유는 무엇입니까? 피 흘림이 없으면 죄 사함이 없기 때문입니다(히 9:22).

✽ 우리는 구약 성경에서 예수 그리스도의 대속의 피 흘림에 대한 예표를 찾아볼 수 있습니다.

첫째, 가죽옷의 예표입니다.

"여호와 하나님이 아담과 그 아내를 위하여 가죽옷을 지어 입히시니라"

(창 3:21).

여기서 가죽옷이란 대속의 피 흘림만이 인간의 수치를 가릴 수 있음을 암시적으로 가르쳐 줍니다.

둘째, 유월절 어린양의 예표입니다.

"내가 애굽 땅을 칠 때에 그 피가 너희의 거하는 집에 있어서… 너희를 넘어가리니 재앙이 너희에게 내려 멸하지 아니하리라"(출 12:13).

여기서 그 피란 출애굽 전날 밤 유대인들의 장자를 대신하여 죽임 당한 어린양의 피를 가리킵니다. 예수 그리스도는 세상 죄를 지고 가는 하나님의 어린양으로 보내심을 받아 이 세상에 오신 메시아이십니다.

셋째, 두 염소의 예표입니다.

"아론은 여호와를 위하여 제비 뽑은 염소를 속죄제로 드리고 아사셀을 위하여 제비 뽑은 염소는 산 대로 여호와 앞에 두었다가 그것으로 속죄하고 아사셀을 위하여 광야로 보낼지니라"(레 16:9-10).

여기서 두 염소는 속죄제 염소와 아사셀 염소를 가리킵니다. 속죄제 염소는 이스라엘 민족의 모든 죄를 대신하여 번제물로 하나님께 드려졌습니다. 또 아사셀 염소는 제사장이 이스라엘 민족이 범한 모든 죄를 하나님 앞에 고한 후 그 죄를 아사셀 염소의 머리에 두어 광야 무인지경에 보내어 거기서 죽게 했습니다. 이처럼 예수 그리스도는 하나님의 아사셀 염소가 되어서 인류의 죄를 짊어지고 골고다 언덕에 오르셨습니다. 또 예수 그리스도는 하나님의 속죄제 염소가 되어서 인류의 죄를 대속하기 위하여 골고다 십자가 위에서 대속의 피를 흘리셨습니다.

"그가 찔림은 우리의 허물을 인함이요 그가 상함은 우리의 죄악을 인함이라 그가 징계를 받음으로 우리가 평화를 누리고 그가 채찍에 맞음으로 우리가 나음을 입었도다 우리는 다 양 같아서 그릇 행하여 각기 제 길로 갔거

늘 여호와께서는 우리 무리의 죄악을 그에게 담당시키셨도다"(사 53: 5-6).

넷째, 놋뱀의 예표입니다.

"여호와께서 모세에게 이르시되 불뱀을 만들어 장대 위에 달라 불뱀에 물린 자마다 그것을 보면 살리라 모세가 놋뱀을 만들어 장대 위에 다니 뱀에게 물린 자마다 놋뱀을 쳐다본즉 살더라"(민 21:8-9).

이스라엘 민족이 험난한 광야 길을 걷는 도중 하나님과 모세를 원망하였습니다. 하나님께서는 이스라엘 민족의 원망 소리를 들으시고 그 즉시 불뱀을 보내어 저들을 물게 하셨습니다. 그 결과 불뱀에 물려 고통과 죽음의 위기를 당한 사람들은 비로소 자신들의 잘못을 깨닫고 모세 앞에 나아와 자신들의 죄를 뉘우치며 용서를 빌었습니다. 그때 하나님께서는 그들의 뉘우침을 보시고 모세로 하여금 놋뱀을 만들어 장대 위에 달게 하셨고, 뱀에 물린 자마다 놋뱀을 쳐다본 즉시 낫게 하셨습니다. 여기서 장대 위에 달게 하신 그 놋뱀은 바로 예수 그리스도를 예표하는 것입니다.

"모세가 광야에서 뱀을 든 것같이 인자도 들려야 하리니 이는 저를 믿는 자마다 영생을 얻게 하려 하심이니라"(요 3:14-15).

이처럼 구약 4천 년 동안 하나님께서는 대속의 피 흘림의 의미를 여러 모양으로 이스라엘 민족에게 가르쳐 주셨습니다. 그 후 하나님께서는 어린양 되신 예수 그리스도를 십자가에 못 박으사 인류의 죄를 속죄하기 위해 대속의 피를 흘리게 하셨던 것입니다. 이렇듯 예수 그리스도께서 대속의 피를 흘리심으로 인류의 죄와 저주에 대한 마침표를 찍게 된 것입니다.

"예수는 우리 범죄함을 위하여 내어줌이 되고 또한 우리를 의롭다 하심을 위하여 살아나셨느니라"(롬 4:25).

❋ 따라서 예수를 믿는 자에게는 세상 사람들이 알지 못하는 특별한 복이 주어집니다.

첫째, 영생을 선물로 받게 됩니다(요 3:16).

"내가 진실로 진실로 너희에게 이르노니 내 말을 듣고 또 나 보내신 이를 믿는 자는 영생을 얻었고 심판에 이르지 아니하나니 사망에서 생명으로 옮겼느니라"(요 5:24).

그렇다면 구원받은 증거는 무엇입니까? 사도 바울은 이 물음에 대해 이렇게 확증합니다.

"저가 또한 우리에게 인치시고 보증으로 성령을 우리 마음에 주셨느니라"(고후 1:22).

"그 안에서 너희도 진리의 말씀 곧 너희의 구원의 복음을 듣고 그 안에서 또한 믿어 약속의 성령으로 인치심을 받았으니 이는 우리의 기업에 보증이 되사 그 얻으신 것을 구속하시고 그의 영광을 찬미하게 하려 하심이라"(엡 1:13-14).

즉, 예수 그리스도를 믿고 약속의 성령으로 인치심을 받은 자는 누구든지 다 구원을 받은 것입니다. 구원은 단회적입니다. 구원받은 자는 천국 시민권을 소유한 자요, 하나님의 자녀로서의 표식을 받은 자입니다. 이처럼 성령으로 인치심을 받고 구원받은 성도는 두 가지 공통점을 지니고 있습니다. 예수 그리스도를 주로 시인한다는 것과(고전 12:3), 하나님을 아버지로 부른다는 것입니다(갈 4:6).

둘째, 풍성한 삶을 얻습니다(요 10:10).

영적인 풍요(계 3:20), 정신적 풍요(요 14:27), 육체적인 풍요(말 4:2), 경제적인 풍요(고후 8:9)를 누리게 됩니다.

 ## 2. 믿는 자의 축복
-요 10:10

기독교는 피 흘림의 역사를 지닌 종교입니다. 기독교 경전인 성경은 대속의 피 흘림이 기록된 하나님의 말씀입니다. 구약성경은 짐승의 대속의 피 흘림이 기록되었고 신약성경은 예수그리스도의 대속의 피 흘림이 기록된 피의 복음입니다.

이처럼 대속의 피 흘림은 기독교 복음의 핵심이며 또한 영생과 풍성한 삶을 얻게 하시는 구원의 진리입니다. 대속의 피 흘림 속에는 죄의 마침표가 찍혀 있습니다. 대속의 피 흘림 속에는 저주의 마침표가 찍혀 있습니다.

"그러므로 이제 그리스도 예수 안에 있는 자에게는 결코 정죄함이 없나니 이는 그리스도 예수 안에 있는 생명의 성령의 법이 죄와 사망의 법에서 너를 해방하였음이라"(롬 8 1-2).

따라서 누구든지 그리스도의 대속의 피 흘림을 믿으면 영생과 풍성한 삶을 얻게 되는 것입니다.

예수님은 그가 이 세상에 오신 목적을 이같이 말씀하셨습니다.

"내가 온 것은 양으로 생명을 얻게 하고 더 풍성히 얻게 하려는 것이라."

예수님이 이 일을 성취하실 수 있는 유일한 방법은 단 하나뿐이었습니다. 그것은 그가 대속의 제물이 되셔서 하나님께 드려지는 일이었습니다. 예수 그리스도는 인류의 죄와 저주를 그 자신이 담당하시고 골고다 십자가에 못 박혀 대속의 피를 흘려주셨습니다.

그렇다면 예수님이 왜 십자가에 못 박혀 대속의 피를 흘리셔야만 했나요? 요한일서 3장 8절은 이 물음에 대한 명확한 해답을 이렇게 제시해 주셨습니다.

"내가 온 것은 마귀의 일을 멸하려 하심이니라."

즉, 예수님이 십자가에 못 박혀 죽으셔야만 했던 것은 마귀의 일을 멸하시고 하나님이 택하신 자들을 구원하심이 그 목적이었던 것입니다.

그렇다면 여기서 '마귀의 일'은 무엇을 가리키는 것일까요? 그 해답은 창세기 3장에 기록되어 있습니다. 인류의 조상인 아담이 하나님의 명령을 어기고 하나님이 금하신 선악과를 따먹음으로 범죄하였고 따라서 하나님의 저주가 인류에게 임하게 한 사실입니다. 이처럼 인간으로 하여금 범죄케 하여 하나님의 저주를 받게 하는 것이 곧 마귀의 일인 것입니다.

✽ 범죄한 인간에게 임한 하나님의 저주는 다음과 같습니다.
첫째, 인간의 모든 불행입니다.
마음이 어둡습니다.
육체가 병듭니다.
환경적으로 불안합니다.
물질적으로 궁핍합니다.

둘째, 인간의 죽음입니다.

"한 사람으로 말미암아 죄가 세상에 들어오고 죄로 말미암아 사망이 왔나니 이와 같이 모든 사람이 죄를 지었으므로 사망이 모든 사람에게 이르렀느니라"(롬 5:12).

"그도 또한 한 모양으로 혈육에 함께 속하심은 사망으로 말미암아 사망의 세력을 잡은 자 곧 마귀를 없이 하시며 또 죽기를 무서워하므로 일생에 매여 종노릇하는 모든 자들을 놓아 주려 하심이니"(히 2:14-15).

셋째, 지옥 형벌에 던져지는 것입니다.

바로 예수 그리스도께서 이 세상에 오신 목적이 여기에 있습니다. 즉, 마귀로 인해 범죄함으로 죄인이 되었고 또한 하나님의 저주 아래 놓인 인간들을 구원하시고자 예수 그리스도는 이 세상에 찾아오셨습니다. 또한 이 일을 성취하시기 위해 그는 먼저 마귀의 일을 멸하셔야만 했던 것입니다. 2,000년 전 예수 그리스도께서 갈보리 산상 십자가에 못 박혀 대속의 피를 흘리신 그 사건이 마귀의 일을 멸하신 것입니다.

예수 그리스도께서 바로 나와 여러분이 받아야 할 죄와 형벌을 그가 대신 다 받으셨기에 마귀의 일은 마침이 되고 말았습니다. 따라서 이 예수 그리스도의 죽음을 믿는 자는 정죄함이 없으며 하나님의 저주와 진노에서 해방되어지는 것입니다.

"그러므로 이제 그리스도 예수 안에 있는 자에게는 결코 정죄함이 없나니 이는 그리스도 예수 안에 있는 생명의 성령의 법이 죄와 사망의 법에서 너를 해방하였음이라"(롬 8:1-2).

예수 그리스도를 믿는 자의 축복

첫째, 영생을 얻습니다.

"하나님이 세상을 이처럼 사랑하사 독생자를 주셨으니 이는 저를 믿는 자마다 멸망치 않고 영생을 얻게 하려 하심이니라"(요 3:16).

예수 그리스도께서 내가 받아야 할 지옥 형벌의 저주를 그가 대속의 피를 흘려 다 받으셨음을 믿는 순간, 영생을 얻어 천국에 가게 됨이 확정되는 것입니다.

"내가 진실로 진실로 너희에게 이르노니 내 말을 듣고 또 나 보내신 이를 믿는 자는 영생을 얻었고 심판에 이르지 아니하나니 사망에서 생명으로 옮겼느니라"(요 5:24).

또한 영생을 얻은 자는 하나님이 보증으로 성령으로 인쳐 주십니다.

"저가 또한 우리에게 인치시고 보증으로 성령을 우리 마음에 주셨느니라"(고후 1:22).

성령으로 인침받은 자는
- 하나님을 아버지라 부릅니다(갈 4:6; 롬 8:15).
- 예수를 주라 부릅니다(고전 12:3).

이렇듯 성령으로 인침받은 자는 구원이 확정된 자이며, 결코 구원이 취소되지 않습니다.

"너희 속에 착한 일을 시작하신 이가 그리스도 예수의 날까지 이루실 줄을 우리가 확신하노라"(빌 1:6).

구원받은 성도들이 들어가서 영생복락하게 될 천국에 대하여 성경은 이렇게 표현해 놓았습니다.

천국은 생명수강이 흐르고, 황금길이 펼쳐졌으며, 열두 보석으로 꾸며진 성입니다. 천국은 하나님과 예수 그리스도의 빛으로 충만한 곳이며, 영원한 쾌락과 찬송이 있는 곳입니다.

"또 저가 수정같이 맑은 생명수의 강을 내게 보이니 하나님과 및 어린양의 보좌로부터 나서 길 가운데로 흐르더라 강 좌우에 생명 나무가 있어 열두 가지 실과를 맺히되 달마다 그 실과를 맺히고 그 나무 잎사귀들은 만국을 소성하기 위하여 있더라 다시 저주가 없으며 하나님과 그 어린양의 보좌가 그 가운데 있으리니 그의 종들이 그를 섬기며 그의 얼굴을 볼 터이요 그의 이름도 저희 이마에 있으리라 다시 밤이 없겠고 등불과 햇빛이 쓸데없으니 이는 주 하나님이 저희에게 비취심이라 저희가 세세토록 왕 노릇하리로다"(계 22:1-5).

> 찬송가 228장
> ① 저 좋은 낙원 이르니 내 기쁨 한이 없도다
>   이 세상 추운 일기가 화창한 봄날 되도다
>
> ③ 저 묘한 화초 향기는 바람에 불려 오는데
>   생명수 강변 화초는 늘 사시 청청하도다
>
> 후렴) 영화롭다 낙원이여 이 산 위에서 보오니
>   먼 바다 건너 있는 집 주 예비하신 곳일세
>   그 화려하게 지은 것 영원한 내 집이로다

둘째, 풍성한 삶을 얻습니다.

풍성한 삶의 첫째는 영적 참 만족과 참 안식입니다.
탕자가 아버지의 품에 안겼을 때 참 평안과 참 안식이 주어졌듯이 오늘 나와 여러분이 예수 그리스도를 믿음으로 하나님 품에 안길 때 참 평안과 안식이 주어지는 것입니다.

"수고하고 무거운 짐진 자들아 다 내게로 오라 내가 너희를 쉬게 하리라."(마 11:28).

풍성한 삶의 둘째는 치유의 능력입니다.

"믿는 자들에게는 이런 표적이 따르리니 곧 저희가 내 이름으로 귀신을 쫓아내며… 병든 사람에게 손을 얹은즉 나으리라"(막 16:17-18).

- 베드로는 성전 미문의 앉은뱅이를 일으켰으며, 죽은 다비다를 살렸습니다. 또한 그의 그림자에 닿는 자마다 다 고침받았습니다.
- 바울은 루스드라의 앉은뱅이를 일으켰으며, 죽은 유두고를 살렸습니다. 또한 두란노 서원 집회시 병든 사람에게 그의 손수건이나 앞치마를 얹으면 병과 악귀가 떠나갔습니다.

"예수께서 이르시되 할 수 있거든이 무슨 말이냐 믿는 자에게는 능치 못할 일이 없느니라"(막 9:23).

풍성한 삶의 셋째는 물질적 풍요로운 삶입니다.
만복의 근원은 하나님이십니다.

"여호와께서 아브라함의 범사에 복을 주셨더라"(창 24:1).

"하나님이 그 아들 이삭에게 복을 주셨고"(창 25:11).

"야곱이 밧단아람에서 돌아오매 하나님이 다시 야곱에게 나타나사 그에게 복을 주시고"(창 35:9).

"여호와께서 욥의 모년에 복을 주사 처음 복보다 더 하게 하시니"(욥 42:12).

예수 그리스도는 우리의 가난을 그가 담당하시고 대속의 피를 흘려 주셨습니다. 따라서 누구든지 예수 그리스도의 대속의 죽음을 믿고 정직하고 성실히 살면 하나님이 복을 주십니다.

"우리 주 예수 그리스도의 은혜를 너희가 알거니와 부요하신 자로서 너희를 위하여 가난하게 되심은 그의 가난함을 인하여 너희로 부요케 하려 하심이니라"(고후 8:9).

풍성한 삶의 넷째는 운명의 변화입니다.

하나님은 내 인생의 주인이십니다. 하나님은 나의 생사화복을 주관하시는 주님이십니다. 우리는 성경기록과 역사의 발자취를 통해 위대한 하나님의 사람들의 운명의 변화를 찾아볼 수 있습니다.

목동 모세가 이스라엘 민족의 지도자가 되었습니다.
목동 요셉이 애굽의 총리가 되었습니다.
목동 다윗이 유대인의 왕이 되었습니다.
어부 베드로가 사도 베드로가 되었습니다.
깡패 김익두가 하나님의 능력의 사람이 되었습니다.
폐병환자 조용기가 세계적 목회자가 되었습니다.

"내게 능력 주시는 자 안에서 내가 모든 것을 할 수 있느니라"(빌 4:13).

Amen, Come Lord Jesus!

제4부 구원의 은총 | 165

3. 하나님의 구속사(救贖史)
-롬 3:23-24

성경을 한마디로 표현한다면 하나님의 구속사라 말할 수 있습니다. 하나님의 창조와 인간의 타락, 그리고 하나님의 구원 사역이 파노라마처럼 펼쳐진 책이 바로 기독교 경전인 성경입니다.

성경은 하나님의 구속사를 다음 몇 구분으로 나누어 보여줍니다.

첫째, 하나님의 창조사역을 보여줍니다.

"태초에 하나님이 천지를 창조하시니라"(창 1:1).

❋ 우리는 창세기 1장에 기록된 창조의 기원을 살펴보면서 다음 몇 가지를 깨닫게 됩니다.

○ 하나님 자신의 영광을 위하여 세상 만물이 창조되었음을 깨닫게 해 주십니다.

바람에 흔들리는 나뭇잎이 춤을 추어 하나님을 찬양합니다. 여울물이 소리를 내어 하나님을 찬양합니다. 새들의 지저귐, 풀벌레의 울음소리로 하나님을 찬양합니다. 들에 핀 꽃 한 송이가 그 향기로 하나님을 찬양합니다. 밤하늘의 달빛·별빛이 하나님의 영광을 비추입니다.

○ 하나님 자신의 영광을 위하여 사람이 창조되었음을 깨닫게 해 줍니다.

사람은 하나님의 형상과 모양대로 창조되었습니다. 그러므로 사람은 하나님의 영광을 이 세상에 나타내고 또 하나님께 영광 돌리는 삶을 살아야 합니다(롬 11:36, 16:27).

장로교 창시자인 요한 칼빈의 생애는 '오직 하나님의 영광을 위하여' 그 하나뿐인 신앙의 삶이었습니다.

"우리가 살아도 주를 위하여 살고 죽어도 주를 위하여 죽나니 그러므로 사나 죽으나 우리가 주의 것이로라"(롬 14:8).

○ 하나님이 자기 형상대로 창조하신 사람을 위하여 세상 만물이 창조되었음을 깨닫게 해 줍니다.

"하나님이 자기 형상 곧 하나님의 형상대로 사람을 창조하시되 남자와 여자를 창조하시고 하나님이 그들에게 복을 주시며 그들에게 이르시되 생육하고 번성하여 땅에 충만하라 땅을 정복하라 바다의 고기와 공중의 새와 땅에 움직이는 모든 생물을 다스리라"(창 1:27-28).

이처럼 하나님은 그가 창조하신 모든 피조물들을 소유하고 다스리는 권세를 사람들에게 허락하셨습니다. 그것은 사람이 하나님의 형상을 닮은 하나님의 자녀이기 때문입니다. 그러므로 하나님의 자녀 된 우리들은 하나님의 영광을 위해 살아야 합니다. 하나님의 것을 맡아 관리하는 하나님의 청지기로 살아야 합니다.

둘째, 첫 사람 아담에게 선포된 행위계약을 보여줍니다.

하나님은 첫 사람 아담을 에덴 낙원의 통치자로 세우시고 모든 하나님의 권한을 그에게 부여해 주셨습니다. 그러나 단 한 가지 하나님이 그에게 요구하신 것은 순종이었습니다. 창조주로서 피조물인 인간에게 또 영혼의 아버지로서 그 자녀에게 순종을 요구하신 것은 당연한 자기 권리 주장이셨습니다.

하나님이 첫 사람 아담에게 순종을 요구하신 것은 단 한 가지뿐이었습니다. 아담이 하나님의 말씀에 순종하는 여부를 보시기 위해 금단의 열매를 따 먹지 말라고 명하셨던 것입니다.

"동산의 각종 나무의 실과는 네가 임의로 먹되 선악을 알게 하는 나무의 실과는 먹지 말라. 네가 먹는 날에는 정녕 죽으리라."

이 명령을 일컬어 행위 계약이라 부릅니다.

이 명령은 인류를 대표한 첫 사람 아담에게 명하셨습니다. 그러므로 아담 한 사람이 하나님의 명령을 지키면 모든 사람이 지키는 것이며 아담 한 사람이 하나님의 명령을 어기면 모든 사람이 어기게 되는 것입니다. 올림픽 경기 개막식에서 대표선수가 선서를 합니다. 선서는 대표가 하지만 그 선서의 내용은 모든 선수들에게 똑같이 적용되는 것입니다.

또한 이 명령을 지키면 영생 복락하고 어기면 불행과 파멸(죽음·지옥)을 초래케 되는 것입니다.

셋째, 범죄로 행위계약이 깨어졌음을 보여줍니다.

첫 사람 아담은 하나님의 명령을 거역하고 행위계약을 깨뜨린 죄인이 되고 말았습니다. 이것이 인류 불행의 시작이었고 인류 역사의 시작이었습니다. 하나님은 범죄한 아담과 하와를 저주하셨고 또 피조된 세계도 저주하셨습니다.

"네가 네 아내의 말을 듣고 내가 너더러 먹지 말라 한 나무 실과를 먹었은 즉 땅은 너로 인하여 저주를 받고 너는 종신토록 수고하여야 그 소산을 먹으리라… 너는 흙이니 흙으로 돌아갈 것이니라"(창 3:17-19).

이 하나님의 저주의 선언이 공의의 하나님이심을 말해 주고 있으며 이 세상 끝날까지 이 지구상에 거하는 모든 인류의 불행의 시작을 알려 주고 있습니다. 아담과 하와가 범죄한 후 그들의 눈이 밝아졌습니다. 저들은 벌거벗은 수치를 깨닫고 나뭇잎으로 가려 보려 했으나 허사로 끝나고 말았습니다. 하나님은 그들을 불쌍히 여겨 가죽옷을 지어 입히신 후 에덴동산에서 내어 쫓으셨습니다.

넷째, 하나님의 구원사역을 보여줍니다.

하나님은 두 얼굴을 가지신 분이십니다. 죄는 반드시 벌하시는 공의의 하나님이신 반면 죄인을 불쌍히 여기시고 구원하시기를 원하시는 사랑의 하나님이십니다. '하나님의 명을 어기고 범죄함으로 저주받은 인간들을 어떻게 그 죄와 불행에서 구원하실 수 있겠는가?' 이 물음이 하나님의 가장 큰 고뇌였고 가장 큰 하나님의 과제였습니다.

하나님은 그의 공의와 그의 사랑이 다 같이 만족할 수 있는 하나의 방법을 제시해 주셨습니다. 그것은 곧 죄 없으신 하나님의 독생자 예수 그리스도를 이 땅에 보내신 것입니다(요 3:16).

왜 그래야만 했습니까? 피 흘림이 없은즉 사함이 없기 때문입니다(히 9: 22). 범죄로 인해 저주받은 인류를 대신하여 하나님의 아들이 친히 이 세상에 오셔서 그 저주를 대신 받으셔야만 했습니다. 그것은 갈보리 십자가의 사건이었고 대속의 피 흘림의 수난이었습니다.

> "그는 실로 우리의 질고를 지고 우리의 슬픔을 당하였거늘 우리는 생각하기를 그는 징벌을 받아서 하나님에게 맞으며 고난을 당한다 하였노라 그가 찔림은 우리의 허물을 인함이요 그가 상함은 우리의 죄악을 인함이라 그가 징계를 받음으로 우리가 평화를 누리고 그가 채찍에 맞음으로 우리가 나음을 입었도다 우리는 다 양 같아서 그릇 행하여 각기 제 길로 갔거

늘 여호와께서는 우리 무리의 죄악을 그에게 담당시키셨도다"(사 53:4-6).

하나님은 이 예수 그리스도의 대속의 피 흘림을 통해서만 구원이 있음을 수천 년에 걸쳐 가르쳐 주셨습니다. 이 구원의 준비 과정을 구약 시대라 부릅니다.

구약에 나타난 대속의 피 흘림의 예표는 다음과 같습니다.

짐승의 피 흘림으로 만들어진 가죽옷입니다(창 3:21).

유월절 어린양의 피 흘림입니다(출 12:13).

번제 염소, 아사셀 염소의 피 흘림입니다(레 16:7-10).

구리뱀의 상징적 대속의 죽음입니다(민 21:8-9).

예수 그리스도의 대속의 피 흘림입니다(사 53:5). 예수 그리스도의 십자가는 하나님의 공의와 사랑의 만남의 장소이며, 하나님과 인간의 화해의 장소입니다.

이 예수 그리스도를 나의 구주로 믿는 자는 영생을 얻습니다(요 3:16). 풍성한 삶을 누립니다(요 10:10).

 ## 4. 복음진리의 삼요소

기독교 하나님 외에 신이 존재하지 않으며 기독교 외에 구원을 주는 다른 종교는 없습니다. 기독교의 복음만이 인간을 죄와 저주에서 구원하여 영생을 얻게 해줍니다.

하나님은 참으로 좋으신 우리의 아버지이십니다. 하나님은 우리 모두에게 영생을 주시고 이 땅위에 사는 날 동안 풍성한 삶을 누리도록 복을 주시기를 원합니다.

"내가 온 것은 양으로 생명을 얻게 하고 더 풍성히 얻게 하려는 것이라." (요 10:10).

그렇다면 어떻게 해야 하나님이 주시는 영생과 풍성한 삶을 받아 누릴 수 있겠습니까? 먼저 성경이 가르쳐 주시는 복음진리의 삼 요소를 깨닫고 믿음으로 적용해야만 합니다.

❋ 기독교 성경이 가르쳐 주시는 복음진리의 삼 요소는 다음과 같습니다.

첫째 요소는 죄와 불행의 뿌리입니다.

인류의 죄와 불행의 뿌리는 첫 사람 아담이 하나님의 명을 어기고 선악과를 따먹은 불순종에 그 기원을 두고 있습니다. 아담은 하나님이 자기 형상대로 창조하신 첫 번째 사람입니다. 하나님은 그를 너무 사랑하셔서 그에게 생육하고 번성하는 복을 주시고 또한 모든 생물을 다스리는 절대적 권한을 그에게 부여해 주셨습니다. 그러나 단 한 가지 창조주와 피조물의 관계를 분명히 하기 위하여 하나님에 대한 경외와 순종을 그에게 요구하셨습니다. 이를 일컬어 행위계약이라 말합니다.

"여호와 하나님이 그 사람에게 명하여 가라사대 동산 각종 나무의 실과는 네가 임의로 먹되 선악을 알게 하는 나무의 실과는 먹지 말라 네가 먹는 날에게는 정녕 죽으리라"(창 2:16-17).

이 절대자의 명령은 반드시 성취되는 절대성을 지닌 명령입니다. 따라서 하나님이 금하신 금단의 열매를 먹지 않으면 영생복락하게 되지만 반면, 금단의 열매를 먹으면 반드시 저주와 죽음, 그리고 영원한 형벌이 주어지는 것입니다. 그러나 불행하게도 마귀의 미혹을 받은 아담이 그 열매를 따 먹음으로 낙원에서 쫓겨나게 되었고 하나님의 저주가 그에게 임했습니다.

"아담에게 이르시되 네가 네 아내의 말을 듣고 내가 너더러 먹지 말라 한 나무실과를 먹었은즉 땅은 너로 인하여 저주를 받고 너는 종신토록 수고하여야 그 소산을 먹으리라 너는 흙이니 흙으로 돌아갈 것이니라"(창 3:17-19).

이 하늘 법정에서의 하나님의 선고는 그대로 집행되어지는 판결입니다. 이 하나님의 선고는 아담과 하와뿐만 아니라 그 후손으로 태어나는 인류 전체를 향하신 하나님의 판결 선언입니다. 이 하나님의 판결 선언은 그 누구도 또한 어떠한 노력이나 방법으로도 결코 돌이킬 수 없는 영원한 판결의 선고입니다. 바로 이 하나님의 판결 선언이 인류 역사의 시작과 끝 날까지의 모든 인류의 불행의 근원인 것입니다.

둘째 요소는 그리스도의 대속의 피 흘림을 상징하는 짐승의 피 흘림입니다.

하나님의 저주의 선고를 받고 에덴동산에서 쫓겨난 두 사람에 의해 인류 역사의 수레바퀴는 비로소 돌기 시작했습니다. 그와 더불어 죄악의 어두운 밤은 깊어만 갔고 인류에게는 절망의 미래만 남게 되었습니다.

반면, 하나님께서는 희망이 단절된 인류를 구원하시기 위한 놀라운 계획을 예시해 주셨습니다. 그것은 장차 하나님의 아들 예수 그리스도를 이 세상에 보내셔서 인류가 받아야 할 죄와 저주를 그가 대신 받게 하시는 계획이었습니다.

하나님은 이 원대한 계획을 실현하시기에 앞서 먼저 대속의 피 흘림을 상징하는 짐승의 피 흘림을 4천 년에 걸쳐 그 백성 이스라엘에게 보여 주셨습니다. 그러므로 구약성경을 요약하면 한 마디로 장차 예수 그리스도가 오셔서 선민 이스라엘을 구속하시기 위해 그가 대속의 피를 흘려주시겠다는 하나님의 언약의 계시인 것입니다.

✽ 그리스도의 대속의 피 흘림을 상징하는 구약성경에 나타난 짐승의 피 흘림은 다음과 같습니다.

(1) 하나님께서 아담과 하와에게 가죽옷을 입히시기 위한 짐승의 대속의 피 흘림입니다(창 3:21).

하나님 앞에 범죄한 아담과 하와가 그 죄의 수치를 가려보려고 무화과 나뭇잎으로 치마를 해 입었으나 저들의 수치를 가릴 수 없었습니다. 이에 하나님이 짐승의 피를 흘려 가죽옷을 지어 입히시어 저들의 죄의 수치를 가려 주셨습니다.

이 사실은 오늘 우리들에게도 똑같이 적용되는 말씀입니다. 나 스스로는 내가 지은 죄의 수치를 결코 가릴 수 없는 것입니다. 내가 아무리 참회를 한다 해도, 내 평생 동안 수도의 삶을 산다 해도, 내가 지은 죄의 수치는 내 양심에 그대로 남아 있게 되는 것입니다. 내 죄의 수치를 가릴 수 있는 것은 예수의 피밖에 없습니다. 예수님이 나 위해 흘리신 대속의 피를 믿음으로만 내 죄의 수치는 영원히 사라지고 마는 것입니다.

(2) 유월절 어린양의 대속의 피 흘림입니다(출 12:1-23).
하나님의 백성 이스라엘이 출애굽하기 전날 유월절 밤이었습니다. 그날 밤 하나님은 그의 천사들을 보내시어 애굽 사람의 모든 장자들을 죽이시기로 작정하셨습니다. 한편, 하나님께서는 이스라엘의 모든 장자들을 그 멸하시는 가운데 살리시기 위해 하나의 방법을 그 종 모세에게 일러 주셨습니다.

"유월절 날 해질 때에 모든 이스라엘 백성은 각기 흠 없는 어린양을 잡고 그 피를 그 집 문 좌우 설주와 인방에 바르라. 그리하면 애굽의 모든 장자를 멸하는 천사가 그 피를 볼 때에 그 집을 넘어가리라."

이처럼 죽음에서 구원받은 그날을 일컬어 유월절이라 부릅니다. 애굽의 모든 장자들이 다 죽임을 당하던 그 밤, 이스라엘의 모든 장자들이 구원을 받은 것은 바로 유월절 어린양이 흘린 피가 그 집 문에 발라졌기 때문입니다. 이 유월절 어린양은 곧 세상 죄를 지고 가는 하나님의 어린양이신 예수 그리스도를 상징하는 것입니다(요 1:29).

이 세상에 태어나는 모든 사람은 누구나 다 유월절 밤의 장자들처럼 죽을 운명을 지닌 존재들입니다. 그러나 하나님이 구원하시기로 예정하신 자들에게는 유월절 어린양이신 예수 그리스도의 피가 그 가슴에 발라졌기에 죽음의 그림자가 영원히 사라지고 마는 것입니다.

예수 그리스도의 피가 그 가슴에 있는 사람은 결코 죽음이 없습니다. 예수 그리스도의 피가 그 가슴에 있는 사람은 결코 정죄함이 없습니다.

> "그러므로 이제 그리스도 예수 안에 있는 자에게는 결코 정죄함이 없나니 이는 그리스도 예수 안에 있는 생명의 성령의 법이 죄와 사망의 법에서 너를 해방하였음이라"(롬 8:1-2).

(3) 번제 염소의 피 흘림과 또한 이스라엘의 모든 죄를 담당한 아사셀 염소입니다(레 16:7-10).

하나님께서는 이스라엘 민족이 범한 모든 죄를 대속할 두 염소를 준비토록 아론에게 명하셨습니다. 하나는 이스라엘 민족의 모든 죄를 대신하여 피를 흘릴 번제 염소였습니다. 아론이 백성을 위하여 번제 염소를 잡아 그 피를 가지고 성소장 안에 들어가 속죄소 위와 속죄소 앞에 뿌림으로써 이스라엘의 모든 죄가 사해졌던 것입니다.

또 다른 하나는 아사셀 염소로서 아론이 두 손으로 산 염소의 머리에 안수하여 이스라엘 자손의 모든 불의와 그 범한 모든 죄를 고한 후, 그 죄를 염소 머리에 두어 광야에 있는 마신 아사셀에게 보내졌습니다. 이리하여 이스라엘의 모든 죄악이 사하여졌고 하나님 앞에 의롭다 하심을 입은 백성이 되어졌던 것입니다.

이 역사적 사실 기록에 나타난 두 염소는 곧 예수 그리스도를 가리키는 것입니다. 예수님은 우리가 지은 모든 죄와 저주를 담당하시고 골고다 언덕으로 올라가셨습니다. 또한 예수님은 우리가 지은 모든 죄와 저주를 대속하시기 위하여 그가 십자가에 못 박혀 대속의 피를 다 쏟아 주셨습니다.

> "그가 찔림은 우리의 허물을 인함이요 그가 상함은 우리의 죄악을 인함이라 그가 징계를 받음으로 우리가 평화를 누리고 그가 채찍에 맞음으로 우리가 나음을 입었도다 우리는 다 양 같아서 그릇 행하여 각기 제 길로 갔거

늘 여호와께서는 우리 무리의 죄악을 그에게 담당시키셨도다"(사 53:5-6).

(4) 대속의 상징으로 장대 끝에 높이 달린 놋뱀입니다(민 21:4-9).

출애굽한 이스라엘 민족이 가나안을 향해 가던 중 에돔 국경에 도달하게 되었습니다. 모세는 에돔 왕에게 사신을 보내어 이스라엘 백성이 에돔 나라를 지나갈 수 있게 해 달라고 요청했으나 거절당하고 말았습니다. 모세는 가나안을 향한 직선거리를 포기한 채 그 민족을 이끌고 에돔 국경을 돌아서 험하고 먼 길을 걸어야만 했습니다. 사막의 뜨거운 열기와 타는 듯한 목마름의 갈증으로 마음이 상한 백성들은 하나님과 모세를 원망하였습니다.

"우리를 애굽에서 인도하여 올려서 이 광야에서 죽이려는가!"

이스라엘 민중이 머물렀던 광야에는 독사들이 많이 살고 있었지만 하나님의 불기둥이 이스라엘 중에 머무는 동안에는 독사들이 그들 진영에 들어올 수 없었습니다. 그러나 이스라엘 백성이 하나님을 원망했을 때에 하나님의 보호하던 손길이 떠남과 동시에 독사들이 들어와서 이스라엘 민족을 물었습니다. 그 독사들에 물린 저들의 몸이 퉁퉁 부었고 고통에 시달리게 되었을 때에 저들이 회개하고 모세에게 찾아와 하나님께 기도하여 구해달라고 요청했습니다.

모세가 즉시 하나님 앞에 엎드려 이스라엘 백성의 죄를 용서해 주실 것을 간청했을 때 하나님은 그의 간구를 들으시고 구원의 한 방법을 제시해 주셨습니다.

"모세야, 놋으로 불 뱀 형상을 만들어 장대 위에 달아 놓아라. 누구든지 뱀에게 물린 자마다 그 놋 뱀을 쳐다보면 살리라."

모세는 즉시 하나님 말씀대로 놋 뱀을 만들어 장대 위에 단 후 불 뱀에 물려 고통당하고 있는 이스라엘 백성들에게 하나님의 구원의 복음을 선포하였습니다. 이 하나님의 구원의 소식을 듣고도 불신하거나 반신반의하는 자들은 놋 뱀을 쳐다보지 않은 고로 다 죽었습니다. 반면,

하나님의 구원의 소식을 들은 즉시 믿음으로 장대 위에 달린 놋 뱀을 쳐다본 자들은 즉시 다 구원을 받았습니다.

이 사실 기록은 오늘 우리에게 크나큰 교훈을 남겨줍니다. 오늘 우리도 광야와 같은 이 세상을 살아가면서 때로 죄를 범하게 되고 하나님과 하나님의 사람을 원망할 때도 있는 것입니다. 바로 그 순간 하나님의 보호의 손길이 떠남과 동시에 악한 영, 미혹의 영들이 하나님의 허용하심 아래 그리스도인들 속에 침투해 들어오는 것입니다.

이처럼 귀신이 사람 속에 들어가므로 육체가 병들며, 정신이 병들며, 물질적 가난이 찾아오고 환경적으로 우겨 싸임을 당하게 되는 것입니다. 그때 비로소 자기 죄를 깨닫고 하나님께 자복함과 동시에 하나님께서 그 귀신들을 내어 쫓으심으로 질병이 떠나가며, 가난이 물러가며, 환경적 흑암이 물러가게 되는 것입니다.

셋째 요소는 하나님이 보내주신 구원자 예수입니다.

"하나님이 세상을 이처럼 사랑하사 독생자를 주셨으니 이는 저를 믿는 자마다 멸망치 않고 영생을 얻게 하려 하심이니라"(요 3:16).

요한복음 10장 10절에 보면, 더 구체적으로 들려주십니다.

"내가 온 것은 영생을 주러 왔고 너희에게 풍성한 삶을 주러 왔노라." 이처럼 마귀의 일을 멸하신 예수 그리스도의 대속의 죽음을 믿는 자마다 그 순간 귀신이 떠나므로 그 풍성한 삶이 주어지는 것입니다.

2008년 전 하나님의 독생자이신 예수 그리스도는 하나님의 보내심을 받아 이 세상에 찾아오셨습니다. 그는 세상 죄를 지고 가는 하나님의 어린양입니다(요 1:29). 그가 이 세상에 오신 목적은 인간으로 범죄케 하고 저주를 초래케 한 마귀의 일을 멸하시고 인류를 죄와 그 저주 가운데서 구원하시는 일이었습니다(요일 3:8). 예수 그리스도는 마귀의 일을 멸하시기 위해 인류의 죄와 저주를 담당하시고 대속의 피를 흘리셔야만 했습니다(사 53:5).

예수 그리스도는 내 병과 가난과 근심과 염려와 내 모든 인생의 불행을 그가 다 짊어지시고 십자가에 못 박혀 피 흘리심으로 나의 모든 저주는 끝나고 만 것입니다. 구원자 예수 그리스도는 지금 내 앞에 계시고 내 뒤에 계시고 내 안에 계십니다.

"모세가 광야에서 뱀을 든 것같이 인자도 들려야 하리니 이는 저를 믿는 자마다 영생을 얻게 하려 하심이니라"(요 3:14-15).

"주 예수를 믿으라 그리하면 너와 네 집이 구원을 얻으리라"(행 16:31).

제 5 부

하나님의 말씀

1. 성경은 어떤 책인가! ▶ 181
2. 성경개론 ▶ 186
3. 진리의 말씀 ▶ 192
4. 가장 값진 보화 ▶ 199
5. 성경 기록의 목적 ▶ 204
6. 성경과 신앙의 관계성 ▶ 211

-27). 로마 백부장의 믿음이 하인의 중풍병을 낫게 했습니다(마 8:13). 소경의 믿음이 그의 눈을 밝게 했습니다(막 9:27-30).

"이 복음은 모든 믿는 자에게 구원을 주시는 하나님의 능력이 됨이라"(롬 1:16).

● 운명을 바꾸어 줍니다.

사람의 운명은 전적 하나님의 뜻에 의해 결정되는 것입니다. 비천한 사람이 귀한 신분의 사람으로 변하고, 절망적 상황에 처한 사람이 영광스러운 자리에 오르기도 합니다. 목동 다윗은 이스라엘 왕의 자리에 올랐습니다. 농부 엘리사는 이스라엘 선지자가 되었습니다. 어부 시몬은 사도 베드로가 되었습니다. 구두 판매원 무디는 부흥목사가 되었습니다. 불량배 김익두는 하나님의 능력의 사람이 되었습니다.

"여호와는 가난하게도 하시고 부하게도 하시며 낮추기도 하시고 높이기도 하시는도다"(삼상 2:7).

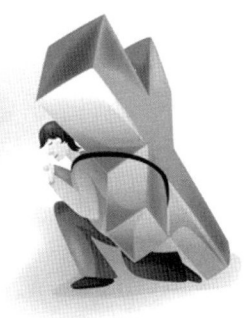

2. 성경개론

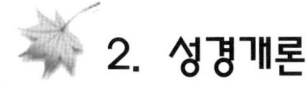

인류의 문화권마다 그 배후에는 그 중심사상을 이루고 있는 경전이 있습니다. 이슬람권의 경전이 코란경이고, 불교권의 경전이 불경이라면 현대문명과 문화를 꽃피운 서구의 경전은 바로 성경임을 알 수 있습니다. 성경은 유일신 하나님의 말씀이며, 또한 그 성경진리를 깨닫고 믿는 자들에게 전인구원을 주시는 놀라운 복음이 담긴 신의 말씀입니다.

영국인은 셰익스피어 전집과 성경을 가장 자랑스럽게 여기는 민족입니다. 셰익스피어 전집은 영국인이 썼으나 성경은 영국인을 만든 책이라고 빅토르 위고는 말했습니다. 영국사회의 개혁이나 미합중국의 성장과 부흥, 그리고 한국의 근대화와 민주사회는 모두 다 성경의 가르침에서 비롯된 것입니다. 따라서 성경은 시대를 초월하여 영원한 베스트셀러로 인류의 신뢰와 사랑을 받는 유일신 하나님의 말씀입니다.

성경말씀이 선포되는 곳마다 절망에서 소망으로, 흑암에서 광명으로, 미개에서 문명으로 그 모습들이 바뀌었습니다. 또한 성경말씀이 들어가는 곳마다 인권성장·사회개혁·문명과 문화의 발달, 경제부흥이 일어나게 되는 것입니다. 성경은 오늘도 살아 역사하시는 유일신 하나님의 영원불변의 진리인 것입니다(CCC 교재 중에서).

성경은 구약 39권, 신약 27권, 모두 66권으로 구성되어 있습니다.

구약성경은 인간의 기원·인간의 타락·하나님의 심판·하나님의 율법・이스라엘 민족의 형성과 역사・하나님의 주권적 섭리・예수 그리스도에 대한 예언이 그 주된 내용으로 되어 있습니다.

신약성경은 예수 그리스도의 탄생과 복음사역・예수 그리스도의 대속의 죽음과 부활・사도들의 복음사역・구원에 대한 교리・성도들의 생활규범・예수 그리스도의 재림과 최후심판이 그 주된 내용입니다.

첫째, 성경의 명칭은 다음과 같습니다.

하나님의 계시의 말씀은 세 가지 명칭으로 불리어집니다.

(1) 성경(Bible)이 있습니다.

성경을 영어로 바이블(Bible)이라고 하고 헬라어로는 비블리아(βιβλια)인데, 이 말은 책들(Books)이란 의미를 가진 말입니다. 사도들은 이 말에다가 성경의 탁월성을 나타내기 위해 정관사 타(τα=The)를 붙여서 타 비블리아(그 책들)라 불렀습니다. 이 타 비블리아(τα βιβλια)라는 말은 70인역(BC 3세기경에 번역된 구약의 헬라어 역)에서는 선지서들을 가리켜 사용되었습니다. 또한 로마교회의 감독이었던 클레멘트(Clement)가 AD 150년경에 쓴 클레멘트 제2서에서는 구약성경을 가리켜 사용되었습니다.

그 후 AD 5세기경에 이르러 타 비블리아(τα βιβλια)란 말이 신구약 성경 전체에 적용되었습니다. 그 후에 중성복수의 타 비블리아가 단수 명칭인 라틴어 비브리아(Biblia)로 바뀌었으며, 이 말에서 현재 성경 명칭으로 사용되고 있는 바이블(Bible)이 나오게 된 것입니다.

(2) 성서(Scripture)가 있습니다.

성서라는 명칭은 신약과 교회 교부들의 문서에 씌어진 것으로 헬라어 그라피아(γραφια:문서기록)에 해당합니다. 신약이 이러한 형태의 낱

말을 사용했던 점으로 보아 구약은 특별한 권위를 갖고 있는 것으로 간주되었던 것으로 짐작됩니다.

(3) 계약(Testament)이 있습니다.

Testament는 라틴어 Tustamentum에서 온 것이며, 그 뜻은 유언 또는 계약을 의미합니다. 성경은 구약(Old Testament)과 신약(New Testament)으로 나뉘는데 여기서 '약'은 계약을 뜻합니다. 오실 메시아에 대한 언약이 담긴 책을 구약성경이라 하고, 또한 이미 오신 메시아를 믿는 자에게 구원이 임한다는 새 언약이 담긴 책을 신약성경이라 말합니다.

둘째, 성경을 분류하면 다음과 같습니다.

성경은 크게 구약과 신약으로 나뉩니다.

(1) 구약(The Old Testament)

히브리어 구약원본은 율법서 · 예언서 · 성문서 세 가지로 분류되었으며 총 24권입니다. 이처럼 유대 랍비들은 구약의 책 수를 24권으로 보았고 또한 신약도 이를 증거해 줍니다.

"모세의 율법과 선지자의 글과 시편에"(눅 24:44).

(2) 신약(The New Testament)

신약은 문학양식의 분류에 따라 책들을 네 가지로 구분하였는데, 복음서 · 사도행전 · 서신 · 계시록으로 나누어집니다. 복음서가 첫 자리에 놓인 것은 예수 그리스도에게 초점을 맞추었기 때문입니다.

사도행전은 처음부터 복음서와 결합되어 있었습니다. 그것은 사도행전이 누가복음에 이어 씌어진 누가의 작품이기 때문입니다. 서신서(사도들의 편지)가 사도행전 뒤에 온 것은 이 서신서들 속에 사도적 가르침에 관한 자료들이 보존되어 있기 때문입니다. 요한계시록은 교회의 미래 상태를 환상을 통해 바라보면서 신약을 마무리해 놓았습니다.

■ 신·구약 성경 66권 분류 도표

구 분			권수	책 이 름
구약 (39권)	율법서(모세오경)		5	창세기, 출애굽기, 레위기, 민수기, 신명기
	역사서		12	여호수아, 사사기, 룻기, 사무엘상·하, 열왕기상·하, 역대상·하, 에스라, 느헤미야, 에스더
	시가서(문학서)		5	욥기, 시편, 잠언, 전도서, 아가서
	예언서 (17권)	대선지서	5	이사야, 예레미야, 예레미야애가, 에스겔, 다니엘
		소선지서	12	호세야, 요엘, 아모스, 오바댜, 요나, 미가, 나훔, 하박국, 스바냐, 학개, 스가랴, 말라기

구 분				권수	책 이 름
신약 (27권)	복음서			4	마태복음, 마가복음, 누가복음, 요한복음
	역사서			1	사도행전
	서신서 (21권)	바울서신 (13권)	교리서신	4	로마서, 고린도전후서, 갈라디아서
			옥중서신	4	에베소서, 빌립보서, 골로새서, 빌레몬서
			목회서신	3	디모데전후서, 디도서
			일반서신	2	데살로니가 전후서
		사도서신		8	히브리서, 야고보서, 베드로전후서, 요한1·2·3서, 유다서
	예언서			1	요한계시록

셋째, 성경 66권의 편집과 확정

성경이 처음부터 66권으로 묶여진 것이 아닙니다. 성경 66권 외에도 하나님의 말씀이라 주장하는 외경이나 위경과 같은 다수의 책들이 있었습니다. 이렇듯 수많은 책들 중 하나님의 말씀이 기록된 책만을 하나님의 섭리역사 하심으로 선정하여 구약 39권, 신약 27권이 묶여지게 된 것입니다.

BC 5세기 에스라 선지자 때 공의회에서 구약 39권을 확정하였고, 또한 AD 397년 카르타고 종교회의에서 신약 27권이 확정됨으로써 오늘의 성경 66권이 나타나지게 된 것입니다.

그렇다면 성경 66권이 하나님의 말씀으로 선정된 그 기준은 무엇입니까?

첫째, 하나님의 주도권에 의해 선정되었습니다.

하나님께서는 성경기록과 편집에 있어서 직접 관여하시고 역사하셨음을 성경은 입증해 주십니다.

> "너희는 여호와의 책을 자세히 읽어보라 이것들이 하나도 빠진 것이 없고 하나도 그 짝이 없는 것이 없으니 이는 여호와의 입이 이를 명하셨고 그의 신이 이것들을 모으셨음이라"(사 34:6).

이처럼 성경저자들이 성령하나님의 직접 역사하심으로 성경을 기록하였고, 또한 하나님의 말씀을 선정함에 있어서도 성령하나님의 특별 간섭하심으로 신·구약성경 66권이 나타나진 것입니다.

> "예언은 언제든지 사람의 뜻으로 낸 것이 아니요 오직 성령의 감동하심을 입은 사람들이 하나님께 받아 말한 것임이니라"(벧후 1:21).

둘째, 예수님과 사도적 권위가 정경선정의 기준이 되었습니다.

예수님의 공생애 3년 동안 그가 무리들을 가르치시고 교훈하신 말씀들이 정경편집의 기준이 되었습니다. 또한 예수께서 승천하신 후 예수님을 대신한 사도들의 가르침과 교훈이 정경편집의 기준이 되었습니다. 주후 1세기가 되었을 때에 사도들마저 다 죽고 더 이상 저들의 가르침을 받을 수 없게 되었고 또한 저들의 교훈이 담긴 편지도 받을 수 없게 되었습니다. 따라서 교회는 사도들이 쓴 문서나 편지들을 소중히 여겨 보존하게 되었습니다.

이처럼 예수님의 권위 있는 가르침과 교훈이 정경편집의 기준이 되었고, 또한 예수님으로부터 직접 가르침을 받은 사도들이 쓴 문서나 편지들이 권위가 있어 정경편집에 있어 기준이 되었습니다.

셋째, 성령에 의한 공동의식이 정경선정의 기준이 되었습니다.

사도들이 이 세상을 떠난 후 더 이상 저들의 가르침을 받을 수 없게 되었습니다. 이에 초대교회 성도들이 사도들이 쓴 문서나 편지들을 사모하는 마음으로 필사(베껴서 씀)하여 함께 읽었고, 또 멀리 떨어져 있는 성도들에게도 보내어 저들도 읽게 했습니다. 이렇듯 성도들의 무언의 공동의식 가운데 섭리역사로 말미암아 그 돌려보던 문서와 서신들이 자연스럽게 정경으로 기정사실화되었습니다.

이처럼 신·구약성경 66권은 사람이 선정하고 확정하여 정경이 된 것이 아니라, 성령의 섭리역사로 하나님 말씀만이 선정되어 오늘의 기독교 정경이 된 것입니다.

 3. 진리의 말씀
-요 8:31-32

이 세상에는 갈증을 느끼는 사람들이 많이 있습니다. 갈증이란 목마름의 다른 표현입니다. 사막을 여행하는 사람들에게 목마름의 갈증은 죽음보다 더 무서운 시련으로 다가옵니다. 목마름이란 심히 부족한 현상을 표현한 말입니다. 또 가장 절실히 요구되는 뭔가를 암시하는 표현이기도 합니다. 이 '갈증'은 현대를 살아가는 인류의 마음을 가장 잘 표현한 단어이기도 합니다. 물질문명이 발달하고 예술과 문화가 발전할수록 인간은 점점 더 갈증이라는 공해에 시달리게 됩니다.

물질의 풍요로운 삶 속에 결여된 사랑과 애증의 갈증이 있습니다. 문명의 풍요로운 삶 속에 결여된 도덕과 윤리의 갈증이 있습니다. 학문의 풍요로운 삶 속에 결여된 정신과 사상의 갈증이 있습니다. 종교의 풍요로운 삶 속에 결여된 진리와 신앙의 갈증이 있습니다. 이처럼 인류가 느끼는 갈증은 여러 모양으로 나타나지만 그 근원은 하나에서 비롯된 것입니다. 바로 그것은 진리의 생수가 메말라 버린 텅 빈 우물이라는 것입니다. 다시 말해, 하나님이 없는 삶이요, 진리의 말씀이 없는 삶 바로 그 자체가 인간이 느껴야 하는 모든 갈증의 원인인 텅 빈 우물인 것입니다.

왜 그렇습니까? 하나님의 진리의 말씀만이 인간을 영적·정신적·사상적 갈증에서, 또한 종교적 갈증에서 영원히 자유롭게 하는 생수이기 때문입니다.

"명절 끝날 곧 큰날에 예수께서 서서 외쳐 가라사대 누구든지 목마르거든 내게로 와서 마시라 나를 믿는 자는 성경에 이름과 같이 그 배에서 생수의 강이 흘러나리라"(요 7:37-38).

예수 그리스도는 바로 생수의 근원이십니다. 하나님의 말씀은 예수 그리스도를 통해서만 인간에게 공급되는 생명의 물입니다. 이 물을 얻어 마시는 자만이 참 자유하는 인생의 나래를 저어 영적·정신적 푸른 하늘을 자유롭게 날 수 있는 것입니다.

"주의 말씀의 강령은 진리오니 주의 의로운 모든 규례가 영원하리이다" (시 119:160).

진리의 보고인 성경은 영원한 베스트셀러로 길이 남을 것입니다. 그 이유는 참 진리인 성경만이 인간의 죄와 불행과 죽음 문제를 근본적으로 해결해 줄 수 있기 때문입니다.

"그러므로 예수께서 자기를 믿은 유대인들에게 이르시되 너희가 내 말에 거하면 참 내 제자가 되고 진리를 알지니 진리가 너희를 자유케 하리라" (요 8:31-32).

첫째, 진리란 무엇입니까?

진리는 하나님의 말씀입니다.

"아버지의 말씀은 진리니이다"(요 17:17).

이 진리는 주님과의 올바른 관계를 통해서만 얻을 수 있습니다(요 8:31-32). 또한 진리가 형상화되어 나타난 분이 예수 그리스도이십니다(요 14:6). 따라서 예수 그리스도와 하나가 되는 사람만이 이 진리를 깨달을 수 있습니다.

둘째, 진리의 요소는 무엇입니까?

이 세상에는 참된 진리라고 주장하는 사상·철학·도덕·윤리와 수많은 종교의 경전들이 범람하고 있습니다. 그러나 인간은 모두 죄인이기에 이 세상에 참된 진리란 결코 존재할 수 없습니다. 석가의 가르침·공자의 가르침·소크라테스의 철학 사상이 인간에게 감명을 줄 수는 있으나 그들 역시 성경적 의인이 아니기에 그들의 가르침이 참 진리가 되지는 못합니다.

그렇다면 이 세상의 수많은 종교 중 어느 것이 참 종교이며, 또한 수많은 진리 중 어느 것이 참 진리이겠습니까? 도대체 인간을 죄에서 구원하여 참 평안과 자유를 줄 수 있는 참된 진리는 어떻게 분별할 수 있을까요?

- 참된 진리는 계시적이어야 합니다(시 119:142).

헬라어로 '진리'는 '알레데이아'인데, 이 말은 '숨겨졌던 것이 드러나다'라는 신적 계시와 관계된 용어입니다. 그렇다면 '알레데이아'의 근원은 어디입니까? 그 근원은 이 세상이 아닌 저 하늘이며, 그 계시자는 오직 유일신 하나님 한 분뿐이십니다.

"저희를 진리로 거룩하게 하옵소서 아버지의 말씀은 진리니이다"(요 17:17).

- 참된 진리는 인류적이어야 합니다(롬 1:16).

이 세상에 진리라고 주장하는 종교와 사상과 철학이 각기 나름대로 그 가치를 지니고 있다는 것은 우리가 인정해야 합니다. 그러나 참된 진리는 시대와 인종과 계층과 신분을 초월하여 모든 인류에게 그 영향력을 나타낼 수 있어야 합니다. 진리란 이 세상 어느 누구나 다 알 수 있고, 받을 수 있고, 깨달을 수 있고, 소유할 수 있어야 합니다. 진리는 어린 아이도, 지식층도, 노동자도 모두 공평하게 들을 수 있고 깨닫고 소유할 수 있어야 합니다.

  이 세상 진리라고 주장하는 여러 종교의 경전들과 철학과 사상을 살펴봅시다. 코란경은 이슬람교도들에게만 국한됩니다. 불경은 불교도들에게만 국한됩니다. 유물론 사상은 공산주의자들에게만 국한됩니다.

  이처럼 각기 진리라고 주장하는 경전과 철학과 사상들은 인류 역사에 있어서 보편성이 결여되었기에 참 진리는 되지 못합니다. 다시 말해, 인간 사고의 산물인 이론과 사상과 주의는 본질적으로 보편성이 결여되어 있기에 진리의 모조품에 그치고 마는 것입니다.

  그렇다면 성경은 어떤 의미에서 보편성을 지닌 진리일까요? 그 해답은 전 인류적 구원 사역에 있습니다. 모든 억눌림에서 자유를 선포하며, 영원한 죽음과 멸망으로부터 영생을 얻게 하는 구원의 진리와 능력은 하나님의 계시인 성경밖에 없습니다. 짧게 살다가 끝나는 이 세상! 사막에서 신기루를 좇다가 한줌의 흙으로 돌아가는 어리석은 자들이 되지 말고, 오로지 참 진리인 성경 말씀만을 좇아가는 하나님의 복된 사람들이 되어져야겠습니다.

- 참된 진리는 영속적이어야 합니다.

  아무리 진리가 귀하고 그 가치성이 크다고 해도 영속성이 결여되었다면 그것은 참된 진리일 수 없습니다. 진리는 태양처럼 과거와 현재와 미래를 지속적으로 밝힐 수 있어야 합니다. 또한 금처럼 시간의 흐름과 상관없이 그 색깔이 변하지 않아야 합니다. 참된 진리는 인류 역사의 변천 속에서도 변하지 않을 때만 그 가치가 인정되는 것입니다. 역사 속에 변하지 않은 진리가 어디에 있습니까? 오직 하나님의 말씀만이 변하지 않습니다. 참된 진리는 역사의 과거·현재·미래에 걸쳐 지구상에 존재하는 온 인류에게 끊임없이 타오르는 소망의 불꽃이 되어야 합니다. 이런 의미에서 성경은 참 진리인 것입니다.

> "모든 육체는 풀과 같고 그 모든 영광이 풀의 꽃과 같으니 풀은 마르고 꽃은 떨어지되 오직 주의 말씀은 세세토록 있도다"(벧전 1:24-25).

하나님이 영원불변하시기에 하나님의 말씀도 영원불변하심을 역사가 증명해 주고 있습니다. 따라서 우리는 진리 되신 하나님 말씀만을 신뢰하고, 그 말씀만을 좇아 살아야 할 것입니다. 그럴 때 우리의 인생길이 평탄하고 형통할 것입니다.

- 참된 진리는 현재적이어야 합니다.

모든 종교인들이 자기들의 경전을 귀히 여기고 그 진리를 믿고 따른다고 하지만, 그 진리가 그들의 운명을 바꾸어 주지는 못합니다. 왜냐하면 그들이 믿고 추종하는 진리 자체가 생명 없는 인간에게서 나온 것이기 때문입니다. 그러나 참 진리인 성경은 하나님의 계시이기에 그 속에 영적 생명과 능력이 있습니다. 그러므로 참 진리인 성경 말씀을 하나님의 말씀으로 받아 마음에 새기고 그대로 행할 때 하나님의 놀라운 역사를 체험하게 되는 것입니다.

> "하나님의 말씀으로 받음이니 진실로 그러하다 이 말씀이 또한 너희 믿는 자 속에서 역사하느니라"(살전 2:13).

> "이 복음은 모든 믿는 자에게 구원을 주시는 하나님의 능력이 됨이라."(롬 1:16).

셋째, 진리를 소유한 자의 축복은 다음과 같습니다(딤전 2:4).

- 구원의 복을 받습니다.

죽음에서 영원한 자유! 얼마만큼의 돈이 있어야 죽음에서 영생을 얻을 수 있을까요? 영생은 오직 참된 진리를 소유한 사람만이 얻을 수 있습니다. 죄를 용서받고 천국에서 영생의 복을 받아 누리는 것이 바로 구원입니다.

"진리의 하나님 여호와여 나를 구속하셨나이다"(시 31:5).

- 전인적으로 자유하는 복을 받습니다.

인간은 누구나 영적·정신적·심적·육체적·생활적인 면에서 갇혀 있는 보이지 않는 감옥 속의 죄수들이라 말할 수 있습니다. 뭔가에 눌려 있고 억압되어 있는 것입니다. 이렇게 자유를 박탈당한 삶은 헛되고 의미 없는 삶입니다. 그러므로 모든 인간이 공통적으로 바라는 가장 큰 소원은 바로 진정한 자유일 것입니다.

참 자유 없는 정치, 참 자유 없는 경제, 참 자유 없는 문화와 예술, 참 자유 없는 가정, 그것은 보이기 위한 삶일 수는 있으나 참된 인간으로서의 삶이 될 수는 없습니다. 그러므로 인간의 삶에서 가장 기본적으로 요구되는 것은 사상이나 경제나 교육이 아니라 바로 참된 자유인 것입니다. 영적 곤고함에서의 자유! 정신적 혼돈에서의 자유! 심적 눌림에서의 자유! 이 자유는 인간이 생존하는 데 가장 기본적 바탕이 되어야만 합니다.

이렇듯 자유를 얻은 사람에게는 가난한 삶 속에서도 우러나는 감사가 있습니다(빵 한 조각을 식탁에 놓고 감사하는 노인의 기도).

감옥 속에서도 기쁨의 찬송이 있습니다(사도 바울).

비록 장애인이더라도 삶의 희열이 있습니다(시인 송명희).

순교하는 모습 속에서 광채가 빛납니다(스데반).

"너희가 내 말에 거하면 참 내 제자가 되고 진리를 알지니 진리가 너희를 자유케 하리라"(요 8:31-32).

- 운명이 변하는 복을 받습니다.

인간의 삶에서 그 운명이 변하는 것보다 더 큰 복은 없을 것입니다. 우리는 성경 속에서 또한 기독교 역사 속에서 운명이 바뀐 많은 사람들을 만나게 됩니다.

요셉은 목동의 삶에서 총리의 자리에 올랐습니다.
모세는 목동의 삶에서 이스라엘 민족의 영도자가 되었습니다.
엘리사는 농부의 삶에서 이스라엘 민족의 선지자가 되었습니다.
베드로는 어부의 삶에서 예수님의 제자가 되었습니다.
바울은 복음을 핍박하는 자의 삶에서 복음의 증거자가 되었습니다.
무디는 구두직공의 삶에서 세계적 부흥목사가 되었습니다.
김익두는 깡패의 삶에서 신령한 목사가 되었습니다.
존 번연은 죄수의 삶에서 천로역정의 저자가 되었습니다.
어거스틴은 방탕한 자의 삶에서 성자가 되었습니다.
이처럼 성경은 인간의 운명을 바꾸어 놓을 수 있는 능력이 있습니다.

"하나님을 따라 의와 진리의 거룩함으로 지으심을 받은 새 사람을 입으라"(엡 4:24).

4. 가장 값진 보화
-수 1:7-8

이 세상에서 무엇이 가장 귀할까요? 이 물음에 대한 대답은 사람마다 각기 다를 것입니다. 음악가는 이 세상에서 가장 귀한 것이 음악이라고 생각합니다. 과학자는 과학이라고 생각합니다. 경제인은 재력이라고 생각합니다. 종교인은 신앙이라고 생각합니다.

사람들은 자기의 관심·취미·목적·꿈에 따라 인생의 가장 귀한 것을 결정합니다. 또 자기가 가장 귀하게 여기는 것을 위해 시간과 물질과 정력을 쏟으며 바쁘게 살아갑니다. 그 결과 석가모니를 통해서 불교가 생겨났고, 에디슨을 통해서는 현대 문명이 나타났습니다. 그리고 헨델을 통해서 메시아 합창곡이 작곡되었습니다. 이처럼 사람마다 자기가 추구하는 그 무엇에 자신의 생애를 투자함으로써 오늘의 문명·문화 사회가 생겨난 것입니다.

그러나 심판의 그날이 오면 자연 만물과 인류 역사의 자취는 영원 속으로 사라져 버릴 것입니다.

그렇다면 무엇이 이 세상에서 가장 귀한 것일까요? 해답은 하나뿐입니다. 그것은 영원불변의 진리입니다. 그 진리가 무엇이며 또한 그 진리가 어디에 있겠습니까?

그 진리는 곧 영원불변하시는 하나님의 말씀이며, 또한 이 말씀은 성경 속에 기록되어 있습니다. 성경은 영원불변의 책이며 보화 중의 보화이며 진리 중의 진리로서 그 생명이 다함이 없을 것입니다.

첫째, 왜 성경 진리가 가장 귀한 것일까요?

- 영원불변하시는 하나님의 말씀이기 때문입니다.

역사의 흐름과 더불어 모든 인간사는 하나의 자취만을 역사 속에 남겨 놓았습니다. 그러나 하나님의 말씀은 영원불변의 진리이기에 역사 속에 살아 있어 역사의 방향과 흐름을 주도해 나갑니다. 이렇듯 새로운 역사를 창출해 가는 하나님의 말씀인 성경은 그 무엇과도 비교할 수 없는 값진 보화입니다.

- 인생과 신앙의 삶에 표준이 되기 때문입니다.

정오를 기준으로 오전과 오후로 나뉩니다. 지구의 적도를 기준으로 북위와 남위로 나뉩니다. 온도계의 0℃를 기준으로 영하와 영상으로 나뉩니다.

마찬가지로 인생과 신앙의 기준은 성경 진리입니다. 성경을 기준으로 참된 삶과 그릇된 삶으로 나뉩니다. 또 성경 진리를 기준으로 참된 신앙과 거짓된 신앙이 나누어집니다. 그러므로 성경 진리 없이는 아무도 참된 삶, 참된 신앙의 삶을 영위할 수 없습니다. 그것은 성경진리만이 인생의 옳고 그름을 가르쳐 주고, 신앙의 바른 길과 거짓된 길을 가르쳐 주기 때문입니다.

그러므로 성경 진리는 인생의 노정표와 같습니다. 바른 인생을 가리키는 성경 진리를 따라가기만 하면 반드시 형통한 인생길이 열리게 됩니다. 또 누구든지 참된 신앙을 가르치는 성경 진리를 좇아가기만 하면 반드시 풍요로운 삶을 영위할 수 있게 됩니다.

"이 율법책을 네 입에서 떠나지 말게 하며 주야로 그것을 묵상하여 그 가운데 기록한 대로 다 지켜 행하라 그리하면 네 길이 평탄하게 될 것이라 네가 형통하리라"(수 1:8).

둘째, 성경 진리에 대한 그리스도인의 신앙자세는 어떠해야 할까요?

• 성경 진리의 말씀을 날마다 들어야 합니다.

반복적으로 듣는다는 것은 매우 중요한 의미가 있습니다. 날마다 성경 말씀을 듣는 동안 믿음이 성장해 가기 때문입니다.

"믿음은 들음에서 나며 들음은 그리스도의 말씀으로 말미암았느니라"(롬 10:17).

"바울이 그들을 떠나 제자들을 따로 세우고 두란노 서원에서 날마다 강론하여 이같이 두 해 동안을 하매 아시아에 사는 자는 유대인이나 헬라인이나 다 주의 말씀을 듣더라"(행 19:9-10).

'다 주의 말씀을 듣더라'는 의미는 그 믿음이 성숙했음을 보여 주는 것입니다. 갓난아이에게 날마다 여러 차례 젖을 먹이면 키가 부쩍 자라는 것을 보게 됩니다. 마찬가지로 믿음이 어린 성도들에게 날마다 하나님 말씀을 들려주면 믿음이 속히 성장하게 됩니다.

• 성경 진리 말씀을 주야로 묵상해야 합니다.

소는 먹은 음식물을 항시 되새김질합니다. 그리하여 그 음식물을 잘 소화시켜 체내에 흡수하므로 성장하며 건강을 유지하게 되는 것입니다. 마찬가지로 성도들은 듣고 깨달은 말씀을 날마다 묵상하여 그 말씀 속에 담겨 있는 진리를 확신하고 행동적 신앙으로 나타내야만 합니다.

"베뢰아 사람은 데살로니가에 있는 사람보다 더 신사적이어서 간절한 마음으로 말씀을 받고 이것이 그러한가 하여 날마다 성경을 상고하므로 그중에 믿는 사람이 많고"(행 17:11-12). 여기서 '믿는 사람'이란 진리를 더 깊이 깨닫고 큰 확신의 믿음을 가진 사람을 의미합니다.

"내가 주의 법을 어찌 그리 사랑하는지요 내가 그것을 종일 묵상하나이다"(시 119:97). 여기서 '묵상'이란 단어의 의미는 무엇이겠습니까? 묵상이란 말씀의 뜻을 깊이 생각해 보고 그 뜻을 음미하며 그 중에 깨달은 진리를 마음에 새기는 것을 말합니다.

❋ 그렇다면 주야로 주의 말씀을 묵상하는 사람은 누구입니까?

첫째, 하나님을 절대 신뢰하는 사람입니다. 하나님이 유일신 또는 절대자이심을 신뢰하는 사람입니다. 하나님 없이는 잠시도 살 수 없는 인생임을 절감한 사람입니다. 이렇듯 하나님을 신뢰하는 성도는 하나님만을 바라봅니다. 하나님 말씀만을 경청합니다. 마치 해바라기가 해를 따라 돌듯이 하나님을 전적으로 신뢰하는 사람은 하나님의 말씀만을 좇아갑니다.

둘째, 주님을 사랑하는 사람입니다. 어머니를 신뢰하고 사랑하는 아들은 어머니의 말씀도 마음 깊이 새기고 간직합니다. 이처럼 주님을 사랑하는 사람은 주의 말씀을 마음 깊이 새기고 주야로 묵상합니다. 따라서 주의 말씀을 깊이 묵상할수록 그 맛이 더욱 달고 그 믿음이 더욱 깊어지는 것입니다.

"내가 주의 법도를 묵상하며 주의 도에 주의하며 주의 율례를 즐거워하며 주의 말씀을 잊지 아니하리이다"(시 119:15-16).

셋째, 성경 진리의 말씀을 좇아 사는 사람입니다. 주의 말씀은 절대적 명령입니다. 누구든지 이 명령을 듣고 지키면 생존하고 번영하지만, 만일 듣고도 지키지 아니하면 반드시 망하게 됩니다.

"보라 내가 오늘날 생명과 복과 사망과 화를 네 앞에 두었나니… 네 하나님 여호와를 사랑하고 그 모든 길로 행하며 그 명령과 규례와 법도를 지키라 하는 것이라 그리하면 네가 생존하며 번성할 것이요… 그러나 네가 만일 마음을 돌이켜 듣지 아니하고… 반드시 망할 것이라"(신 30:15-18).

성경에서 우리는 하나님의 명령을 좇아 행한 자들을 찾아 볼 수 있습니다. 노아는 120년 동안 하나님 명령을 좇아 방주를 지어 구원을 받았습니다. 아브라함은 하나님 명령을 좇아 이삭을 드림으로 믿음의 조상이 되었습니다. 모세는 하나님 명령을 좇아 애굽으로 내려가므로 출애굽의 위대한 지도자가 되었습니다. 여호수아는 하나님 명령을 좇아 가나안을 정복함으로 이스라엘의 위대한 지도자가 되었습니다. 바울은 하나님 명령을 좇아 선교 사역을 감당함으로 오늘날의 기독교를 이룩한 밑거름이 되었습니다. 이처럼 하나님 명령을 마음에 받아 묵상하고 좇아 행하는 사람은 위대한 하나님의 영광을 나타내는 하나님의 사람이 되는 것입니다.

주의 말씀은 내 인생 길에 이정표입니다. 모든 길에는 목적지를 가르쳐 주는 이정표가 곳곳에 세워져 있습니다. 이처럼 인생길을 걷는 우리 모두에게 주의 말씀은 이정표가 되는 것입니다. 이정표가 가리키는 방향을 좇아 행하는 자는 길 잃을 염려가 없습니다. 자신의 미래에 대하여 불안해할 이유도 없습니다. 내 인생의 이정표는 오직 주의 말씀뿐입니다. 주의 말씀은 나를 천국으로 인도해 줍니다. 주의 말씀은 나를 가나안 복지로 인도해 줍니다.

"주의 말씀은 내 발에 등이요 내 길에 빛이니이다"(시 119:105).

주의 말씀은 나를 복되게 하는 보증 수표입니다. 주의 말씀을 좇아 행한 결과는 축복입니다. 아브라함은 하나님의 말씀을 좇아 행하여 복을 받아 이스라엘의 조상이 되었습니다(창 12:1-4, 24:1).

"복 있는 사람은… 오직 여호와의 율법을 즐거워하여 그 율법을 주야로 묵상하는 자로다 저는 시냇가에 심은 나무가 시절을 좇아 과실을 맺으며 그 잎사귀가 마르지 아니함 같으니 그 행사가 다 형통하리로다"(시 1:1-3).

 5. 성경 기록의 목적
-딤후 3:16-17

이 세상에는 영원한 불후의 명작이 단 한 권 있습니다. 세계에서 가장 많이 팔리는 책, 가장 많은 사람들이 애독하는 책 곧 성경입니다.

성경은 인도 캘커타의 성녀 테레사를 배출했습니다. 성경은 미국 대통령 에이브러햄 링컨을 배출했습니다. 성경은 노벨 평화상의 슈바이처를 배출했습니다. 성경은 만민 평등의 민주사회를 실현시켰습니다. 그리고 성경은 21세기의 찬란한 문명과 문화를 꽃 피운 씨앗이며 밑거름입니다. 따라서 성경은 인류 역사가 존재하는 한 영원한 불후의 명작으로서 인류와 더불어 인간에게 가장 많이 사랑받는 책으로 길이 남을 것입니다.

그렇다면 성경은 어떤 책이며 또한 성경 기록의 목적은 무엇이겠습니까?

첫째, 성경은 하나님의 유기적 감동으로 기록된 하나님의 말씀입니다.

세상의 모든 책은 그 저자의 지혜와 지식·체험·종교·사상 등을 글로서 표현해 놓은 인간의 글입니다. 그러나 성경은 신의 감동을 입은 자들이 기록해 놓은 신의 말씀입니다.

"모든 성경은 하나님의 감동으로 된 것으로"(딤후 3:16).

"예언은 언제든지 사람의 뜻으로 낸 것이 아니요 오직 성령의 감동하심을 입은 사람들이 하나님께 받아 말한 것임이니라"(벧후 1:21).

- 성경은 영원불변의 진리입니다.

이 세상에 존재하는 모든 것이 다 변합니다. 강산도 변하고 인간의 모습도 변합니다. 이를 일컬어 역사의 변천이라는 표현을 쓰기도 합니다. 그러나 단 한 가지 하나님의 말씀만은 변하지 않습니다. 그것은 하나님만이 영원불변하시기 때문입니다.

"모든 육체는 풀과 같고 그 모든 영광이 풀의 꽃과 같으니 풀은 마르고 꽃은 떨어지되 오직 주의 말씀은 세세토록 있도다"(벧전 1:24-25).

"천지는 없어지겠으나 내 말은 없어지지 아니하리라"(마 24:35).

- 성경은 살아 있는 현재성인 말씀입니다.

사람의 말은 시간의 흐름에 따라 변질되고 사라져 버립니다. 또한 사람의 말은 상황변화에 따라 희석되어지고 달라지지만 하나님 말씀만은 언제나 살아 역사하시는 현재성을 지녔습니다.

"하나님의 말씀은 살았고 운동력이 있어 좌우에 날선 어떤 검보다도 예리하여 혼과 영과 및 관절과 골수를 찔러 쪼개기까지 하며"(히 4:12).

- 성경은 믿는 자 속에서 오늘도 역사하는 하나님의 말씀입니다.

사람의 모든 말은 교훈과 감동을 주며 마음의 결단과 도전하는 계기를 마련해 줍니다. 그러나 사람의 말은 어디까지나 글로써 남게 될 뿐

인간의 운명을 바꾸어주는 동력은 그 속에 존재하지 않습니다. 그러나 살아 역사하시는 하나님의 말씀은 오늘도 그 말씀을 믿는 자 속에서 기적을 창출하는 역사를 일으킵니다.

"너희가 우리에게 들은바 하나님의 말씀을 받을 때에 사람의 말로 아니하고 하나님의 말씀으로 받음이니 진실로 그러하다 이 말씀이 또한 너희 믿는 자 속에서 역사하느니라"(살전 2:13).

둘째, 성경의 중심은 예수 그리스도이십니다.

성경 속에는 수많은 인명과 지명, 그리고 역사적 사실들이 기록되어 있습니다. 창조와 믿음의 족장들의 이야기, 이스라엘 국가의 형성과 역사, 교회의 발자취, 신앙적 교훈과 예언의 말씀으로 성경은 꾸며져 있습니다. 그러나 성경을 깊이 관찰해 보면 그 중심이 예수 그리스도이심을 명확히 알 수 있습니다.

"너희가 성경에서 영생을 얻는 줄 생각하고 성경을 상고하거니와 이 성경이 곧 내게 대하여 증거하는 것이로다"(요 5:39).

성경은 곧 예수 그리스도를 증거하기 위하여 기록된 하나님의 말씀입니다. 그러므로 성경 66권을 요약해서 한 절을 뽑는다면 요한복음 3장 16절이라고 말할 수 있습니다.

예수 그리스도는 성경의 중심입니다.

성경 66권을 망원렌즈로 조명해 보면 두 큰 산맥으로 이루어져 있음을 쉽게 볼 수 있습니다. 하나는 구약 성경이고 또 다른 하나는 신약 성경인데 그 중심에 예수 그리스도로 통일되어 있음을 알 수 있습니다. 구약 성경은 장차 메시아를 보내 주겠으니 저를 믿어 구원받으라는 언약의 책입니다. 신약 성경은 구약의 말씀대로 이 땅에 오신 메시아 예수 그리스도에 관한 언약의 책입니다. 이미 메시아를 보내 주었으니 저를 믿어 구원받으라는 언약의 말씀이 신약의 내용입니다.

예수 그리스도는 인류 역사의 중심입니다.
사람마다 그 전공분야에 따라 역사를 보는 관점이 서로 다른 것을 보게 됩니다. 군인은 역사를 전쟁사로 구분하고, 정치인은 역사를 정치사로 구분합니다. 또한 역사학자는 역사를 고대·중세·현대로 구분하고, 종교인은 역사를 종교사로 구분합니다. 이에 반해 기독교는 역사를 예수 그리스도를 중심하여 기원전과 기원후로 나누어 구분합니다.
예수 그리스도는 인류 역사의 중심이시며 또한 역사를 주관 섭리하시는 절대자이십니다.

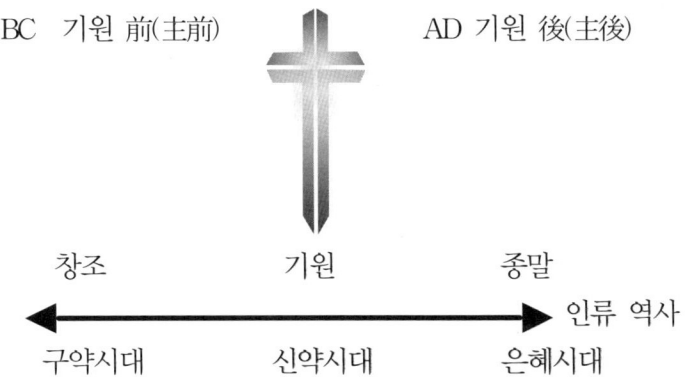

셋째, 성경 기록의 목적은 무엇입니까?

모든 책마다 다 그 기록의 목적이 있습니다. 모든 종교는 각기 자기 종교의 진리를 전할 목적으로 경전을 기록합니다. 위인들의 전기는 그 사람의 위대한 업적을 기리기 위한 목적으로 책을 저술합니다. 이처럼 모든 책마다 다 그 기록의 목적이 있다면 성경기록의 목적은 무엇이겠습니까?

"오직 이것을 기록함은 너희로 예수께서 하나님의 아들 그리스도이심을 믿게 하려 함이요 또 너희로 믿고 그 이름을 힘입어 생명을 얻게 하려 함이니라"(요 20:31).

성경 기록의 목적은 '구원'이라는 두 글자로 함축되어 있으며 구원은 두 가지로 분류됩니다.

- 내세 구원이 있습니다.

사람은 누구나 다 원죄에 동참했기 때문에 지옥에 갈 운명으로 출생하는 것입니다. 여기서 원죄란 아담이 선악과를 따먹음으로 하나님과의 행위계약을 파기한 죄를 일컫는 것입니다.

"이러므로 한 사람으로 말미암아 죄가 세상에 들어오고 죄로 말미암아 사망이 왔나니 이와 같이 모든 사람이 죄를 지었으므로 사망이 모든 사람에게 이르렀느니라"(롬 5:12).

예수 그리스도께서 십자가에 못 박혀 대속의 피를 흘려야 했던 그 이유가 바로 여기에 있습니다. 따라서 예수 그리스도의 죽음이 나를 위한 대속의 죽음임을 믿는 자는 죄를 용서받고 구원을 얻습니다(요 3:16).

"그런즉 한 범죄로 많은 사람이 정죄에 이른 것같이 의의 한 행동으로 말미암아 많은 사람이 의롭다 하심을 받아 생명에 이르렀느니라 한 사람의 순종치 아니함으로 많은 사람이 죄인 된 것같이 한 사람의 순종하심으로 많은 사람이 의인이 되리라"(롬 5:18-19).

내세 구원은 단 한 번 예수 그리스도의 십자가 진리를 믿음으로 확정되는 것입니다. 출애굽 당시 문설주에 유월절 어린양의 피를 바른 사람마다 구원이 보장되었습니다. 이처럼 예수님의 십자가 진리를 믿는 자마다 구원이 보장되는 것입니다. 구원은 율법 준수나 도덕적 삶과는 무관합니다. 성령의 역사로 십자가 진리를 믿어 하나님께 의롭다 칭함을 받음으로 구원이 확정되는 것입니다. 구원의 증표로 하나님께서는 우리에게 성령을 보내 주셨습니다. 따라서 구원은 취소되지 않습니다.

"너희 속에 착한 일을 시작하신 이가 그리스도 예수의 날까지 이루실 줄을 우리가 확신하노라"(빌 1:6).

- 현세 구원이 있습니다.

우리가 예수를 믿어 영적 구원은 받았지만 현재 마귀가 지배하고 다스리는 이 세상에 살고 있는 것입니다. 따라서 고난과 시련이 올 때마다 대속주 되신 예수 그리스도를 믿음으로 승리케 되며 풍성한 삶을 누리게 되는 것입니다.

"내가 온 것은 양으로 생명을 얻게 하고 더 풍성히 얻게 하려는 것이라"(요 10:10).

✲ 예수님의 십자가 진리를 믿으면 다음과 같은 풍성한 삶을 얻습니다.

첫째, 영적 풍성함입니다. 생수의 강이 흘러넘치는 영적 만족이 주어집니다.

"초막이나 궁궐이나 내 주 예수 모신 곳이 그 어디나 하늘나라."

둘째, 심적 풍성함입니다. 십자가의 진리를 믿는 자들에게는 참 평안과 참 자유가 주어집니다.

"수고하고 무거운 짐진 자들아 다 내게로 오라 내가 너희를 쉬게 하리라 나는 마음이 온유하고 겸손하니 나의 멍에를 메고 내게 배우라 그러면 너희 마음이 쉼을 얻으리니 이는 내 멍에는 쉽고 내 짐은 가벼움이라 하시니라"(마 11:28-30).

셋째, 육체적 풍성함입니다.

"내 이름을 경외하는 너희에게는 의로운 해가 떠올라서 치료하는 광선을 발하리니 너희가 나가서 외양간에서 나온 송아지 같이 뛰리라"(말 4:2).

넷째, 물질적 풍성함입니다.

"우리 주 예수 그리스도의 은혜를 너희가 알거니와 부요하신 자로서 너희를 위하여 가난하게 되심은 그의 가난함을 인하여 너희로 부요케 하려 하심이니라"(고후 8:9).

 ## 6. 성경과 신앙의 관계성
-딤후 3:16-17

성경은 신앙과 삶의 표준이 되는 하나님의 말씀입니다. 그러므로 성경을 일컬어 '정경(CANNON)'이라 부릅니다. 성경은 진리로 가득 찬 보고이고, 신앙과 인생의 삶에서 노정표가 되어 줍니다.

성경은 고대부터 현대에 이르기까지 종교와 사상을 초월하여 인류의 가장 큰 관심과 사랑을 받는 책입니다. 이 세상에서 성경보다 더 귀한 책은 없습니다. 성경은 크리스천에게는 보화 중의 보화입니다. 더욱이 인쇄술이 발달하기 전, 사람의 손으로 성경을 베껴 쓸 당시에는 성경이야말로 천금을 주고도 살 수 없는 가장 값진 보화였습니다.

성경은 하나님 말씀이며 따라서 신앙과 행위의 표준이 되는 말씀이기에 많은 사람들이 성경을 사랑하며 그 말씀을 사모하는 것입니다. 따라서 많은 그리스도인들이 날마다 성경을 읽고 암송하며, 설교나 강론을 듣기에 힘쓰고 있습니다. 그런데도 대다수 크리스천의 삶 속에 혁신적인 변화가 왜 일어나지 않을까요? 그 해답은 성경과 신앙의 삶의 불일치라 말할 수 있습니다. 즉, 성경에 기록된 노정표가 가리키는 대로 신앙적 삶을 영위하지 않기 때문입니다.

✵ 성경과 불일치한 크리스천 신앙생활의 문제점은 어디에 있을까요?

첫째, 신앙의 바탕이 샤머니즘적 성향을 띠고 있기 때문입니다.

이슬람교도들 중 상당수가 코란경의 내용을 모르면서도 코란경 자체를 신성시합니다. 이런 현상은 자기가 믿고 있는 종교가 지닌 진리보다 종교의식에 치중하여 나타난 결과입니다. 여기서 말하는 종교의식이란 예배 행위를 가리킵니다. 즉, 이슬람교는 몇몇 성직자들만 코란경의 내용을 알 뿐 일반 신도들은 지도자의 가르침에 따라 종교의식(예배행위)에만 열중할 뿐입니다. 그들이 성전에 가는 것은 코란경을 듣고 배워 진리에 입각한 신앙을 가지려는 것이 아닙니다. 단지 그들의 종교 예법에 따라 하루에 다섯 번씩 발을 씻고 성전에 들어가 마루에 엎드려 절하는 것이 그들 신앙의 전부라고 말할 수 있습니다.

불교도 예외일 수 없습니다. 불교도 역시 불경의 가르침보다는 불교 예배 의식에 치중함을 볼 수 있습니다. 불교인들에게 부처를 섬기는 정기적인 예배 시간이 있을까요? 없습니다. 단지 일 년에 몇 번 정도 기념행사가 있을 뿐입니다. 그렇다면 불교인들의 신앙이란 무엇입니까? 사찰에 안치된 불상 앞에 가서 불교 예법대로 절하고 탑돌이를 하며 연꽃을 불상 앞에 바치고 자기 소원을 아뢰는 것입니다.

그렇다면 천주교(로마 가톨릭)나 러시아 정교회는 어떻습니까?

종교개혁 이래 약간의 변화가 있었으며 근대에 이르러 성경을 신도들에게 개방하였습니다. 그러나 타종교와 마찬가지로 그들 역시 성경 진리가 아닌 예배 의식이 중심이 되는 종교임을 부인할 수는 없습니다.

2천 년이란 긴 세월 동안 천주교는 오로지 종교 의식으로서의 미사가 예배 중심이었습니다. 그러나 근세에 이르러 기독교 부흥에 자극받아 미사 시간에 말씀 강론 순서를 넣게 되었습니다. 그러나 그들의 말씀 강론이란 성경 진리가 아닌 성경 지식 수준에 그치고 있습니다. 마리아 상 앞에서의 기도, 불교와 같이 묵주 알을 손으로 돌리며 축복을 기원하는 신앙, 또 십자가나 성현들의 유해나 유물을 숭상하는 행위 등이 모든 것이 타종교와 무엇이 다르겠습니까? 더욱이 천주교 수녀들과 원불교 수녀들이 함께 불가를 찬미하고 성가를 찬미하는 것은 무엇을 말해 줍니까? 천주교는 타종교를 인정하고 있는 것입니다.

이렇듯 모든 종교의 예배 의식과 그 신앙 형태를 살펴볼 때 다음과 같은 결론을 얻을 수 있습니다. 기독교 외의 모든 종교는 샤머니즘적 신앙 형태를 지니고 있습니다. 각 종교마다 그 경전의 가르침을 좇기보다는 우상숭배적 신앙 색체가 더 지배적입니다. 이를 일컬어 샤머니즘적 신앙이라 말합니다.

진정한 종교는 신앙의 대상이 어떤 물체가 아닌 신(神)이어야 합니다. 또 신앙의 형태는 그 신의 말씀에 입각하여 나타나야 합니다.

이로 미루어 볼 때 기독교만이 유일신 하나님을 섬기고 또 하나님의 말씀이 담긴 성경에 입각하여 예배 의식과 신앙 형태가 나타나고 있습니다. 그러나 그리스도인 중 상당수가 성경에 대하여 무지하기 때문에 타종교인과 마찬가지로 샤머니즘적 성향의 기독교 신앙을 지니고 있는 것을 볼 수 있습니다.

예를 들어 보겠습니다. 어려운 상황에 직면했을 때 성경이나 십자가를 품에 품고 자는 성도들이 있습니다. 부흥 집회시 맨 앞자리에 앉으면 더 큰 은혜를 받으며, 신비한 은사를 체험한다고 생각하는 성도들이 있습니다. 성지 순례시 예수님이 탄생하신 장소, 빈 무덤, 승천하실 때 남긴 발자국 등을 손으로 어루만지며 감상에 빠져드는 성도들이 있습니다. 위급할 때 주기도문을 외우며 천사들이 도와줄 것을 간구하는 성도들이 있습니다. 자녀의 진학 문제, 남편의 사업 문제를 가지고 기도원을 습관적으로 찾아가 금식 기도하는 성도들이 있습니다. 자선 사업을 통해 과거의 많은 죄를 탕감받으려는 성도들이 있습니다. 교회를 열심히 섬기면 하나님께서 그 공로를 보시고 자신과 가정에 복을 주시리라고 믿는 성도들이 있습니다.

크리스천들의 이러한 신앙 행위가 샤머니즘 성향을 지닌 타종교와 무엇이 다르겠습니까? 단지 종교 구역이 다를 뿐입니다. 이렇듯 비성경적 범주 안에 속해 있는 한, 하나님께서는 결코 그들에게 나타나실 수 없으며 또한 그들의 신앙의 삶은 결코 변할 수 없습니다. 신앙 성장과 운명의 변화는 반드시 하나님의 말씀인 성경에 근거해야 함을 우리는 잊지 말아야 할 것입니다.

둘째, 성경과 불일치한 신앙생활은 성경 진리에 대한 무지 때문입니다.

한국 교회와 성도들은 성경에 대한 관심과 애착이 타민족에 비해 유별나게 강합니다. 각 교회마다 성도들에게 성경을 많이 읽도록 장려합니다. 매주 구역 예배시 구역원들이 성경 읽는 절수를 점검하여 교회에 보고합니다. 또 그 보고한 것을 주보에 실어 모든 성도들이 성경을 더 많이 읽을 것을 장려하기도 합니다. 그리고 연말에는 성경을 가장 많이 읽은 성도들에게 푸짐한 시상을 하여 기쁨과 명예를 얻게 하는 것이 전형적인 한국 교회의 모습입니다.

이런 전통이 한국 기독교인들에게 어떤 영향을 미쳤을까요? 성경을 무조건 많이 읽는 것이 하나님 앞에 신앙 공적을 쌓는 일이라는 그릇된 인식을 심어 주었습니다. 성경을 읽는 것은 성도의 의무라고 가르쳤기 때문에 정해진 분량만큼 성경을 읽으면 그만큼 의로워졌다고 생각합니다. 반면 정해진 분량만큼 성경을 읽지 못하면 그날은 자신이 죄인이라는 느낌으로 하루를 보냅니다. 성경에 관한 많은 지식이 자신의 신앙을 나타낸다고 착각하고 있습니다.

❋ 이렇듯 성경에 대한 지식과 신앙생활 사이의 균형이 제대로 이

루어지지 않은 많은 크리스천들에게 기형적인 신앙모습이 나타납니다.

첫째, 신념적 신앙으로 굳어진 신자가 있습니다. 이러한 사람은 천국은 영혼만 간다고 생각합니다(육체의 부활을 믿지 않는 경우). 예수님은 AD 2000년 전에 반드시 오신다고 믿기도 하고(세대주의자의 신념), 천국에는 신앙 공적을 많이 쌓은 자를 위해 투명의 아파트가 준비되어 있다고 생각합니다(다미 선교회 신봉자들).

둘째, 기복 신앙으로 굳어진 신자가 있습니다. '나는 주님의 교회를 위해 열심히 일했고 헌금도 많이 드렸으니, 하나님께서는 내 소원을 들어주시고 복을 주실 것이다.'라고 믿는 사람들입니다. 이런 사람들의 신앙생활은 복을 받기 위한, 소원 성취를 위한 신앙임을 알 수 있습니다. 복을 받기 위한 기도, 소원 성취를 위한 헌금, 경제적 축복을 위한 자선사업 등으로 채워진 신앙생활은 전부 현세적 삶의 형통과 복으로 일관되어 있습니다.

"우리가 세상에 아무것도 가지고 온 것이 없으매 또한 아무것도 가지고 가지 못하리니 우리가 먹을 것과 입을 것이 있은즉 족한 줄로 알 것이니라"(딤전 6:7).

셋째, 성경과 불일치한 신앙생활은 신비적 신앙 성향 때문입니다.

1970년대는 한국 기독교가 신비적 성향으로 나아가던 때입니다. ○○교회, ○○기도원 등지에서 시작된 성령 은사 집회는 한국 전역으로 번져 나갔습니다. 그리하여 영적 갈증을 느낀 크리스천이라면 누구나 한두 번쯤 이들 기도원에 다녀온 후, 그곳에서 받은 은사를 자랑한 적이 있을 것입니다. 방언 은사를 받지 못하면 성령을 받지 못한 신자라 하여 기도원 행렬이 장사진을 이루었던 진풍경이 연출된 적도 있었습니다.

그 당시 기도원에 가서 직접 목격한 것을 이야기하려고 합니다. 기도원에 모인 신자들 중에는 참회의 기도와 성령 은사에 대한 열망으로 인해 기도 중 방언이 터지고 신비의 체험을 하는 이들도 많이 있었습니다. 그러나 문제는 신비의 체험을 하지 못한 신자들이었습니다. 기도원에서는 이들을 따로 모으고 인위적으로 방언을 하도록 훈련시켰습니다.

기도원 은사자가 다음과 같이 명령합니다. "모두 입을 크게 열고 할렐루야를 계속 외치십시오!" 그 자리에 모인 신자들이 있는 힘을 다해 할렐루야를 외칩니다. 잠시 후 은사자의 명령이 떨어집니다. "더 빨리 더 크게 할렐루야를 외치십시오!" 그 명령이 떨어짐과 동시에 입에서 나가는 따발총 소리가 방 안에 진동합니다. 드디어 방언이 터졌습니다. "할렐루야!"의 외침이 계속되다 보니 어느새 "랄랄랄랄…"을 외치며 신비 속으로 빠져 듭니다. 이리하여 인조 방언이 세상에 태어난 것입니다.

그 이후부터 전국 각지에 기도원들이 우후죽순처럼 생겨나게 되었습니다. 이러한 성령 은사 집회가 큰 성황을 이루었고, 장래를 점쳐 주는 거짓 예언자들이 번성하게 되었습니다. 그리하여 1970년대 한국 교회에는 신비주의의 꽃이 활짝 피어나 신비적 신앙의 전성기를 이루게 된 것입니다.

그러나 그로부터 30여 년이 지난 지금, 그 시절의 모습은 역사의 뒤안길로 사라져 버리고 또 다른 형태의 신앙 물결이 끊임없이 밀려오고 있습니다. 마치 봇물이 터지듯 끊임없이 쏟아 내는 그리스도 이름의 각종 세미나가 있습니다. 또 시대적 사명감을 가지고 모이는 각기 다른 모습의 여러 기독교 단체와 집회가 있습니다.

이단대책협의회, 개혁을 위한 집회, 민족을 위한 종교 단체…. 그러나 이러한 기독교 세미나와 집회들이 과연 초대 교회의 모습과 디아스포라들의 순교적 사명을 되찾게 할 수 있을까요?

제6부

참 예수 제자

1. 오직 너 하나님의 사람아! ▶ 219
2. 사명적 삶 ▶ 224
3. 주님의 사람 ▶ 228
4. 참 예수 제자의 자격 ▶ 232

1. 오직 너 하나님의 사람아!
-딤전 6:11-12

"오직 너 하나님의 사람아!"
2천 년 전 사도 바울이 믿음의 아들 디모데에게 들려 준 이 한 마디가 시공을 초월하여 오늘 나의 귓전에 들리는 듯 생생하게 느껴져 오기만 합니다. "오직 너 하나님의 사람아!" 이 한 마디의 말씀이 내 마음 깊은 곳까지 거친 파문의 물결이 되어 부딪치는 순간, 망각에서 깨어나듯 잃어버렸던 내 영적 모습을 되찾게 해 주었습니다.

"오직 너 하나님의 사람아!" 이 한마디 말씀은 잠시 흐려져 있었던 나 자신의 모습과 내 신분이 선명하게 드러나도록 씻어 주었습니다. 하나님의 사람! 그렇습니다. 내 신분은 하나님의 사람입니다. 하나님께서 나를 향해 부르시는 내 이름이 하나님의 사람입니다.

1980년도 말 어느 주일 밤이었습니다. 그날 하루 종일 교회에 나가 하나님을 섬기고 충성을 다한 후 집으로 돌아오는 길이었습니다. 문득 내 심령 깊은 곳에서 떠오르는 한 말씀이 나를 사로잡았습니다.

"너는 하나님의 사람이다!" 그 순간 나도 모르게 이렇게 중얼거렸습니다. "맞아! 나는 하나님의 사람이야!" 몇 번이고 이 말을 되뇌었습니다. 그 후 오랜 세월이 지나도록 나는 그 밤에 들려졌던 성령의 음성을 잊지 않았습니다. 바로 그 말씀 "너 하나님의 사람아!" 이 말씀이 지금 나로 하여금 20년 전 그 밤으로 돌아가게 해 줍니다. 그렇습니다. 나는 하나님의 사람입니다. 하나님께 속한 사람입니다. 나는 하나님의 것이 되어 버린 사람입니다. 그러므로 하나님을 떠나서는 존재할 수도 없고, 또 하나님 없이 아무 일도 할 수 없는 전적으로 무능한 존재라는 것을 절감합니다. 참으로 하나님은 내 생명의 원천이시며 내 삶의 전부이십니다.

"너 하나님의 사람아!" 지금 이 시간도 내 마음 깊은 곳에서 끊임없이 솟아오르는 이 말씀으로 인해 내 심장이 멎어 버리는 것 같고, 전신이 하나님의 신으로 충만해지는 것을 느껴봅니다.

하나님의 사람이란 말은 주로 구약시대 하나님의 선지자들을 가리켜 사용되었습니다. 하나님의 사람으로 불려졌던 사람들은 모세·사무엘·엘리야·엘리사 등이며, 신약에 와서는 단 한 번 바울이 디모데에게 하나님의 사람이라 칭하였을 뿐입니다.

✤ 그렇다면 어떠한 사람을 하나님의 사람이라고 부를까요?

첫째, 하나님이 지명하여 부르신 자입니다

"모세야!" 호렙산 밑에서 하나님은 모세를 부르셨습니다. 이렇듯 직접 또는 간접적으로 하나님이 지명하여 부르신 자들을 하나님의 사람이라 부릅니다.

하나님의 부르심은 주권적 부르심입니다.

다시 말해, 하나님께서 원하시는 대로 원하는 사람을 지명하여 부르시는 것입니다. 오늘도 하나님께서 원하시는 사람을 원하시는 시간과 장소에서 부르십니다. 마태를 세관에서 부르셨고, 사울을 다메섹 도상에서 부르셨습니다.

하나님의 부르심은 후회함이 없는 부르심입니다. 사람은 지혜가 부족하여 자기가 결정한 일에 대하여 종종 후회하며 탄식할 때도 있지만,

하나님은 전지하시므로 하신 일에 대하여 결코 후회하지 않으십니다.

"하나님의 은사와 부르심에는 후회하심이 없느니라"(롬 11:29).

"하나님은 인생이 아니시니 식언치 않으시고 인자가 아니시니 후회가 없으시도다 어찌 그 말씀하신 바를 행치 않으시며 하신 말씀을 실행치 않으시랴"(민 23:19).

둘째, 하나님의 말씀을 받아 지닌 자입니다.

하나님은 부르신 모든 자들에게 하나님의 성신을 충만히 부어 주셨습니다. 엘리사도 하나님의 부르심을 받았을 때 하나님의 신에 감동되었습니다. 이처럼 하나님이 부르신 자들에게 성신을 부어 주심은, 그가 받은 하나님의 말씀을 하나님의 백성들에게 선포하고 가르치게 하기 위함이었습니다. 엘리사의 겉모습은 평범했지만, 그는 지혜의 말씀과 능력으로 충만한 하나님의 사람이었습니다. 그러므로 그가 말할 때는 언제나 자기 스스로 말하지 않고 반드시 "여호와의 말씀이 이러하니라" 하고 선포하였습니다(왕하 9:1-3).

어디 그뿐이겠습니까? 하나님의 사람 엘리야는 하늘을 닫아 3년 6개월 동안 비가 오지 않게 했으며, 하늘에서 불이 내려 제단의 제물을 불태우기도 했습니다. 하나님의 사람 모세가 홍해가 갈라지도록 명했을 때 홍해가 갈라졌고, 또 바위가 갈라져 물이 솟아나도록 명했을 때 바위에서 물이 솟아났습니다. 하나님의 사람 여호수아는 기브온 상공의 해와 아얄론 골짜기 위에 뜬 달을 향해 멈추라 명했을 때 그대로 되어 해와 달이 멈추는 기적이 일어났습니다. 이처럼 성경에는 하나님의 사람들이 행한 초자연적 이적으로 가득 차 있습니다. 그것은 하나님의 사람들의 입에서 나가는 말이 곧 하나님의 능력의 말씀이기 때문입니다.

셋째, 하나님께로부터 사명을 받아 행하는 자입니다.

하나님께서 하나님의 사람들을 부르시고 하나님의 신을 그들에게 부어 주시며 하나님의 말씀을 그들 입에 주심은, 하나님의 일을 행하게 하려는 목적에서 비롯된 것입니다. 하나님께서 모세를 부르셔서 능력을 부어 주심은 이스라엘 민족을 애굽에서 구출하여 가나안으로 인도하는 사명을 위해서였습니다. 이와 같이 모든 하나님의 사람들에게는 각기 다른 사명이 부여되었음을 찾아볼 수 있습니다.

여호수아에게는 가나안 정복의 사명을, 사사들에게는 이스라엘 백성을 구원하는 사명을, 다윗과 솔로몬에게는 이스라엘 백성을 통치하는 사명을, 선지자들에게는 하나님의 뜻을 선포하고 가르치는 사명을, 또 사도들에게는 이 땅에 천국을 건설하기 위한 복음 전파 사명을 각기 부여해 주셨습니다. 이처럼 하나님의 사람은 하나님의 부르심을 받고, 하나님의 말씀을 받아 지니며, 하나님으로부터 사명을 부여받은 자입니다. 그래서 하나님의 사람들은 자신의 생애 동안 하나님만 바라보고 살았습니다(시 121:1-2). 마치 기차가 두 레일 위를 달리듯 하나님의 사람들은 하나님의 말씀만을 좇아 살았음을 볼 수 있습니다.

구약시대 하나님의 사람들은 족장과 선지자들과 하나님이 기름 부어 세우신 왕들이었습니다. 한편 신약시대에는 사도들과 집사들이 하나님의 사람으로서 사명을 감당했습니다. 그 이후로 오늘까지 2천 년 동안 시대와 역사의 흐름에 따라 하나님께서는 적시적소에 하나님의 사람들을 세우셨습니다. 그들이 마르틴 루터, 요한 칼빈, 존 낙스, 스펄전, 무디, 빌리 그레이엄, 그리고 토머스, 주기철, 김익두 목사 등입니다. 하나님은 이들을 통하여 이단 세력에서 하나님의 말씀을 보존케 하셨고, 하나님의 말씀을 가르치고 선포하게 하셨습니다. 그것은 예수님이 오시면서 시작된 하나님 나라 건설을 위한 것입니다. 역사의 종말이 점점 다가오는 이때 하나님께서는 더 많은 사람들을 세우기 원하십니다. 하나님께서는 마음에 합한 자들을 지금도 찾고 계십니다. 또 하나님을 전심으로 찾는 자들을 지금도 부르십니다.

"여호와의 눈은 온 땅을 두루 감찰하사 전심으로 자기에게 향하는 자를 위하여 능력을 베푸시나니"(대하 16:9).

오늘 이 시대에 하나님의 마음에 합한 자가 되어 하나님의 부르심을 입고 여호와의 신으로 충만하여 사명을 감당하는 하나님의 복된 사람들이 다 되어야겠습니다.

2. 사명적 삶

-롬 14:7-8

사람은 이 세상에 태어난 순간부터 각기 다른 인생길을 걷게 됩니다. 이를 가리켜 인간의 삶이라 말합니다. 인간의 삶은 여러 형태로 나타납니다.

첫째, 직업적 차원에서의 인간의 삶이 있습니다.

어떤 사람은 농부로서 흙 속에 묻혀 살아갑니다. 어떤 사람은 상인으로서 시장에서 살아갑니다. 어떤 사람은 교사로서 강단에 서서 살아갑니다. 이처럼 사람들은 그 직업에 따라 삶의 모습이 각기 다르게 나타납니다.

이들은 각기 다른 자신의 꿈을 실현하는 것이 인생의 목적이요 삶인 것입니다. 그러나 자기 직업적 차원에서의 꿈의 실현이라는 목적을 가진 자도 그리 많지는 않습니다. 대다수의 사람들은 꿈도 목적도 없이 목숨을 연명하기 위해 직장으로 시장으로 의미 없는 발걸음을 옮겨 놓습니다. 이것마저 여의치 못할 때는 범죄자의 길을 택하거나 자살로써 인생을 마감하기도 합니다.

오늘 나 자신은 어떠한 인생길을 걸으며 또 어떤 인간의 삶을 살고 있습니까? 인생을 체념한 채 오늘도 목숨을 부지하기 위해 밥벌이하는 밥벌레에 불과한 나 자신은 아닌가요?

"전도자가 가로되 헛되고 헛되며 헛되고 헛되니 모든 것이 헛되도다 사람이 해 아래서 수고하는 모든 수고가 자기에게 무엇이 유익한고"(전 1:2-3).

둘째, 사명 의식적 차원에서의 인간의 삶이 있습니다.

직업적 차원에서 인간의 삶 외에 또 다른 차원의 삶이 있습니다. 이를 사명 의식적 차원의 인간의 삶이라 말합니다. 사명적 차원에서 살아가고자 하는 사람들은 결코 직업적 차원의 인생에 머물러 있을 수는 없습니다.

사명 의식적 차원은 다음 여러 면에서 찾아볼 수 있습니다. 인류 평화를 위해 헌신하는 평화주의자들이 있습니다(간디). 애국 열사들과 같은 민족주의자들이 있습니다(김구, 안창호, 윤봉길). 인간의 한 생명을 귀중히 여겨 헌신하는 박애주의자들이 있습니다(슈바이처). 자기가 신봉하는 종교의 부흥을 위해 헌신하고 희생하는 종교 헌신자들이 있습니다(마호메트, 석가모니). 이처럼 직업적 차원에서의 인간의 삶과 사명 의식적 차원에서의 인간의 삶 중, 어느 부류에 속해 있는지요? 전도자의 말씀을 귀담아 들으시기 바랍니다.

"사람이 해 아래서 수고하는 모든 수고와 마음에 애쓰는 것으로 소득이 무엇이랴 일평생에 근심하며 수고하는 것이 슬픔뿐이라 그 마음이 밤에도 쉬지 못하나니 이것도 헛되도다"(전 2:22-23).

이처럼 성경은 자신과 가족의 행복만을 추구하는 삶도 헛된 삶이고, 민족과 인류를 위한 헌신적 삶도 헛된 삶임을 가르쳐 주십니다. 철학자 아리스토텔레스도, 문학의 대가 톨스토이도, 음악의 대가 베토벤도 한 줌의 흙으로 돌아갔습니다. 발명 왕 에디슨도, 정치의 대가 처칠 수상도, 인류 평화주의자 슈바이처도 한 줌의 흙으로 돌아갔습니다. 이들의 헌신적 노력을 통해 인류의 문화와 문명, 복지 사회가 발전을 거듭해 왔으나 결국 그 자신들은 고난의 한 생애를 마감한 채 한 줌의 흙으로 돌아갔을 뿐입니다.

셋째, 신앙적 차원에서의 사명적 삶이 있습니다.

"우리가 살아도 주를 위하여 살고 죽어도 주를 위하여 죽나니 그러므로 사나 죽으나 우리가 주의 것이로라"(롬 14:8).

왜 이처럼 세상 사람들의 생각과 성경의 가르침은 전혀 다른 모습일까요? 그것은 사도 바울의 말대로 육체의 사람은 육의 것만을 추구하며, 영의 사람은 영의 것만을 추구하는 삶의 원리가 각기 다르기 때문입니다. 우리는 모두 그리스도로 말미암아 의의 옷을 입은 하나님의 자녀들입니다. 하나님의 자녀는 영적인 것만을 추구하는 영적인 존재로서 살아가야만 합니다. 그것은 곧 '살아도 주를 위해 살고 죽어도 주를 위해 죽는 것'을 가르쳐 줍니다.

왜 우리는 주님만을 위해 살고 죽어야 합니까? 우리는 다 '주의 것'이기 때문입니다. "너희는 너희의 것이 아니라 값으로 산 것이 되었으니." 그렇습니다. 이제 우리는 더 이상 우리 자신의 것이 될 수 없습니다. 그것은 하나님께서 그리스도 예수의 피값을 지불하고 죄와 파멸에서 우리를 사셨기 때문입니다. 그러므로 이제 더 이상 나는 내 것이 아닙니다. 내 마음대로 내 인생의 진로를 결정하고 내 마음대로 내 인생의 행복을 추구하며, 내 마음대로 내 인생의 운명을 결정해서는 안 됩니다.

"내가 그리스도와 함께 십자가에 못 박혔나니 그런즉 이제는 내가 산 것이 아니요 오직 내 안에 그리스도께서 사신 것이라"(갈 2:20).

그렇습니다. 지금 이렇게 살아 있는 나는 나 자신의 것이 아니라 주님의 것입니다. 주님만이 나의 주인이십니다. 이제부터는 주님만 바라보고, 주님의 음성을 들으며, 주님의 뜻만을 따라가는 삶이 있을 뿐입니다. 이제는 살아도 주님만 위해 살고 죽어도 주님만 위해서 죽어야 합니다.

사도 바울은 이같이 그의 신앙을 고백했고 또한 이같이 그의 삶과 죽음을 실현한 사람입니다. 주님은 지금 내 안에 계십니다. 오늘도 주님은 내가 성경말씀을 들을 때 깨달음을 주시고, 오늘 하루 동안도 내가 해야 할 일을 지시해 주십니다. 이를 가리켜 성령의 감동이라고 합니다.

하나님께서 내게 주신 주님의 교회를 위해 힘써 일하고 주님의 교회와 더불어 내 일생을 다하리라! 주님이 내게 지워 주신 사명의 십자가를 기꺼이 내가 지고 가리라! 프란시스코처럼, 슈바이처와 테레사처럼 주님이 쓰시는 손길이 되어 주께 드려지는 값진 생애가 되게 하소서.

3. 주님의 사람
- 롬 14:7-9

"우리가 살아도 주를 위하여 살고 죽어도 주를 위하여 죽나니 그러므로 사나 죽으나 우리가 주의 것이로라"(롬 14:8).

이 말씀은 사도 바울의 신앙 사상이며 또한 그의 생애가 주의 것으로 일관되었음을 보여 줍니다. 그리고 성경에 나타난 모든 신앙인들의 공통점이 주의 것이라는 신앙 사상을 지녔다는 것과 주만 위한 생애를 살았음을 보여 줍니다. 이처럼 주의 것이란 주님의 사람 또는 주의 종 됨을 의미하는 것입니다.

첫째, 왜 우리는 주의 것입니까?

아름다운 꽃들이나 새들은 그들을 가꾸고 키우는 사람의 것입니다. 이처럼 이 세상에 존재하는 모든 것들은 다 주인이 있습니다. 오늘 우리 자신도 스스로 독립된 존재가 아니라 주인에게 속한 존재임을 분명히 인식해야 합니다. 우리의 주인은 삼위일체 되신 하나님이십니다.

하나님은 우리의 절대자이십니다. 하나님은 인간을 창조하셨을 뿐만 아니라 생육하고 번성하며 모든 것을 다스리도록 복을 주셨습니다(창 1:27-28). 그것은 우리가 하나님의 것이기 때문입니다. 우리는 하나님께서 소유하신 백성이며 그분이 기르시는 양임을 잊어서는 안 됩니다. 또 우리의 생애가 하나님의 섭리 안에 있음을 믿어야 합니다.

"야곱아 너를 창조하신 여호와께서 이제 말씀하시느니라 이스라엘아 너를 조성하신 자가 이제 말씀하시느니라 너는 두려워 말라 내가 너를 구속하였고 내가 너를 지명하여 불렀나니 너는 내 것이라"(사 43:1).

예수 그리스도는 우리의 대속주이십니다.

"우리가 살아도 주를 위하여 살고 죽어도 주를 위하여 죽나니 그러므로 사나 죽으나 우리가 주의 것이로라 이를 위하여 그리스도께서 죽었다가 다시 살으셨으니 곧 죽은 자와 산 자의 주가 되려 하심이니라"(롬 14:8-9).

예수 그리스도께서 우리의 주님이심은 그가 우리를 위하여 죽으시고 또한 우리를 위하여 부활하셨기 때문입니다(롬 4:25). 예수 그리스도는 자신의 보배로운 피를 흘려 우리를 죄와 저주와 파멸에서 구원해 주신 우리의 주님이십니다. 또 주님은 우리의 영원한 생명과 행복과 번영을 위해 부활하셨습니다. 주님이 부활하셨기에 오늘날 우리가 부활의 생명을 받게 되었고, 그분이 지금도 살아 계시기에 행복과 번영을 누릴 수 있는 것입니다.

성령 하나님은 임재의 주님이십니다.

"너희 몸은 너희가 하나님께로부터 받은바 너희 가운데 계신 성령의 전인 줄을 알지 못하느냐 너희는 너희의 것이 아니라 값으로 산 것이 되었으니 그런즉 너희 몸으로 하나님께 영광을 돌리라"(고전 6:19-20).

성령 하나님은 지금 내 안에 계시는 나의 주님이십니다. 또 나라는 존재는 성령을 모시고 살아 숨쉬는 흙집에 불과한 것이므로 나의 모든 지체는 나의 주님께서 쓰시는 도구임을 잊어서는 안 될 것입니다.

❋ 성령께서 내 안에 계신 증거는 다음과 같습니다.
첫째, 예수님이 나의 주 되심을 고백하게 하십니다.

"또 성령으로 아니하고는 누구든지 예수를 주시라 할 수 없느니라"(고전 12:3).

둘째, 하나님을 나의 아버지라 부르게 하십니다.

"너희가 아들인고로 하나님이 그 아들의 영을 우리 마음 가운데 보내사 아바 아버지라 부르게 하셨느니라"(갈 4:6).

셋째, 각양 은사가 나타납니다.

"은사는 여러 가지나 성령은 같고 직임은 여러 가지나 주는 같으며 또 역사는 여러 가지나 모든 것을 모든 사람 가운데서 역사하시는 하나님은 같으니 각 사람에게 성령의 나타남을 주심은 유익하게 하려 하심이라"(고전 12:4-7).

넷째, 우리 마음에 생각과 감동을 주어 행하게 하십니다.

"너희 안에서 행하시는 이는 하나님이시니 자기의 기쁘신 뜻을 위하여 너희로 소원을 두고 행하게 하시나니 모든 일을 원망과 시비가 없이 하라"(빌 2:13-14).

다섯째, 성령의 열매를 맺게 하십니다.

"오직 성령의 열매는 사랑과 희락과 화평과 오래 참음과 자비와 양선과 충성과 온유와 절제니 이 같은 것을 금지할 법이 없느니라"(갈 5:22-23).

우리는 스스로 살아가는 연약한 존재가 아니라 엄청난 힘을 지닌 성령 하나님이 실제로 우리 안에 계셔서 살아가는 존재임을 믿어야만 합니다. 그리고 성령 하나님을 마음 중심에 나의 주님으로 모셔야 합니다. 그리하여 성령께서 감동 주시는 대로 순간순간을 살아갈 때 풍성한 열매를 맺으며 또 하나님의 능력과 기적이 나타나질 것입니다.

"너희는 성령을 좇아 행하라 그리하면 육체의 욕심을 이루지 아니하리라"(갈 5:16).

둘째, 주의 것 된 우리는 어떻게 살아야 할까요?

주와 연합한 존재로 살아야 합니다.

"나는 포도나무요 너희는 가지니 저가 내 안에, 내가 저 안에 있으면 이 사람은 과실을 많이 맺나니 나를 떠나서는 너희가 아무것도 할 수 없음이라"(요 15:5).

주님은 나의 생명과 능력의 공급자이십니다. 주님 떠난 생명은 나무에서 잘린 가지의 운명이 되고 마는 것입니다.

주님의 종 된 존재로 살아야 합니다. 바울서신 첫 머리에 '예수 그리스도의 종'이란 표현을 자주 사용했습니다. 자원하여 기쁨으로 섬기는 주님의 종은 주님만 바라보고 살아갑니다. 주님의 참된 종은 자기를 부인한 자들이며 주와 함께 십자가에 못 박힌 자들입니다.

"내가 그리스도와 함께 십자가에 못 박혔나니 그런즉 이제는 내가 산 것이 아니요 오직 내 안에 그리스도께서 사신 것이라 이제 내가 육체 가운데 사는 것은 나를 사랑하사 나를 위하여 자기 몸을 버리신 하나님의 아들을 믿는 믿음 안에서 사는 것이라"(갈 2:20).

주님의 참된 종은 자기 생각과 자기 감정이 없습니다. 주님의 참된 종에게는 오로지 주님의 생각, 주님의 목적, 주님의 행동만이 있을 뿐입니다. 주님의 종은 주님의 영광만을 위해 살고 죽어야 합니다.

"나의 간절한 기대와 소망을 따라 아무 일에든지 부끄럽지 아니하고 오직 전과 같이 이제도 온전히 담대하여 살든지 죽든지 내 몸에서 그리스도가 존귀히 되게 하려 하나니 이는 내게 사는 것이 그리스도니 죽는 것도 유익함이니라"(빌 1:20-21).

우리는 날마다 주님의 능력을 공급받아 성령의 많은 열매를 맺어, 하나님 아버지를 기쁘시게 해 드리는 참된 주의 종들이 되어야겠습니다.

4. 참 예수 제자의 자격
-사 43:1-2

"너는 두려워 말라 내가 너를 구속하였고 내가 너를 지명하여 불렀나니 너는 내 것이라 대저 나는 여호와 네 하나님이요 네 구원자임이라."

 예수 제자의 자격은 신학공부나 수도생활을 통해 얻어지는 것이 아니고, 또한 인격수양이나 윤리와 도덕의 정상에서 성취되어지는 것도 아닙니다. 그렇다면 참 예수 제자는 누구입니까?

첫째, 참 예수 제자는 성경적 인생론이 정립된 자입니다.

제 나이 22살 나던 해 가을밤이었습니다. 주일 밤 예배에 참석한 후 자정이 다 되어서야 집으로 돌아오게 되었습니다. 집 앞에 다다랐을 때 나는 밤하늘에 영롱히 펼쳐진 별무리들을 응시하게 되었습니다. 그 순간 죽음이라는 두 글자가 화살처럼 번뜩이며 스쳐갔습니다. 죽음! 죽음! 죽음! 그 순간 나의 뇌리에는 온통 죽음이라는 두 글자뿐이었습니다.

'그렇구나! 언젠가는 내게도 죽음의 날이 찾아오겠지.'

'그렇다! 인생이란 결국 한 줌의 흙으로 돌아가는 것이다. 그렇다면 나는 왜 존재해야 하는 것일까?'

이 물음을 두고 오랜 세월을 고뇌한 끝에 두 가지 결론을 얻게 되었습니다.

'어차피 죽을 인생 대범하고 뜻있게 살자. 예수님처럼 하나님께 헌신

하고 이웃을 섬기는 자가 되자.'

이렇듯 40년 전, 죽음이라는 인생 최대의 문제 앞에서 고뇌의 깊은 터널을 통해 이룩된 나의 인생관이기에 그때나 지금이나 조금도 변함없이 지속되고 있습니다.

성경은 인생에 대해 다음과 같이 들려주십니다.

"우리의 모든 날이 주의 분노 중에 지나가며 우리의 평생이 일식간에 다 하였나이다 우리의 년수가 칠십이요 강건하면 팔십이라도 그 년수의 자랑은 수고와 슬픔뿐이요 신속히 가니 우리가 날아가나이다 우리에게 우리 날 계수함을 가르치사 지혜의 마음을 얻게 하소서"(시 90:10-12).

'이처럼 인생이 아침에 돋는 풀처럼 잠시 나타났다가 사라져 그 흔적조차 찾을 수 없는 것이라면, 도대체 인간이란 어떤 존재이며, 그 존재이유는 무엇이고, 또 죽은 후에는 어떻게 되는 것인가?'

그러나 그 어느 누구도 인생에 대하여 명확한 지론을 제시하지는 못합니다. 오로지 사람을 만드시고 섭리하시는 하나님만이 성경을 통해서 그 해답을 제시해 주십니다.

"여호와 하나님이 흙으로 사람을 지으시고 생기를 그 코에 불어 넣으시니 사람이 생령이 된지라"(창 2:7).

✽ 여기서 사람을 흙으로 만들었다는 것은 무엇을 의미합니까?

첫째로 인생의 무가치성을 말해줍니다.

"여호와께서 자기를 경외하는 자를 불쌍히 여기시나니 이는 저가 우리의 체질을 아시며 우리가 진토임을 기억하심이로다"(시 103:13-14).

둘째로 인생의 헛됨을 말해줍니다.

"전도자가 가로되 헛되고 헛되며 헛되고 헛되니 모든 것이 헛되도다 사람이 해 아래서 수고하는 모든 수고가 자기에게 무엇이 유익한고"(전 1:2-3).

인간의 모든 수고가 헛됨을 역사가 증명해 주고 있습니다. 영웅호걸의 전쟁놀이도, 철학자들의 입놀이도, 과학자들의 두뇌놀이도, 다 헛되어 스스로 저주를 초래하는 바벨탑을 재현했을 뿐입니다.

"주께서 나의 날을 손 넓이만큼 되게 하시매 나의 일생이 주의 앞에는 없는 것 같사오니 사람마다 그 든든히 선 때도 진실로 허사 뿐이니이다(셀라). 진실로 각 사람은 그림자 같이 다니고 헛된 일에 분요하며 재물을 쌓으나 누가 취할는지 알지 못하나이다"(시 39:5-6).

셋째로 인생의 짧음을 말해줍니다.

"주 앞에서는 우리가 우리 열조와 다름이 없이 나그네와 우거한 자라 이 세상에 있는 날이 그림자 같아서 머무름이 없나이다"(대상 29:15).

흐르는 시간은 잠시도 머무르지 않고 화살처럼 지나갑니다. 젊음의 날도 늙음의 세월도 머무르지 않고 순식간에 지나고 짧은 생이 끝나고 맙니다.

"너희 생명이 무엇이뇨 너희는 잠간 보이다가 없어지는 안개니라"(약 4:14).

넷째로 인생이 죽음으로 끝남을 말해줍니다.

역사 속에 이 세상에 찾아왔던 모든 사람이 다 죽어 한 줌의 흙으로 돌아갔습니다. 다시 말해 오늘의 기름진 토양은 바로 우리 조상들의 티끌이라 해도 과언이 아닙니다.

"네가 얼굴에 땀이 흘러야 식물을 먹고 필경은 흙으로 돌아가리니 그 속에서 네가 취함을 입었음이라 너는 흙이니 흙으로 돌아갈 것이니라"(창 3:19).

이렇듯 성경적 인생론이 정립된 자만이 주만 바라보며 주의 뜻을 좇아 주만 따르게 되는 것입니다.

둘째, 참 예수 제자는 성경복음진리가 정립된 자입니다.

첫째, 성경은 유기적 영감으로 기록된 하나님의 말씀입니다.

"모든 성경은 하나님의 감동으로 된 것으로"(딤후 3:16).

"예언은 언제든지 사람의 뜻으로 낸 것이 아니요 오직 성령의 감동하심을 입은 사람들이 하나님께 받아 말한 것임이니라"(벧후 1:21).

성경은 영원불변의 진리입니다.

"모든 육체는 풀과 같고 그 모든 영광이 풀의 꽃과 같으니 풀은 마르고 꽃은 떨어지되 오직 주의 말씀은 세세토록 있도다"(벧전 1:24-25).

성경은 신실하신 하나님의 언약의 말씀입니다.

"내 입에서 나가는 말도 헛되이 내게로 돌아오지 아니하고 나의 뜻을 이루며 나의 명하여 보낸 일에 형통하리라"(사 55:11).

성경은 현재성인 말씀입니다.

"하나님의 말씀은 살았고 운동력이 있어 좌우에 날선 어떤 검보다도 예리하여 혼과 영과 및 관절과 골수를 찔러 쪼개기까지 하며"(히 4:12).

"하나님의 말씀으로 받음이니…이 말씀이 또한 너희 믿는 자 속에서 역사하느니라"(살전 2:13).

둘째, 성경의 중심은 예수 그리스도이십니다.

"너희가 성경에서 영생을 얻는 줄 생각하고 성경을 상고하거니와 이 성경이 곧 내게 대하여 증거 하는 것이로다"(요 5:39).

성경 속에는 수많은 인명과 지명, 그리고 역사적 사실들이 기록되어 있습니다. 천지와 인간창조, 족장들의 이야기, 이스라엘 국가의 형성과 역사, 교회의 발생과 성장, 신앙적 교훈과 예언의 말씀이 들어 있습니다. 그러나 성경을 깊이 관찰해 보면 그 중심이 예수 그리스도이심을 명확히 알 수 있습니다.

예수 그리스도는 또한 인류 역사의 중심이십니다. 인류역사는 예수 그리스도를 중심으로 하여 기원전과 기원후로 나뉩니다. 예수 그리스도는 인류 역사의 중심이시며 또한 인류역사를 주관 섭리하시는 절대자이십니다.

셋째, 성경 기록의 목적은 전인구원으로 함축됩니다.

"오직 이것을 기록함은 너희로 예수께서 하나님의 아들 그리스도이심을 믿게 하려 함이요 또 너희로 믿고 그 이름을 힘입어 생명을 얻게 하려 함이니라"(요 20:31).

전인 구원은 두 가지 요소를 내포하고 있습니다. 첫째가 내세구원입니다(요 5:24). 둘째가 현세구원입니다(요 10:10).

지금까지는 성경 개론적 차원에서 정리해 본 것일 뿐 이것이 복음진리 정립이라 말할 수는 없습니다. 성경을 체계적으로 논술해 놓은 성경교리(조직신학)는 신앙성장에 있어 지적 도움은 되지만 신앙인격의 변화에 있어서는 큰 도움이 되지는 못하는 것입니다. 그것은 조직신학을 머릿속에 지닌 그 자체로는 하나님의 임재와 역사를 체험할 수 없기 때문입니다. 따라서 복음진리 정립이야말로 참 예수 제자가 되기 위한 필수 요건이라 말할 수 있습니다.

❋ 그렇다면 성경복음진리 정립이란 무엇입니까?

그것은 성경 속의 여러 교리들을 체계화시키는 일입니다. 다시 말해 성경 교리를 신구약 성경 전체를 통해 파노라마처럼 펼쳐 보이는 것입니다.

구원론을 예로 들어보겠습니다.

첫째, 하나님이 아담과 행위계약을 맺으셨으나 그 계약이 죄로 말미암아 파기되었고, 따라서 하나님의 저주가 선포되었습니다(창 2:16-3:19).

둘째, 예수 그리스도의 대속의 피 흘림이 구약 4천 년 동안 예시되었습니다. 가죽옷(창 3:21), 유월절 어린양(출 12:13), 번제, 아사셀 염소(레 16:7-10), 구리뱀(민 21:8-9).

셋째, 예수 그리스도의 대속의 피 흘림이 실현되어졌습니다(사 53:5-6).

넷째, 하나님의 전인구원이 믿는 자에게 임하여집니다. 전인구원의 대상은 예수 그리스도의 대속의 죽음을 믿는 자입니다.

"내가 진실로 너희에게 이르노니 내 말을 듣고 또 나 보내신 이를 믿는 자는 영생을 얻었고 심판에 이르지 아니하나니 사망에서 생명으로 옮겼느니라"(요 5:24).

하나님은 구원의 표로 성령으로 인치십니다(고후 1:22; 엡 1:13-14).
성령으로 인침 받은 자는
예수 그리스도의 대속의 죽음이 믿어집니다(요일 5:12).
하나님을 나의 아버지라 부릅니다(갈 4:6; 롬 8:15-16).
예수 그리스도를 나의 주라 부릅니다(고전 12:3).

이렇듯 창세기부터 계시록까지 구원론이 파노라마처럼 펼쳐져서 일

목요연해졌을 때 구원에 대한 확신과 더불어 살아 역사하시는 말씀을 체험하게 되는 것입니다. 이를 일컬어 체계화되어 정립된 구원론이라 일컫습니다.

"하나님의 말씀으로 받음이니 진실로 그러하다 이 말씀이 또한 너희 믿는 자 속에서 역사하느니라"(살전 2:13).

셋째, 참 예수 제자는 소명의식이 분명한 자입니다.

소명이란 임금이 신하를 부르는 명령을 뜻하는 것입니다. 다시 말해 하나님께서 그 종들을 부르시는 명령을 일컬어 소명이라 칭합니다. 그러므로 소명의식이 분명치 않은 사람은 참 예수제자가 될 수 없습니다. 우리는 구약성경에서 하나님의 부르심을 입은 자들만이 하나님의 사람이 되었고, 또한 신약성경에서 그리스도의 부르심을 입은 자들만이 그리스도의 제자가 되었음을 볼 수 있습니다.

모세가 호렙산 불타는 가시떨기 앞에서 하나님의 부르심을 받았습니다. 여호수아가 모세의 죽음 앞에서 하나님의 부르심을 받았습니다. 다윗이 양무리와 함께 있을 때 하나님의 부르심을 받았습니다. 엘리사가 밭을 갈 때 하나님의 부르심을 받았습니다. 시몬과 안드레가 갈릴리 해변에서 예수님의 부르심을 받았습니다. 사울이 다메섹으로 가던 중 예수님의 부르심을 받았습니다.

이처럼 하나님의 부르심을 받은 자에게만 참 예수 제자라는 이름이 부여되는 것입니다. 하나님의 부르심은 인간의 학문과 재능과 사회적 지위에 의해서 결정되는 것이 아니고 다만 하나님의 뜻에 의해서 선택되어진다는 사실입니다. 하나님이 다윗을 부르실 때 그는 초라한 목동이었습니다. 하나님이 엘리사를 부르실 때 그의 모습은 초라한 농사꾼이었습니다. 하나님이 베드로를 부르실 때 그의 모습은 초라한 어부였습니다. 아무도 예상치 못하는 하나님의 주권적 부르심에 의해 저들은 소명되었던 것입니다.

하나님이 저를 부르셨을 때 나의 신분은 초라한 농부였습니다. 또한 학문이 없는 무식한 자로서 심한 열등감과 소외의식을 지닌 사람이었습니다. 따라서 하나님의 소명이 내 마음에 주어졌을 때 나는 완강히 거부했습니다.

'하나님! 나는 안돼요. 나는 할 수 없어요!'

그러나 하나님은 나와 상관없이 그의 주권으로 나를 그의 종으로 만드셨습니다. 이처럼 하나님의 부르심은 그의 주권적 부르심입니다. 하나님의 부르심은 후회하심이 없으신 부르심입니다(롬 11:29). 하나님은 그가 부르신 사람들을 그의 능력으로 붙드시고 그의 사명 다하는 그날까지 섭리 역사하십니다.

"너는 두려워 말라 내가 너를 구속하였고 내가 너를 지명하여 불렀나니 너는 내 것이라 대저 나는 여호와 네 하나님이요 네 구원자임이라"(사 43:1-2).

넷째, 참 예수 제자는 하나님과의 인격적 만남의 체험자입니다.

하나님의 사람들의 공통된 특징은 하나님과의 인격적 만남이 선행되었음을 볼 수 있습니다. 모세가 하나님과의 인격적 만남이 있어진 후 그는 이스라엘 백성을 애굽에서 이끌어내는 위대한 하나님의 사람이 되었습니다(출 3:1-4:17). 사울이 하나님과의 인격적 만남이 있어진 후 그는 세계 복음화의 기초석을 놓은 위대한 하나님의 사람 바울이 되었습니다(행 9:1-22).

저는 20대 초반에 하나님과의 인격적 만남을 체험했습니다.

제 나이 22세 때 하나님은 저를 수동감리교회 부흥집회에서 만나주셨습니다. 하나님은 그 시간 죄인된 나를 적나라하게 보여주셨고 또한 하나님의 아가페의 사랑을 내 심장으로 체감케 해 주셨습니다. 또한 제가 23세 되던 해 생사기로에 놓여 있던 병원 침상에서 하나님은 나를 만나주셨습니다. 그때 나는 하나님께 이렇게 부르짖었습니다.

"하나님! 제 생명을 살려주시면 평생토록 이 한 몸 주께 드리겠나이다."

이처럼 하나님과의 인격적 만남의 체험은 육적 그리스도인에서 영적 그리스도인으로 거듭나게 하며, 더 나아가 복음사명의 길을 달려가는 사명적 경주자로 그 운명을 바꾸어 주는 것입니다.

다섯째, 참 예수 제자는 신적 능력을 체험한 자입니다.

기독교는 초자연적 신비의 종교입니다. 그것은 유일신 하나님이 자연법칙을 초월해 계시는 전능자이시기 때문입니다.

"나는 여호와요 모든 육체의 하나님이라 내게 능치 못한 일이 있겠느냐" (렘 32:27).

하나님은 엑소더스의 수많은 기적을 펼쳐놓으셨습니다. 하나님은 가나안 정복의 수많은 기적을 펼쳐놓으셨습니다. 또한 하나님은 인간의 몸을 입고 이 세상에 찾아오셔서 수많은 기적을 펼쳐 보여주셨습니다. 하나님의 신적 역사는 끊임없이 오늘도 그의 종들을 통하여 초자연적 능력으로 나타나집니다.

믿음은 전선과 같다고 말할 수 있습니다. 전구를 켜는 백 볼트선, 그리고 기계를 움직이는 만 볼트의 굵은 선이 있습니다. 기왕 믿음을 가질 바에는 만 볼트의 엄청난 굵은 믿음의 선을 준비하여 하나님의 기적의 역사를 나타내는 능력의 사람들이 되어야겠습니다.

"믿는 자들에게 이런 표적이 따르리니." 하나님의 능력이 나타나는 표적을 체험함으로써 비로소 하나님의 임재와 역사를 확신할 수 있습니다. 하나님의 능력을 체험하기 전까지의 모세는 양떼를 모는 늙은이였지만 반면 그가 하나님의 신적 능력을 체험한 후, 그는 하나님의 능력의 지팡이로 이스라엘 민족을 가나안으로 인도하는 하나님의 위대한 사람이 되었습니다.

제 나이 30세 되던 해 저는 서울 불광동에 있는 우국기도원에서 처음으로 하나님의 능력을 체험하였습니다. 엘리야의 하나님이 오늘 내 하나님이심을 확신하고 부르짖는 순간 제 입의 턱뼈가 조여들면서 벙어리가 되고 말았습니다. 시간이 한참 흐른 후 턱뼈가 다시 풀리는 순간 혀가 빠르게 돌면서 방언이 터졌습니다. 동시에 내 입에서 나가는 말이 능력으로 나타나 내 앞에 서 있던 사람 속의 귀신이 떨며 나가고 그 사람은 쓰러졌습니다.

"너는 내게 부르짖으라 내가 네게 응답하겠고 네가 알지 못하는 크고 비밀한 일을 네게 보이리라"(렘 33:3).

또한 내 나이 37세 되던 해 희한한 주님의 능력을 체험하게 되었습니다. 어느 날 왼쪽 어깨 등뼈 중심에 찌릿한 하나님의 능력이 감지되더니 점차 원형으로 파문을 일으키며 돌다가 왼쪽 팔로 흘러내리더니 왼쪽 손가락을 통해 능력이 흘러나갔습니다. 너무도 신기한 신적 능력을 체험한 나는 교회성도들을 불러 원형으로 손에 손을 잡게 한 후 나도 한 성도의 손을 잡았을 때 그 능력이 모두에게 전이되어 모두가 다 그 자리에 쓰러졌습니다.

이 신적 능력을 체험한 후 나의 삶에 신기한 일들이 많이 일어났습니다. 나의 온몸이 전기에 감전된 사람 같아 아침에 잠자리에서 일어나 창문을 열려고 새시에 손을 대는 순간 불꽃이 튀면서 깜짝 놀라곤 했습니다. 또한 내 입에서 나가는 말이 현실로 나타나졌습니다. 내가 하나님께 간구하는 대로 사람들이 천국과 지옥을 보았고 벙어리가 되기도 하고 다리가 붙어 버리기도 하였습니다. 또한 귀신이 떠나가고 병든 자들이 치유되었습니다.

한 예로 내가 시력이 안 좋은 사람의 눈앞에 손을 갖다 대면 눈동자가 내 손에 고정된 채 빨려나오면서 눈물을 흘린 후 시력이 회복되었습니다. 그리고 대다수 병자들에게 손을 갖다 대면 그 환부가 뜨겁거나 시원하거나 찌릿하면서 그 병이 사라져 버리고 건강이 회복되곤 했습니다. 하나님은 정말 살아계십니다. 하나님은 오늘도 믿는 자속에서 역사하시는 전능자이십니다.

여섯째, 참 예수 제자는 주님과 동행하는 자입니다.

"사람이 나를 섬기려면 나를 따르라 나 있는 곳에 나를 섬기는 자도 거기 있으리니 사람이 나를 섬기면 내 아버지께서 저를 귀히 여기시리라"(요 12:26).

신앙 인격을 지녔고, 복음 진리가 정립되었고, 소명의식이 확고하고, 영적 체험과 신적 체험을 다 경험했다 할지라도 지금 이 시간 주님과 동행하지 않는 사람은 참 예수 제자라 말할 수 없는 것입니다.

우리는 그 예로서 마가 요한을 찾아볼 수 있습니다. 그는 바울과 바나바와 함께 선교사역자로 동역하였으나 도중에 힘들어서 포기하고 만 사람입니다. 다시 말해 주님과 함께 동행하기를 포기한 사람입니다.

오늘 이 시대를 살아가는 수많은 마가 요한이 왜 존재하게 되었을까요? 그것은 주님보다 돈과 가정·건강이 자기 인생에 있어 최우선이기 때문입니다.

❋ 그렇다면 어떻게 해야 주님과 동행하는 참 예수의 제자가 될 수

있을까요?

첫째 자기를 부인해야 합니다.

"이에 예수께서 제자들에게 이르시되 아무든지 나를 따라 오려거든 자기를 부인하고"(마 16:24).

예수를 좇는 자의 첫 번째 자격은 자기를 부인하는 것입니다. 여기서 자기를 부인한다는 것은 세 가지 의미를 내포하고 있습니다.

- 자기 부인이란 인정줄을 끊는 것입니다.

인정줄이란 주님보다 더 소중한 사람과의 관계를 일컫습니다. 주님의 말씀보다 부모의 말씀, 아내의 말을 먼저 듣고 따르는 자들은 인정줄에 묶인 자들입니다. 베드로와 안드레는 주님의 부르심을 받은 즉시 배와 부친을 버려두고 예수님을 좇아감으로 인정줄을 끊었습니다. 여기서 인정줄을 끊는다는 말은 인간관계의 단절을 의미하는 것이 아닙니다. 마음에 예수님 한 분만을 모시라는 말입니다. 즉, 예수님과 복음적 사명이 먼저 있은 다음 부모와 처자와 형제 자매가 있어야 한다는 말입니다. 다시 말해 부모·형제·처자가 목회 사역에 있어 걸림돌이 되어서는 안 된다는 말입니다. 주님의 제자는 오로지 목회 사역에만 전념하고 충성을 다해야 합니다.

나는 주님의 부르심을 받은 즉시 부모와 소떼를 버리고 주님을 좇아갔습니다. 그때 나의 아버지는 내게 이렇게 말씀하셨습니다. "이제부터 너는 내 자식이 아니다."

"예수께서 이르시되 무릇 내게 오는 자가 자기 부모와 처자와 형제와 자매와 및 자기 목숨까지 미워하지 아니하면 능히 나의 제자가 되지 못하리라"(눅 14:26).

- 자기부인이란 자기의 욕망을 버리는 것입니다.

주님의 부르심을 받은 자는 그 즉시 자기의 욕망과 꿈을 미련 없이 버려야만 합니다. 왜냐하면 자기 욕망과 꿈은 주님을 따름에 있어 언제나 걸림돌이 되기 때문입니다. 주님의 부르심을 받은 세리 마태는 그 즉시 세리직을 버렸습니다. 그 결과 그는 예수의 사도가 되었습니다. 주님의 부르심을 받은 슈바이처는 그 즉시 명예를 미련 없이 버렸습니다. 그 결과 그는 노벨평화상의 주인공이 되었습니다.

- 자기부인이란 자기의 모든 소유욕을 버리는 것입니다.

"너희 중에 누구든지 자기의 모든 소유를 버리지 아니하면 능히 내 제자가 되지 못하리라"(눅 14:33).

교회 안에 두 종류의 목회자들이 있습니다. 하나는 자기의 모든 소유욕을 버리고 주님을 따르는 자들이고, 또 다른 하나는 자기의 소유욕을 지닌 채 주님을 따르는 자들입니다. 왜 대다수의 목회자들이 도시 목회를 선호할까요? 그것은 주님보다 문화적 혜택·교육적 혜택·성공적인 목회를 추구하는 자기 욕망 때문입니다.

프란시스코는 자기의 모든 소유를 다 팔아 가난한 자들에게 나누어 준 후 거룩한 거지의 삶을 통해 실천적 복음증거자가 되었습니다. 한국 기독교사에 있어 가장 존경받은 한경직 목사님은 그의 말년에 넓고 큰 집을 마다하고 그의 몸이 쉴 수 있는 작은 저택 하나로 만족하셨습니다. 그는 세상을 등지고 주님만을 바라보며 좇아가신 참 그리스도의 제자였습니다. 옷 한 벌과 샌들 하나로 족한 줄 알았던 테레사 수녀! 그녀야말로 진정한 주님의 참 제자였습니다. 자신의 무덤에 자신의 이름을 새긴 비석을 세우지 말라고 유언한 요한 칼빈! 그는 참 주님의 제자였습니다. 이처럼 목회자는 자기 소유 개념과 생활 염려를 온전히 주님께

맡겨 버린 후 주님의 뒤를 좇아야 합니다.

"예수께서 이르시되 손에 쟁기를 잡고 뒤를 돌아보는 자는 하나님의 나라에 합당치 아니하니라"(눅 9:62).

둘째, 참 그리스도의 제자는 자기 십자가를 져야만 합니다.

"아무든지 나를 따라오려거든 자기 십자가를 지고 나를 좇을 것이니라."

여기서 십자가란 주님이 나에게 허락하신 십자가입니다. 그 십자가는 주님과 복음 때문에 내가 짊어져야 하는 고통을 의미하는 것입니다. 토마스 선교사는 자기 십자가를 지고 대동강 쑥섬에서 순교의 제물이 되었습니다. 주기철 목사님은 자기 십자가를 지고 못 판 위를 걸어갔습니다. 다미엔 신부는 자기 십자가를 지고 자기 스스로 문둥이가 되어 모로카이섬을 낙원으로 만들었습니다.

사도 바울은 주님이 자기에게 지워주신 십자가를 이렇게 표현하였습니다.

"내가 수고를 넘치도록 하고 옥에 갇히기도 더 많이 하고 매도 수없이 맞고 여러 번 죽을 뻔하였으니 유대인들에게 사십에 하나 감한 매를 다섯 번 맞았으며 세 번 태장으로 맞고 한 번 돌로 맞고 강의 위험과 강도의 위험과 동족의 위험과 이방인의 위험을 당하고 또 수고하여 애쓰고 여러 번 자지 못하고 주리며 목마르고 여러 번 굶고 춥고 헐벗었노라."

이것이 진정 자기 십자가를 진 참 모습입니다.

일곱째, 참 예수 제자는 성령 충만을 받아야만 합니다.

예수님의 제자들은 주님의 부르심을 받고 3년 동안이나 예수님과 동고동락하면서 성경 진리를 정립하였고, 인격적으로 능력적으로 주님을 체험하였으나 마지막 수난 당하시는 주님을 버리고 다 떠나갔습니다. 왜 그리했을까요? 그것은 저들이 하나님의 신으로 충만하지 못했기 때문입니다.

"만군의 여호와께서 말씀하시되 이는 힘으로 되지 아니하며 능으로 되지 아니하고 오직 나의 신으로 되느니라"(슥 4:6).

그렇습니다. 인간은 다 불완전하고 연약한 존재입니다. 그러므로 하나님의 신에 붙잡히지 않고는 그 어느 누구도 주님 가신 십자가의 길을 따라갈 수 없는 것입니다. 예수님도 수세시에 성령 충만 받은 후 승리의 사역을 행하였습니다. 사도들도 오순절 성령 충만 받은 후 사명의 길을 다 달려갔습니다. 오늘도 주님의 뒤를 따르는 모든 자들에게 첫 번째로 요구되는 것은 바로 성령 충만 받는 것입니다.

성령 충만이란 성령께서 마음과 몸을 완전히 지배하신 상태를 일컫습니다. 술에 취한 사람이 술에 의해 이끌림을 받듯 성령에 취한 사람은 성령에 의해 신적 능력의 삶을 살아가게 되는 것입니다. 하나님은 이 시간 이렇게 들려주십니다.

"사랑하는 자들아! 나의 신으로 충만해져서 나의 위대한 복음사역자가 되어라."

제7부

표적이 따르는 복음전도

1. 선교 사역은 성령 사역이다 ▶ 249
2. 전도 열매를 맺으려면 ▶ 254
3. 예수 제자와 복음 전도 ▶ 259
4. 바울의 복음전도 사역 ▶ 265

1. 선교 사역은 성령 사역이다
-행 13:2-3

소련 선교지역 방문

하나님의 인도하심으로 사회주의 종주국이었던 옛 소련의 심장부인 모스크바와 레닌그라드를 방문하였습니다(1992년 5월 18일~27일). 또한 고려인들이 집단 농장을 이루고 거주하는 타슈켄트도 방문할 기회가 있었습니다. 나와 정명택 형제는 타슈켄트 고려인 가정에서 2박 3일을 지내며 그리스도의 사랑과 한민족의 숨결을 함께 나누었습니다.

나는 하나님이 허락하신 그 가정에 고려인 20명을 초청하여 그리스도의 십자가 도를 전하였고, 그 시간 예수 이름으로 병든 자들을 치유하여 20명 전원을 결신시키는 하나님의 역사를 체험하게 되었습니다. 70년 동안 공산주의 무신론 사상으로 세뇌되었던 그들이지만 그리스도의 십자가 진리가 그들의 사상을 바꾸어 놓았고, 그들 입으로 예수 그리스도께서 자신의 구주이심을 고백하게 되었습니다.

참으로 하나님의 사랑보다 더 위대한 힘은 없습니다. 예수 그리스도의 십자가 진리보다 더 귀한 보배는 없습니다. 성령의 권능보다 더 큰 능력은 없습니다.

우리는 하나님의 사랑과 예수 그리스도의 십자가 진리와 성령의 권능을 그들에게 나누어 주기 위해 성령의 보내심을 받아 소련 땅에 다녀온 것입니다.

빌립을 사마리아 성에 보내시던 성령 하나님! 베드로를 고넬료 가정에 보내시던 성령 하나님! 바울을 빌립보와 에베소와 로마에 보내시던 성령 하나님! 선교지를 이미 예비하신 이도 하나님이시요, 가서 전할 진리의 말씀을 입에 주시는 이도 하나님이시요, 또 고통당하는 그들을 치료할 능력을 공급하시는 이도 하나님이십니다. 선교는 그리스도 제자의 의무이고 사명이며 생의 전부입니다. 그리스도의 제자인 나는 선교를 위해 존재해야 하며, 또 선교를 위해 국제예수제자선교회가 존재해야 하는 것입니다.

첫째, 선교 사역의 필연성은 다음과 같습니다.

선교는 하나님의 뜻입니다.

"하나님의 지혜에 있어서는 이 세상이 자기 지혜로 하나님을 알지 못하는 고로 하나님께서 전도의 미련한 것으로 믿는 자들을 구원하시기를 기뻐하셨도다"(고전 1:21).

선교는 그리스도의 명령입니다.

"오직 성령이 너희에게 임하시면 너희가 권능을 받고 예루살렘과 온 유대와 사마리아와 땅끝까지 이르러 내 증인이 되리라"(행 1:8).

선교는 성령의 강권 역사입니다.

"내가 다시는 여호와를 선포하지 아니하며 그 이름으로 말하지 아니하리라 하면 나의 중심이 불붙는 것 같아서 골수에 사무치니 답답하여 견딜 수 없나이다"(렘 20:9).

이처럼 참 주님의 사람은 복음을 전하지 않으면 가슴이 답답하여 견디지 못하게 됩니다.

그리스도인은 복음의 빚진 자입니다.

"헬라인이나 야만이나 지혜 있는 자나 어리석은 자에게 다 내가 빚진 자라 그러므로 나는 할 수 있는 대로 로마에 있는 너희에게도 복음 전하기를 원하노라 내가 복음을 부끄러워하지 아니하노니 이 복음은 모든 믿는 자에게 구원을 주시는 하나님의 능력이 됨이라"(롬 1:14-16).

우리는 모두 복음의 빚진 자들입니다. 사도들이 순교의 피를 흘려 이 복음을 전해 주었습니다. 토머스 선교사가 피를 흘려 이 복음을 우리에게 전해 주었습니다. 우리는 모두 복음의 빚진 자들입니다. 따라서 이제부터라도 복음의 빚을 갚는 참된 그리스도의 제자들이 되어야겠습니다.

둘째, 선교 사역은 성령 사역입니다.

선교사는 성령께서 세우고 파송하십니다.

선교사는 어느 선교 단체나 교단이 선정하여 파송하는 것이 결코 아닙니다. 선교사를 세우고 파송하시는 분은 오로지 성령 하나님 한 분뿐이십니다.

"주를 섬겨 금식할 때에 성령이 가라사대 내가 불러 시키는 일을 위하여 바나바와 사울을 따로 세우라 하시니 이에 금식하며 기도하고 두 사람에게 안수하여 보내니라"(행 13:2-3).

웨슬리 목사가 성령의 보내심을 받지 않고 스스로 미국 선교를 시도했으나 실패했습니다. 그 후 세월이 지나 성령 충만 받은 그는 성령에 의해 큰 복음전도자가 되었습니다. 이처럼 선교는 성령 하나님에 의해 시작되고 진행되어야 하는 것입니다.

※ 그렇다면 성령께서 어떤 사람을 선교사로 세우고 파송하실까요?

첫째, 예수 그리스도의 십자가 진리가 분명한 사람입니다.
예수님의 피로 사상과 마음이 붉게 물든 사람이어야만 합니다. 즉, 예수님의 피만이 인간을 죄와 파멸에서 구원할 수 있다는 사실을 확신하는 사람이어야 합니다. 사도들과 70인 제자들이 3년 동안 이 복음 진리로 훈련을 받았습니다.

둘째, 기도의 무릎을 꿇어 성령의 권능을 받은 사람입니다.
사도들과 예수님의 다른 제자 120명이 마음과 뜻을 합하여 간절히 기도하던 중 열흘째 되던 날, 성령의 권능이 그들 각 사람에게 임했습니다(행 2:1-4). 성령께서는 그들을 예루살렘과 온 유대와 사마리아와 땅끝까지 보내어 복음의 증인으로 사용하셨습니다. 이처럼 성령께서는 성경 진리를 깨닫고 십자가 진리로 무장된 사람과 또한 기도의 무릎을 꿇어 성령의 권능을 받은 사람만 선교사로 세우시고 선교지에 파송하십니다.

선교지는 성령께서 준비하고 인도하십니다.
바울은 아시아 선교를 원했으나 성령이 허락하지 않으셨습니다. 성령께서 마케도니아인이 도움을 청하는 환상을 바울에게 보여 주신 후 그를 마케도니아 첫 성 빌립보에 가서 선교하도록 명하셨습니다(행 16:6-10). 이처럼 선교지는 사람의 생각이나 환경, 여건에 따라 결정하는 것이 아니라 성령께서 친히 준비하시고 인도하심을 깨달아야 합니다.
이처럼 선교 사역은 성령 사역입니다. 예수님의 복음 사역과(행 10:38) 베드로의 복음 사역(행 2:14-41), 바울의 복음 사역이 성령 사역이었습니다(행 19:1-12).

성령이 없는 선교 사역은 인간의 소리와 행적만을 남겨 놓을 뿐입니다. 오늘도 지구촌 모든 곳에서 "건너와서 우리를 도우라"는 소리가 메아리쳐 옵니다. 주님은 이 시간 우리에게 이렇게 말씀하십니다.

"저들에게 가서 생명의 떡을 나누어 주며, 생명의 물을 마시게 할 자가 누구인고!"

'주여! 종이 여기 있사오니 나를 보내소서!'

2. 전도 열매를 맺으려면
-막 16:20

복음 전파는 그리스도인의 생명 있는 신앙유지 비결이며, 또 모든 그리스도인들에게 있어 절대 사명입니다. 복음 전파를 떠난 그리스도인은 존재할 수 없으며 따라서 복음 전파를 외면한 그리스도인의 공동체는 존재해서는 안 되는 것입니다. 신앙과 복음 전파는 언제까지나 공존 관계입니다. 참 신앙은 생명 있는 복음 전파로 나타나지며, 생명 있는 복음 전파는 능력 있는 신앙으로 성장시켜 줍니다.

첫째, 기독교의 복음이 무엇입니까?

- 하나님의 사랑이 곧 기독교 복음입니다.

"하나님이 세상을 이처럼 사랑하사 독생자를 주셨으니 이는 저를 믿는 자마다 멸망치 않고 영생을 얻게 하려 하심이니라"(요 3:16).

하나님의 사랑은 곧 독생자 예수 그리스도를 보내 주신 희생적 사랑을 일컫는 것입니다. 이 하나님의 사랑은 아가페의 사랑입니다. 자기 생명을 내어 주신 극진한 사랑입니다.

- 예수 그리스도의 대속의 죽음이 곧 기독교 복음입니다

예수 그리스도의 대속의 죽음 또는 대속의 피 흘림이라 말합니다. 대

속의 죽음이란 대신하여 저주받고 형벌을 받으심을 가리킵니다.

"그가 찔림은 우리의 허물을 인함이요 그가 상함은 우리의 죄악을 인함이라 그가 징계를 받음으로 우리가 평화를 누리고 그가 채찍에 맞음으로 우리가 나음을 입었도다"(사 53:5).

유월절 어린양의 대속의 죽음은 이스라엘 민족의 맏아들을 죽음에서 구원하였습니다. 그들이 구원받은 것은 자신의 의가 조금도 포함되지 않았습니다. 단지 죄 없는 어린양이 대신 죽음으로 그들이 구원받았을 뿐입니다. 이처럼 대속의 제물 되신 예수 그리스도를 믿음으로 우리는 구원받은 것입니다. 그러므로 구원은 전적인 하나님의 은혜요 하나님의 선물인 것입니다.

"너희가 그 은혜를 인하여 믿음으로 말미암아 구원을 얻었나니 이것이 너희에게서 난 것이 아니요 하나님의 선물이라"(엡 2:8).

- 성령의 임재가 곧 기독교 복음입니다.

하나님께서 자신이 택하신 자들을 구원하시기 위해 예수 그리스도를 보내 주셨습니다. 예수 그리스도는 자기 백성을 구원하시기 위해 대속의 피를 흘리셨습니다. 그러나 문제는 어떻게 예수 그리스도의 대속의 피가 오늘 나에게 적용되느냐에 있습니다. 다시 말해, 죄인이 어떻게 구원을 받으며, 또 병들고 고통당하는 자가 어떻게 고침을 받느냐에 있습니다. 바로 이 구원의 적용을 위해 하나님께서는 성령을 우리 마음 가운데 보내 주셨습니다.

하나님께서는 구원의 저수지를 설계하셨습니다. 예수 그리스도는 구원의 저수지에 대속의 피를 채우셨습니다. 성령 하나님은 구원의 저수지에 담긴 대속의 피를 각 사람에게 공급해 주시는 공급자이십니다.

이처럼 예수 그리스도의 대속의 죽음을 믿을 때마다 성령께서 즉시 구속의 은혜를 적용시켜 주시는 것입니다. 물이 송수관을 통해 집안까지 들어와 있기에 물이 필요할 때는 수도꼭지만 틀면 얼마든지 물을 얻을 수 있는 것처럼, 예수 그리스도의 대속의 피 흘림을 믿을 때 성령에 의한 구원의 역사가 나타나지는 것입니다. 지금 이 시간도 이 진리를 믿으면 즉시 마음에 평안이 임하며 질병과 고통이 사라짐을 체험케 될 것입니다.

둘째, 왜 그리스도인은 누구나 다 이 복음을 전해야만 합니까?

국민에게 의무가 부여되듯 그리스도인에게는 복음 전파의 사명이 부여됩니다.

"내가 복음을 전할지라도 자랑할 것이 없음은 내가 부득불 할 일임이라 만일 복음을 전하지 아니하면 내게 화가 있을 것임이로다"(고전 9:16).

복음 전파는 하나님의 뜻입니다.

"하나님의 지혜에 있어서는 이 세상이 자기 지혜로 하나님을 알지 못하는 고로 하나님께서 전도의 미련한 것으로 믿는 자들을 구원하시기를 기뻐하셨도다"(고전 1:21).

복음 전파 없이는 죄인이 구원받을 길이 없습니다(롬 10:13-15). 복음 전파만이 하나님이 죄인을 부르시고 구원하시는 유일한 방법입니다.

복음 전파는 그리스도의 명령입니다.

"예수께서 나아와 일러 가라사대 하늘과 땅의 모든 권세를 내게 주셨으니 그러므로 너희는 가서 모든 족속으로 제자를 삼아 아버지와 아들과 성령의 이름으로 세례를 주고 내가 너희에게 분부한 모든 것을 가르쳐 지키게 하라 볼지어다 내가 세상 끝날까지 너희와 항상 함께 있으리라"(마 28:18-20).

이처럼 복음 전파는 죄인을 구원하시려는 하나님의 뜻이며 또 그리스도의 절대명령입니다. 복음 전파 의무를 즐겁게 감당하는 자에게는 성령의 역사가 함께하셔서 전도의 열매를 맺게 하시고, 또 그의 삶 속에 풍성한 하나님의 은혜가 임하는 것입니다.

셋째, 우리는 왜 전도의 열매를 맺지 못할까요?

어떤 사람은 말을 할 줄 몰라서 전도하지 못한다고 합니다.
모세와 하나님의 대화를 들어 보십시오.

"주여 나는 본래 말에 능치 못한 자라 나는 입이 뻣뻣하고 혀가 둔한 자니이다"(출 4:10).

"여호와께서 그에게 이르시되 누가 사람의 입을 지었느뇨…나 여호와가 아니뇨 이제 가라 내가 네 입과 함께 있어서 할 말을 가르치리라"(출 4:11-12).

전도는 말재주로 하는 것이 아닙니다. 전도는 내가 확신한 진리를 그대로 전해 주는 것입니다.

지식이 없어 전도하지 못한다고 합니다.

전도는 지식의 많고 적음과 상관이 없습니다. 하나님께서는 무식한 자는 무식한 대로 쓰시고, 또 유식한 자는 유식한 대로 쓰시기 때문입니다. 어부였던 베드로는 하루에 삼천 명을 결신시켰습니다. 구두 외판원인 무디는 세계적인 전도 부흥사가 되었습니다. 낙제생이던 최봉석은 수백 교회를 세운 최권능 목사가 되었습니다.

✻ 전도의 열매를 맺으려면 다음 세 가지 조건을 갖추어야 합니다.
첫째, 기독교 복음 진리에 대한 확신이 있어야 합니다.
즉, 예수 십자가의 죽음과 부활의 확신입니다. 예수님이 나를 위하여 그 보배로운 피를 흘려 주셨다는 확신입니다. 또 예수님을 나의 구주로 믿어 내가 구원을 받았으며, 천국에 가서 영생할 것을 확신하는 믿음입니다. 이 예수님의 사랑에 대한 뜨거운 감사와 구원의 기쁨이 있는 자는 전도하지 않으면 견딜 수 없고, 따라서 전도하는 대로 열매를 맺게 되는 것입니다.

둘째, 성령 충만을 받아야만 합니다.

"오직 성령이 너희에게 임하시면 너희가 권능을 받고 예루살렘과 온 유대와 사마리아와 땅끝까지 이르러 내 증인이 되리라"(행 1:8).

아무리 좋은 오디오가 있고 또 세계 명곡을 담은 레코드판이 쌓여 있다 해도 전기가 들어오지 않으면 아무 쓸모가 없습니다. 마찬가지로 우리가 세상 학문을 많이 지녔고 또 성경 지식이 머릿속에 가득하다 해도 성령의 역사가 없이는 아무것도 할 수 없습니다. 전력이 모든 기계를 움직이고 기적을 창출하듯 성령만이 모든 사람의 마음을 변화시키고 운명을 바꾸어 주시는 것입니다. 따라서 성령의 임재를 믿고 또 성령이 역사하심을 확신할 때 오늘도 기적이 창출되는 것입니다. 전도는 복음의 확신이며 또 성령의 역사로 되는 것입니다.

셋째, 두루 다니며 복음을 전파해야만 합니다.

"누구든지 주의 이름을 부르는 자는 구원을 얻으리라 그런즉 저희가 믿지 아니하는 이를 어찌 부르리요 듣지도 못한 이를 어찌 믿으리요 전파하는 자가 없이 어찌 들으리요 보내심을 받지 아니하였으면 어찌 전파하리요 기록된바 아름답도다 좋은 소식을 전하는 자들의 발이여 함과 같으니라"(롬 10:13-15).

"제자들이 나가 두루 전파할새 주께서 함께 역사하사 그 따르는 표적으로 말씀을 확실히 증거하시니라"(막 16:20).

3. 예수 제자와 복음 전도
-마 28:18-20

한 생명이 온 천하를 주고도 바꿀 수 없을 만큼 귀중하다는 것은 성경의 가르침이며 또한 이 세상의 진리입니다. 물에 빠져 죽어가는 사람을 보았을 때 그를 건져 살리는 일보다 더 귀한 일이 어디 있겠습니까? 이렇듯 초로와 같은 생명도 귀히 여겨 살려야 한다면, 영원한 지옥형벌에 던져질 죄인들을 먼저 살려야 하는 것이 그리스도인의 최우선 사명일 것입니다. 복음 전도는 하나님의 뜻입니다. 그리스도의 명령입니다. 모든 그리스도인에게 주시는 성령의 감동입니다. 이처럼 복음 전도는 교회의 본분이며 또한 그리스도인의 사명인 것입니다.

어느 사형수가 남긴 가슴 아픈 이야기가 있습니다.

"왜 내게 일찍이 복음을 전해 준 사람이 없었나요?"

비록 그 영혼은 구원받았지만 그의 짧은 생은 어둡고 긴 터널을 지나 형장의 이슬로 사라져야만 했습니다. 그러므로 그리스도인에게 복음 전도는 가장 급선무이며 또한 때를 얻든지 못 얻든지 힘써야 할 최우선의 과제인 것입니다.

> "하나님 앞과 산 자와 죽은 자를 심판하실 그리스도 예수 앞에서 그의 나타나실 것과 그의 나라를 두고 엄히 명하노니 너는 말씀을 전파하라 때를 얻든지 못 얻든지 항상 힘쓰라"(딤후 4:1-2).

첫째, 이 명령을 주신 이는 만왕의 왕이신 예수 그리스도이십니다.

예수님은 목자 없는 양같이 그 앞에 찾아 나오는 무리들을 보실 때마다 민망히 여기사 그들의 모든 병을 고쳐 주셨고, 또한 그들을 괴롭히는 더러운 귀신들을 쫓아내 주셨습니다. 때로는 기적의 떡으로 무리들을 먹이시고, 또 때로는 갈릴리 바다 바람과 풍랑을 잠잠케도 하셨습니다. 그러나 실제적으로 하늘에 있는 천사들과 땅 위의 사람들과 또한 모든 죽은 자들의 주가 되시는 권세는 예수님이 부활하심으로 하나님께서 예수님에게 주셨습니다. 부활하신 예수님은 이러한 권세를 지닌 통치자로서 제자들에게 사명을 부여하셨고 또 행하라고 명령하셨던 것입니다. 이 명령은 창조주 되신 신의 명령이고, 대속주 되신 그리스도의 명령이며, 교회의 머리 되신 왕의 명령입니다. 예수 그리스도는 나의 왕, 나의 주, 나의 하나님이십니다.

둘째, 주님의 지상명령을 받은 자는 그의 제자들이었습니다.

주님께서는 그의 제자들에게 이 지상명령을 부여하셨습니다. 그렇다면 그리스도의 제자는 어떤 사람들입니까?

- 주님의 부르심을 받고 그를 따른 자들입니다.

"갈릴리 해변에 다니시다가 두 형제 곧 베드로라 하는 시몬과 그 형제 안드레가 바다에 그물 던지는 것을 보시니 저희는 어부라 말씀하시되 나를 따라 오너라 내가 너희로 사람을 낚는 어부가 되게 하리라 하시니 저희가 곧 그물을 버려 두고 예수를 좇으니라"(마 4:18-20).

야고보와 요한도 예수 그리스도의 부르심을 받았을 때 곧 배와 부친을 버려두고 예수 그리스도를 좇아가 그리스도의 증인이 되었습니다

(마 4:21-22). 예수 그리스도의 부르심을 받고 그리스도의 증인이 되기 위하여 마태는 세리직을 버렸고, 무디는 구두 판매원 자리를 버렸으며, 슈바이처는 교수직을 버리고 주를 따랐습니다. 주님은 오늘도 변함없이 바닷가에서, 농촌에서, 시장터에서, 직장에서 쓰실 자들을 부르고 계십니다. 주님의 부르심을 받은 즉시 사도들처럼 결단하고 주님을 따르는 참 예수 제자가 되어져야겠습니다.

- 믿음이 확고한 자들입니다.

예수님의 제자들은 3년 동안 예수님을 모시고 예수님과 함께 지내면서 성경 말씀을 듣고 배웠습니다. 그 주님의 말씀이 그들의 믿음을 자라게 하였고, 그들의 믿음을 확고한 위치에 머물게 하였습니다.

그렇다면 예수님 제자들의 믿음의 핵심은 무엇이겠습니까? 성부 하나님을 창조주와 섭리주로 믿고 의지하는 믿음입니다. 성자 하나님 되신 예수 그리스도를 유일한 구세주로 믿는 믿음입니다. 성령 하나님께서 임재해 계심과 보혜사 되심을 믿는 믿음입니다. 종말에 있을 주의 재림과 성도들의 부활을 믿는 믿음입니다. 내세의 천국과 영생복락을 믿는 믿음입니다.

이 확고한 믿음이 있었고 또한 저들이 그리스도의 부활을 목격하였기에, 저들은 담대히 복음을 증거하였고 순교의 자리까지도 서슴지 않고 나갈 수 있었습니다.

- 성령 충만 받은 자들입니다.

기독교 역사는 복음을 통한 성령의 역사였습니다. 예수님의 제자들은 주님을 따랐고 확고한 믿음을 지녔지만 성령 충만을 받기 전까지 아무 일도 할 수 없었습니다. 예수님은 그의 제자들에게 이렇게 분부하셨습니다.

"오직 성령이 너희에게 임하시면 너희가 권능을 받고 예루살렘과 온 유대와 사마리아와 땅끝까지 이르러 내 증인이 되리라"(행 1:8).

그들은 주님 말씀에 순종하여 성령 충만 받기를 사모하며 기도하던 중 오순절에 성령의 권능을 받았습니다. 따라서 복음을 통한 성령의 역사가 나타나기 시작하였고, 기독교의 발생과 교회 역사는 첫 출범의 닻을 올릴 수 있었습니다. 이처럼 기독교 역사 속에 그리스도의 산 증인으로 나타났던 모든 그리스도인들은 한결같이 성령 충만 받았던 사람들입니다.

예수님의 열두 제자들 외에도 스데반 집사, 빌립 집사 또 유능한 복음 전도자였던 바울과 바나바 그리고 유능한 목회자였던 디모데와 디도가 모두 성령의 권능으로 충만했던 사람들이었습니다. 그리고 종교 개혁자 마르틴 루터나 요한 칼빈, 요한 웨슬리, 요한 낙스같이 기독교 역사의 밤하늘을 빛냈던 큰 별들이 한결같이 성령의 권능으로 충만한 그리스도의 제자들이었습니다.

"무리가 다 성령이 충만하여 담대히 하나님의 말씀을 전하니라"(행 4:31).

셋째, 그리스도의 지상명령

"그러므로 너희는 가서 모든 족속으로 제자를 삼아 아버지와 아들과 성령의 이름으로 세례를 주고 내가 너희에게 분부한 모든 것을 가르쳐 지키게 하라"(마 28:19-20).

"오직 성령이 너희에게 임하시면 너희가 권능을 받고 예루살렘과 온 유대와 사마리아와 땅끝까지 이르러 내 증인이 되리라"(행 1:8).

너희는 복음을 가지고 두루 돌아다니며 만나는 자마다 복음을 전하라는 말입니다. 그러므로 교회가 예배드리고 조직 활동에만 그쳐서는 안 되고, 또 교인은 성경 말씀이나 배우고 교회 봉사에만 그쳐서도 안 됩니다. 교회는 하나님 말씀을 가르치고 그리스도의 제자를 양육하는 사명자의 요람이 되어야 하고, 또 복음을 가지고 선교 현장으로 파송하는 선교센터가 되어야 합니다.

모든 족속으로 제자를 삼으라

모든 족속으로 제자를 삼으라는 말은 구원의 보편성을 말해 줍니다. 즉, 복음은 어느 특정 지역이나 특정 민족만을 위한 것이 아니고 세계적이며 전 인류적인 것입니다.

"또 그의 이름으로 죄 사함을 얻게 하는 회개가 예루살렘으로부터 시작하여 모든 족속에게 전파될 것이 기록되었으니 너희는 이 모든 일의 증인이라"(눅 24:47-48).

또 제자를 삼으라는 말은 진리를 가르칠 뿐만 아니라, 주께서 분부한 모든 것을 그들이 깨닫고 그 말씀대로 살도록 훈련시키라는 의미입니다. 그러므로 복음을 전파하고 진리를 가르치는 일도 중요하지만 그 말씀을 지키게 하는 일이 더욱 소중한 것입니다.

"이 예언의 말씀을 읽는 자와 듣는 자들과 그 가운데 기록한 것을 지키는 자들이 복이 있나니 때가 가까움이라"(계 1:3).

넷째, 주님의 큰 위안의 약속이 주어졌습니다.

"볼지어다 내가 세상 끝날까지 너희와 항상 함께 있으리라"(마 28:20).

'볼지어다'는 '마음에 새기라' 또는 '기억하라'는 말입니다. 무엇을 기억하라는 말입니까? 그것은 주님의 지상명령을 마음 깊이 간직하고 충성된 그리스도의 증인으로서 살아갈 때 주님이 항상 함께해 주신다는 약속의 말씀입니다. 즉, 그의 생명과 의식주 문제를 책임져 주시겠다는 약속입니다. 이처럼 하나님은 복음 증거자들의 생명을 자기 눈동자같이 지켜 주시고 또한 그들의 평생을 책임져 주십니다.

또한 그리스도의 증인이 사역하는 현장에 예수님께서 그의 능력으로 역사하시겠다는 약속입니다.

"제자들이 나가 두루 전파할새 주께서 함께 역사하사 그 따르는 표적으로 말씀을 확실히 증거하시니라"(막 16:20).

주님은 오늘도 성령의 능력을 힘입어 복음을 증거하는 주의 종들의 입술과 손에 함께 계셔서, 그 따르는 표적으로 말씀을 확실히 증거해 주십니다.

4. 바울의 복음전도 사역
-행 19:8-12

사도 바울의 복음 사역은 선교 사역과 예수 제자 훈련 사역으로 나누어집니다.

첫째, 바울이 안디옥교회에서 예수 제자 훈련 사역을 행하였습니다.

사도행전 11장 25-26절에 보면, 바나바와 바울이 안디옥교회에서 1년 동안 협력하여 예수 제자 훈련을 시켰음을 볼 수 있습니다.

> "둘이 교회에 일 년간 모여 있어 큰 무리를 가르쳤고 제자들이 안디옥에서 비로소 그리스도인이라 일컬음을 받게 되었더라"(행 11:26).

이 기록은 바나바와 바울이 협력하여 행한 예수 제자 훈련 사역의 결과를 말해 줍니다.

첫째로 성공적인 예수 제자훈련 사역입니다. 1년이라는 긴 세월 동안 예수 제자훈련 사역이 지속되었음을 볼 때, 그 강의 내용이 얼마나 성경적이며 영적이고 능력적이었는지를 말해 줍니다. 다시 말해, 바울과 바나바 두 사람의 영적·능력적인 복음 진리 강의에 사람들이 다 매료되었음을 알 수 있습니다. 또 큰 무리를 가르쳤다고 기록되었습니다. 여기서 큰 무리는 복음 진리와 능력을 사모하는 자들을 가리킵니다. 다시 말해, 참 예수 제자가 되기를 열망하는 무리들을 가리키는 것입니다. 둘째로 참 예수 제자를 만든 제자 훈련 사역입니다.

"안디옥에서 비로소 그리스도인이라 일컬음을 받게 되었더라"(행 11:26).

이 말씀이 지니고 있는 의미는 무엇입니까? 안디옥교회에서의 예수 제자 훈련 사역은 복음 진리만이 아니라 영적·능력적·인격적인 면에서 예수를 닮은 참 예수 제자를 양육했던 것입니다.

둘째, 바울이 에베소에 가서 선교 사역을 행하였습니다.

사도 바울이 선교 여행 중 에베소라는 도시에 가게 되었습니다. 에베소라는 도시는 사도 바울의 선교 사역에 있어 가장 큰 비중을 차지하는 곳임을 알 수 있습니다. 사도 바울은 이곳에서 3년에 걸쳐 예수 제자 훈련 사역과 선교 사역을 행하였습니다(행 19:10, 20:31).

그렇다면 바울의 선교 사역에 있어서 에베소에서의 선교 사역이 왜 그토록 큰 비중을 차지해야만 했을까요?

그것은 에베소가 소아시아의 가장 중심적 도시로서 복음 선교의 중심점을 이룰 수 있다고 판단했기 때문입니다. 바울의 이러한 판단과 이곳에서의 3년에 걸친 선교 사역은 큰 결실로 나타났음을 알 수 있습니다. 에베소에서 바울이 뿌린 복음의 씨앗이 널러 퍼져 서머나, 버가모, 두아디라, 빌라델비아, 라오디게아 등 소아시아의 여러 도시에 교회들이 세워졌습니다.

✻ 이처럼 소아시아 선교의 발판이 된 에베소에서의 바울의 선교 활동을 살펴보고자 합니다.

첫째, 사도 바울이 소수의 무리에게 복음을 전하였습니다.

바울이 에베소에 와서 처음 만난 복음 전도의 대상은 어떤 제자들이었습니다. 이들은 예수 그리스도에 대하여는 전혀 아는 바가 없고 다만 세례 요한의 세례만 받은 자칭 기독교인이었습니다. 바울이 이들에게 행한 전도 방법은 문답식 교육이었습니다. 바울은 그들에게 이같이 물었습니다.

"당신들이 믿을 때 성령을 받았습니까?"

"우리는 성령이 있음을 듣지도 못했습니다."

그들은 이렇게 대답하자 바울은 다시 물었습니다.

"당신들은 무슨 세례를 받았습니까?"

"요한의 세례를 받았습니다."

이렇듯 바울은 문답식 교육으로 전도의 대상자들이 예수 그리스도를 영접할 수 있도록 마음 밭을 갈았습니다. 바울은 그들의 마음이 열렸을 때 즉시 복음을 전하였고, 예수 그리스도를 그들 마음에 영접하도록 믿음으로 권면하였습니다. 그들은 즉시 예수 그리스도를 마음에 영접한 후 예수 이름으로 세례를 받았습니다. 그와 동시에 바울이 그들에게 안수하였을 때에 성령이 임하여 방언과 예언을 하게 되었습니다. 이리하여 에베소에서의 바울의 선교는 그 첫 열매로 열두 생명을 하나님께 드릴 수 있었습니다.

바울의 이 같은 문답식 교육을 통한 복음 전도는 오늘의 교회들에게 크나큰 깨달음을 던져 줍니다. 오늘의 교회들이 행하는 전도방법은 너무도 인간적이고 상술적이라는 것을 모두 공감할 것입니다. 교회들이 선물을 주고 차량을 동원해서 교인을 빼앗아 가고, 또 간증집회나 찬양집회, 무료진료사업을 열어 교인을 빼앗아 가는 이런 악행에 대하여 하나님께서는 어떻게 판단하실까요?

둘째, 사도 바울이 회당에서 복음을 전하였습니다.

바울은 에베소에 있는 유대인 회당을 복음 선교의 발판으로 삼았습니다. 바울은 날마다 회당에 들어가 석 달 동안 담대히 하나님 나라에 대하여 강론하였습니다. 바울의 복음 전도의 주제는 예수 그리스도를 통해 이 세상에 임하게 될 하나님 나라였습니다. 하나님 나라는 하나님이 통치하시는 세상을 말합니다. 하나님 나라는 예수 그리스도께서 이 세상에 오심으로 시작되었습니다. 하나님 나라는 성령께서 이 세상에 오셔서 역사하심으로 확장하게 되었습니다. 하나님 나라는 그리스도의 증인들이 전하여 주는 복음을 통해 널리 퍼져 나갔습니다. 따라서 참 그리스도의 증인들이 전할 복음은 하나님의 축복이나 하나님의 기적이 아니라 오직 하나님의 나라에 있음을 기억해야 할 것입니다.

사도 바울이 석 달 동안 담대히 하나님 나라에 대하여 증거한 이 기록은 다음 두 가지 사실을 일깨워 줍니다.

첫째로 복음 증거는 쉬지 말고 계속되어야 합니다. 하나님 나라가 속히 이 땅위에 편만이 이루어지는 것이 하나님의 뜻이기 때문입니다.

사도 바울은 이같이 명하였습니다.

"너는 말씀을 전파하라 때를 얻든지 못 얻든지 항상 힘쓰라"(딤후 4:2).

둘째로 복음 증거는 담대히 선포해야 합니다. 복음 증거는 하나님의 뜻이기 때문입니다(고전 1:21), 또 나의 주되신 주님의 명령이고(행 1:8), 성령님의 현재적 역사이며(렘 20:9), 또한 그리스도인은 누구나 다 복음의 빚진 자이기 때문입니다(롬 1:14).

셋째, 바울이 두란노 서원에서 예수 제자 훈련 사역을 행하였습니다.

바울이 유대인의 회당에서 석 달 동안 담대히 하나님 나라에 대하여 강론하였을 때 두 부류의 무리들이 나타났습니다.

첫째로 바울의 강론에 대하여 비방하는 무리들이 있었습니다. 이들은 마음이 강퍅하고 굳은 자들로서 바울이 전한 하나님의 말씀을 배척하였습니다.

둘째로 바울의 강론을 마음으로 받아 순종하는 무리들이 있었습니다. 이들은 마음 밭이 기경된 자들입니다. 이들은 성령의 주장하심과 인도하심을 따르는 자들입니다. 이들은 목자의 강론이 곧 하나님의 말씀임을 믿는 자들입니다. 이들은 바울을 하나님의 사람으로 알고 자기들의 목자로 섬긴 자들입니다. 바울은 이 같은 두 무리를 놓고 기도하던 중 마음의 결정을 실행으로 옮기게 되었습니다.

바울은 자신의 강론을 하나님의 말씀으로 믿고 따르는 무리들과 함께 유대인의 회당을 떠나 두란노 서원으로 장소를 옮겼습니다. 바울은 이곳에서 2년 동안 그들을 대상으로 예수 제자 훈련을 시켰습니다.
두란노 서원에서 행한 예수 제자 훈련의 특징은 이렇습니다. 영적으로 하나 된 자들이 훈련받았습니다. 그들의 신앙 사상과 소명 의식이 주 안에서 하나였습니다. 훈련교사는 성령이 친히 세우시고 함께하신 사도 바울이었습니다. 훈련은 날마다 쉬지 않고 2년 동안이나 계속되었습니다.

❋ 이렇듯 강도 높은 예수 제자 훈련이 2년 동안 계속되었을 때 놀라운 두 가지 결과를 낳게 되었습니다.
복음의 결실이 나타났습니다.

"이같이 두 해 동안을 하매 아시아에 사는 자는 유대인이나 헬라인이나 다 주의 말씀을 듣더라"(행 19:10).

복음의 능력이 나타났습니다.

"하나님이 바울의 손으로 희한한 능을 행하게 하시니 심지어 사람들이 바울의 몸에서 손수건이나 앞치마를 가져다가 병든 사람에게 얹으면 그 병이 떠나고 악귀도 나가더라"(행 19:11-12).

우리는 이 말씀을 함축성 있게 표현하여 두란노 서원의 기적이라고 합니다. 이 두란노 서원의 기적은 바울이 2년 동안 쉬지 않고 날마다 하나님 말씀을 강론하였을 때 나타난 것입니다. 그것은 하나님의 말씀이 곧 기적을 일으키는 능력임을 가르쳐 줍니다. 기독교 복음은 언제나 기적을 일으키는 능력을 지녔으며, 기독교 복음이 선포되는 곳에는 언제나 기적의 역사가 나타났습니다.

두란노 서원의 기적은 여러 모습으로 나타났습니다.

"하나님이 바울의 손으로 희한한 능을 행하게 하시니 심지어 사람들이 바울의 몸에서 손수건이나 앞치마를 가져다가 병든 사람에게 얹으면 그 병이 떠나고 악귀도 나가더라"(행 19:11-12).

❋ 이처럼 치유의 능력은 성령의 역사로 나타나지만 그 방법은 다양하게 나타나는 것입니다.

첫째, 안수 치유 사역이 있습니다.

"하나님이 바울의 손으로 희한한 능을 행하게 하시니"(행 19:11).

안수 치유는 치유 사역에서 가장 대표적인 치유 방법이라 할 수 있습니다. 안수는 피부 접촉으로 병든 자에게는 믿음을 심어 주며, 치유자에게는 능력이 나가는 통로가 됩니다. 예수님이 두 소경을 안수하여 고치신 예가 있습니다.

둘째, 말씀 치유 사역이 있습니다. 하나님 말씀은 곧 능력이기에 말씀을 듣는 순간 그 말씀이 능력으로 나타나서 병이 치유되는 것입니다. 예를 들면 예수님이 백부장에게 말씀하여 그 종을 치유하셨습니다.

"이 말씀이 또한 너희 믿는 자 속에서 역사하느니라"(살전 2:13).

셋째, 손수건이나 앞치마를 통한 치유 사역이 있습니다.

넷째, 그림자 치유 사역이 있습니다. 베드로가 지나갈 때 그 그림자에 덮이는 자마다 다 병이 나았습니다.

2천 년 전 에베소의 두란노 서원에서 행한 예수 제자 훈련과 기적의 치유 능력이 나와 여러분을 통해 재현될 것을 믿으며, 하나님 앞에 감사와 찬송과 영광을 돌립니다.

제8부

하나님의 교회

1. 살아 계신 하나님의 교회 ▶ 275
2. 교회 부흥의 비결 ▶ 282
3. 성전에 모이기를 힘쓰는 교회 ▶ 288
4. 성령이 역사하시는 교회 ▶ 292

 1. 살아 계신 하나님의 교회
-딤전 3:15

예로부터 하나님의 백성은 성전을 중심하여 신앙공동체를 이루어 왔습니다. 출애굽한 이스라엘 민중이 광야 40년 나그네 인생길을 걷는 동안 저들은 성막을 중심하여 진을 쳤고 또한 성막을 바라보며 하나님을 경외하는 신앙의 삶을 영위해 왔습니다. 또한 이스라엘 왕정시대에는 예루살렘에 있는 성전을 저들 마음 중심에 두고 온 이스라엘 민중이 1년에 3차례씩 예루살렘 성전으로 올라가 여호와 하나님께 감사의 제사를 드렸음을 볼 수 있습니다.

첫째, 성전은 살아 계신 하나님의 교회요 진리의 기둥과 터입니다.

• 교회는 살아 계신 하나님의 성전입니다.

출애굽 광야시대에는 하나님이 성막 안 지성소에 계셨고, 또한 이스라엘의 왕정시대에는 하나님이 성전에 거하셔서 백성의 죄를 사하시고 그 민족의 미래를 예고해 주셨습니다. 이처럼 교회 안에는 살아 계신 하나님이 임재해 계십니다. 그리하여 우리의 찬양을 받으시고 우리의 기도를 들으시며 우리의 헌물을 받으십니다. 또 하나님을 전심으로 찾는 자들에게는 은혜를 베푸시고 기적을 나타내시며 복을 주십니다.

"너희는 내게 부르짖으며 와서 내게 기도하면 내가 너희를 들을 것이요 너희가 전심으로 나를 찾고 찾으면 나를 만나리라"(렘 29:12-13).

하나님께서는 여호수아의 기도를 들으시고 해와 달을 멈추셨습니다. 하나님께서는 엘리야의 기도를 들으시고 큰 비를 내려 주셨습니다. 하나님께서는 히스기야 왕의 눈물의 간구를 들으시고 그의 생명을 15년 더 연장해 주셨습니다. 하나님께서는 오순절 마가의 다락방에서 합심하여 기도하던 예수님 제자들에게 성령을 부어 주셨습니다.

이처럼 영생하시는 하나님은 예나 지금이나 변함없이 그의 백성 중에 거하시며 교회 안에 임재해 계십니다. 하나님께서는 오늘도 하나님을 간절히 찾는 자들을 만나 주시며, 그 간구하는 기도를 들으시고 응답해 주십니다.

- 교회는 진리의 기둥과 터입니다

성경에 기록된 복음은 하늘에서 들려준 하나님의 소리이며, 이 복음을 믿는 자마다 구원을 받으며 운명이 바뀌는 것입니다. 바로 교회가 이 진리의 기둥과 터입니다. 하나님께서는 이 진리를 자신의 종들을 통해 교회에만 주셨습니다. 이 진리가 너무 귀하기에, 하나님께서는 결코 교회 밖의 세상 사람들에게는 들려주지 않으십니다. 교회는 이 진리가 변질되지 않도록 날마다 가르치고 보존하며 지켜야만 합니다. 기독교 역사의 뒤안길을 살펴보면 많은 주의 종들이 복음 진리를 파수하다가 옥고를 치르며 순교의 피를 흘렸음을 찾아볼 수 있습니다.

세례 요한, 스데반, 베드로, 바울, 주기철 목사 등 이루 헤아릴 수 없이 많은 충성된 주의 종들이 흘린 그 순교의 피가 지나온 역사의 발자국마다 선명히 남아 있음을 볼 수 있습니다. 교회는 하나님이 주신 이 복음 진리를 토대로 이루어졌습니다. 그러므로 세상 어느 누구도 하나님의 교회를 흔들 자가 없습니다.

하나님께서는 지금도 교회 안에 항상 계셔서 교회를 돌보시며 인도해 가십니다. 우리는 모두 이 진리를 받은 하나님의 교회입니다. 우리는 생명 다해 이 진리를 파수하는 파수꾼이 되어야 합니다. 마치 광야에서 모닥불을 끄려는 시련의 바람이 끊임없이 불어오듯, 하나님이 교회에 주신 이 진리의 불꽃을 끄려는 악마의 세력은 역사 이래 지금까지 쉬지 않고 계속되어 왔습니다. 그 악마의 세력은 진리를 선포하는 선지자들을 괴롭힌 유대 정권이며, 사도들을 괴롭힌 유대교 지도자들입니다. 또 이방 세계에 흩어져 성경 복음을 전하던 디아스포라들을 괴롭힌 로마 제국입니다. 이 시대에도 교회가 파수하며 전하는 이 복음 진리를 훼방하기 위해 악마의 손길이 그 역사를 쉬지 않고 있습니다.

이 시대의 악마의 손길이 무엇이겠습니까? 공산주의 세력, 기독교를 적대시하는 타종교 세력, 교회 안에 뿌리내린 이단 세력, 악마의 지시를 받아 교회를 탄압하는 정권 세력입니다.

이처럼 악마의 세력은 교회가 파수하는 진리의 불꽃을 끄기 위해 틈을 엿보며 비난과 모함과 공격을 서슴지 않습니다. 이제 우리는 더욱 근신하여 깨어 있어 악마의 세력과 공격에서 하나님의 진리를 파수하는 파수꾼이 되어야 합니다. 또 때를 얻든지 못 얻든지 교회에 주신 이 하나님의 진리를 어둠 속에서 방황하고 있는 수많은 영혼들에게 전하는 주님의 사람이 되어야 합니다. 교회는 영원히 살아 계신 하나님의 집이며, 또한 진리의 기둥과 터로서 하나님의 역사를 이루어 나갈 것입니다.

둘째, 교회의 역사를 성경적으로 살펴보겠습니다.

교회를 헬라어로 '에클레시아'라고 말합니다. 이 말에는 두 가지 의미가 있습니다. 좁은 의미로는 하나님의 구속의 은혜를 받은 자들을 나타냅니다.

"너희가 하나님의 성전인 것과 하나님의 성령이 너희 안에 거하시는 것을 알지 못하느뇨"(고전 3:16).

넓은 의미로는 세상에서 그리스도의 증인들로 부름받은 자들의 모임을 나타냅니다.

"오직 너희는 택하신 족속이요 왕 같은 제사장들이요 거룩한 나라요 그의 소유된 백성이니 이는 너희를 어두운 데서 불러 내어 그의 기이한 빛에 들어가게 하신 자의 아름다운 덕을 선전하게 하려 하심이라"(벧전 2:9).

또 교회를 영어로 'The Church'라고 합니다. 이 말의 의미는 교회가 주의 것이며 주에게 속하였음을 말해 줍니다. 오늘날 교회 된 우리는 모두 주께 속한 주의 교회입니다. 나 자신도 주님이 거하시는 교회이며, 주의 백성들이 주의 이름으로 모이는 교회도 하나님이 친히 함께하시는 교회입니다. 하나님의 교회는 하나님께서 다스리시고, 하나님께서 인도하시고, 하나님께서 지켜 주시고, 하나님께서 책임져 주십니다.

❋ 하나님의 교회는 성경적으로 볼 때 세 부분으로 나누어집니다.

첫째, 광야 성막교회가 있습니다.
하나님이 시내산 정상에서 모세에게 성막을 짓도록 명하셨습니다.

"내가 그들 중에 거할 성소를 그들을 시켜 나를 위하여 짓되 무릇 내가 네게 보이는 대로 장막의 식양과 그 기구의 식양을 따라 지을지니라"(출 25:8-9).

성령에 감동된 자들이 자원하여 드린 예물로 성막을 지었습니다.

"여호와께서 모세에게 일러 가라사대 이스라엘 자손에게 명하여 내게 예물을 가져오라 하고 무릇 즐거운 마음으로 내는 자에게서 내게 드리는 것을 너희는 받을지니라"(출 25:1-2).

성막 지을 예물은 하나님이 백성들에게 명하신 것으로, 하나님께 드리는 것이며, 또한 즐거운 마음으로 드려야 합니다(고후 9:7-8).

하나님이 선택하시고 성령 충만 받은 자들이 성막을 지었습니다.

"브살렐을 지명하여 부르고 하나님의 신을 그에게 충만하게 하여 지혜와 총명과 지식과 여러 가지 재주로 공교한 일을 연구하여 금과 은과 놋으로 만들게 하며…"(출 31:2-11).

성막을 완성하여 세웠을 때 하나님의 영광이 성막 위를 덮었습니다. 그 시부터 하나님이 이스라엘의 하나님이 되셔서 인도하시고 보호하시며 필요한 모든 것을 공급해 주셨습니다.

이 성막은 광야 이스라엘 백성의 신앙과 삶의 중심이었습니다. 이스라엘 민중은 항시 성막 위를 덮고 있는 구름기둥 · 불기둥을 보며 하나님의 임재를 느꼈고, 또한 안심하며 살 수 있었습니다. 또 이스라엘 민중은 1년에 한 번 대제사장이 성막 지성소 안에 들어가 속죄소 위에 계신 하나님으로부터 그들의 죄 사함을 받음으로 죽음을 면할 수 있었습니다. 하나님께서는 모세를 성막으로 부르셔서 이스라엘 민족에 대한 하나님의 뜻을 들려주시고, 모세로 하여금 이스라엘 민족을 통치하게 하셨습니다. 하나님께서는 오늘도 변함없이 하나님의 성막에서 자신의 종들을 만나 주시며, 성도들의 죄를 용서해 주시고, 또한 교회의 나갈 길을 제시해 주십니다. 구약의 성막은 곧 오늘의 교회입니다.

둘째, 예루살렘교회가 있습니다.

예루살렘교회는 하나님께서 다윗 왕으로 준비하게 하시고 그 아들 솔로몬 왕으로 하여금 짓도록 명하신 하나님의 성전입니다. 하나님께서는 이 성전을 향해 죄를 자복하는 자에게 용서와 은혜를 베풀어 주겠다고 약속하셨습니다. 또 이 성전에 나와 하나님께 기도하는 자의 기도를 들으시고 그 간구를 이루어 주겠다고 약속하셨습니다(왕상 8:37-40).

예루살렘교회는 곧 하나님께서 그 백성 중에 거하시기 위해 하나님의 종에게 짓도록 명하여 세운 하나님의 성전입니다. 하나님께서는 광야 성막에 항시 계셨던 것처럼 예루살렘 성전에도 항시 계셔서 백성들의 예배를 받으시고, 기도를 들으시며, 제사와 헌물을 열납하시고, 그들에게 은혜와 복을 주셨습니다.

예루살렘 성전은 왕정시대에 이스라엘의 신앙과 삶의 중심이었습니다. 이스라엘 민중은 예루살렘 성전을 중심으로 한 삶이었습니다. 마찬가지로 예루살렘 성전에 계시던 하나님께서는 오늘도 우리 교회 가운데 함께 계십니다. 하나님의 교회를 중심하여 살고, 하나님의 교회를 항시 사모하며 섬기는 자가 되어져야겠습니다.

"믿음이 없이는 기쁘시게 못하나니 하나님께 나아가는 자는 반드시 그가 계신 것과 또한 그가 자기를 찾는 자들에게 상 주시는 이심을 믿어야 할지니라"(히 11:6).

셋째, 회당 교회가 있습니다.

구약 교회와 신약 교회를 연결시켜 주는 교회의 명칭이 곧 회당이라 부르는 '쉬나고게'입니다. 회당은 바벨론 포로 기간 중에 설립되었습니다. 예루살렘 성전이 파괴되고 제사장들과 레위인들이 바벨론 포로로 잡혀간 상황에서 성전 제사가 더 이상 존속될 수 없었습니다. 따라서 신앙의 순수성을 이어갈 새로운 모임과 장소가 요구됨에 따라 성전을 대신할 회당이 생겨난 것입니다.

회당 설립의 목적은 첫째로 하나님께 예배를 드리는 일이었으며, 둘째로 율법을 가르치는 일이었습니다(신 31:13, 19). 그러나 그후 회당설립의 목적과는 달리 공적인 회의 장소나 재판을 위한 법정으로 사용되기도 하였습니다(눅 12:11; 행 26:11).

유대인 회당이 아시아 각처로 널리 분포된 것은 예루살렘이 로마에 의해 함락된 뒤였습니다. 로마의 디도장군(Titus)에 의해 예루살렘이 멸망함과 동시에 AD 70년 유대인들이 아시아 각처로 흩어져 그들이 머무는 곳마다 회당이 세워지게 되었습니다.

회당 내부에는 강단과 단상이 설치되므로 구약시대의 성전 제사의식이 말씀과 기도를 중시하는 형태로 바뀌었음을 볼 수 있으며 이러한 예배 의식이 초대교회에 영향을 미쳤음을 알 수 있습니다. 또한 회당의 일을 총괄하는 회당장의 직분은 훗날 교회의 장로와 감독이라는 직분을 생겨나게 하였습니다. 그리고 회당의 여러 직분을 평회원이 담당한 사실을 본받아 훗날 교회도 평신도 중심으로 움직이는 신앙공동체를 탄생시켰습니다.

 2. 교회 부흥의 비결
-행 2:42-47

오순절 초대 교회의 부흥 비결은 네 가지로 요약할 수 있습니다. 사도에게서 진리의 말씀을 날마다 듣고 깨달아 성도들이 영적으로 성장하였습니다. 또 전도 사명을 온 성도가 감당함으로 교회는 양적으로 성장하였습니다. 성도의 교제를 통하여 교회는 그리스도 안에서 한 공동 운명체가 되었습니다.

이렇듯 예루살렘 초대 교회는 성령 충만을 받아 그리스도를 증거했으며, 또한 사도에게서 진리의 가르침을 받았고, 또 서로 사랑의 교제를 나누었습니다. 이처럼 온 교회가 성령 충만한 가운데 사도들로 인하여 기사와 표적이 많이 나타났고, 따라서 초대 교회의 큰 부흥 역사가 일어났던 것입니다.

첫째, 초대 교회는 복음 전도 열정이 뜨거운 교회였습니다.

"저희가 날마다 성전에 있든지 집에 있든지 예수는 그리스도라 가르치기와 전도하기를 쉬지 아니하니라"(행 5:42).

복음 전도의 주제는 예수 그리스도였습니다. 다시 말해, 기독교의 복음은 곧 예수 그리스도이십니다. 복음 그 자체이신 예수 그리스도는 죄인을 구원하기 위해 이 땅에 오신 구세주이십니다. 또 대속의 십자가를 지신 하나님의 어린양이시며, 지금도 그를 믿는 자 속에 성령으로 찾아오셔서 구원 역사를 이루시는 살아 계신 주님이십니다. 따라서 기독교 복음은 인류 역사 전 기간에 걸쳐 모든 족속이 다 들어야 할 보편성을 띠고 있는 것입니다.

"또 가라사대 너희는 온 천하에 다니며 만민에게 복음을 전파하라 믿고 세례를 받는 사람은 구원을 얻을 것이요, 믿지 않는 사람은 정죄를 받으리라"(막 16:15-16).

✽ 여기서 복음 전도가 왜 모든 그리스도인의 사명이며 또한 책임적 의무인지를 성경적으로 규명해 보겠습니다.

첫째, 복음 전도는 하나님의 뜻입니다.

"하나님의 지혜에 있어서는 이 세상이 자기 지혜로 하나님을 알지 못하는 고로 하나님께서 전도의 미련한 것으로 믿는 자들을 구원하시기를 기뻐하셨도다"(고전 1:21).

둘째, 복음 전도는 그리스도의 명령입니다.

"예수께서 나아와 일러 가라사대 하늘과 땅의 모든 권세를 내게 주셨으니 그러므로 너희는 가서 모든 족속으로 제자를 삼아 아버지와 아들과 성령의 이름으로 세례를 주고 내가 너희에게 분부한 모든 것을 가르쳐 지키게 하라 볼지어다 내가 세상 끝날까지 너희와 항상 함께 있으리라"(마 28:18-20).

셋째, 복음 전도는 죄인 된 인간이 하나님의 진노로 죽을 운명에서 구원받을 수 있는 유일한 길입니다.

"다른 이로서는 구원을 얻을 수 없나니 천하 인간에 구원을 얻을 만한 다른 이름을 우리에게 주신 일이 없음이니라"(행 4:12).

이처럼 복음 전도는 하나님의 뜻이며 그리스도의 명령이고 또한 인류를 구원할 수 있는 유일한 방법입니다. 따라서 모든 그리스도인에게는 복음 전도의 사명과 책임적 의무가 따르는 것입니다.

"하나님 앞과 산 자와 죽은 자를 심판하실 그리스도 예수 앞에서 그의 나타나실 것과 그의 나라를 두고 엄히 명하노니 너는 말씀을 전파하라 때를 얻든지 못 얻든지 항상 힘쓰라"(딤후 4:1-2).

둘째, 초대 교회는 진리를 가르치는 교회였습니다.

교회 부흥의 둘째 비결은 교육과 훈련에 있습니다. 교회의 참된 부흥은 전도하여 교인수가 많아져야 하고, 또 가르치고 훈련시켜 많은 그리스도의 제자를 배출해 내야 하는 것입니다. 이처럼 교육과 훈련으로 참된 그리스도의 제자가 많아질수록 교회는 영적으로 든든히 서갈 수 있으며, 능력 있는 전도로 교회는 더욱 알차게 부흥하고, 하나님의 영광을 나타내는 많은 일들을 행할 수 있습니다.

바로 초대 예루살렘교회가 그러한 교회였습니다. 사도들의 가르침과 훈련을 통하여 성령의 지혜와 믿음이 충만한 일곱 집사가 교회 지도자로 세워졌음을 볼 수 있습니다. 그중 스데반 집사는 큰 능력을 받아 기사와 표적으로 하나님의 영광을 나타냈으며, 복음을 전하다가 첫 순교의 제물이 되었습니다. 또 빌립 집사가 사마리아 성에 내려가 능력 있는 말씀을 전파할 때 많은 사람에게 붙었던 더러운 귀신들이 떠나가고 또 많은 병자들이 나음을 입어 그 성에 큰 기쁨이 충만했습니다. 이들 외에도 예루살렘교회에는 가르침을 받아 훈련된 많은 그리스도의 참된 제자들이 있었음을 볼 수 있습니다.

"하나님의 말씀이 점점 왕성하여 예루살렘에 있는 제자의 수가 더 심히 많아지고 허다한 제사장의 무리도 이 도에 복종하니라"(행 6:7).

이처럼 가르침과 훈련을 통하여 많은 그리스도 제자들을 양육했기에, 예루살렘교회는 핍박 속에서도 사명의 불꽃을 더욱 크게 불태울 수 있었습니다. 또 잘 훈련된 그리스도의 제자들에 의해 예루살렘과 유대와 사마리아와 이방의 모든 족속들에게 복음이 널리 전해질 수 있었습니다. 이들이 곧 주님과 복음 때문에 모든 것을 잃어버린 자들이요, 또 주님을 너무 사랑했기에 청춘과 생애를 선교로 바쳐 버린 디아스포라들이었습니다.

또 이방 선교의 전초기지였던 안디옥교회 역시 교육과 훈련으로 수많은 그리스도의 제자를 배출해 냈고, 특히 바나바 같은 위대한 복음 전도자를 탄생시키기도 했습니다. 그리고 에베소교회의 부흥과 성장 역시 교육과 훈련에 있었음을 보게 됩니다. 바울이 제자들을 따로 세우고 두란노 서원에서 2년 동안 하나님 말씀을 가르쳤을 때, 큰 기사와 표적이 많이 나타나고 수많은 그리스도의 참된 제자들이 배출되었음을 찾아볼 수 있습니다.

"모든 성경은 하나님의 감동으로 된 것으로 교훈과 책망과 바르게 함과 의로 교육하기에 유익하니 이는 하나님의 사람으로 온전케 하며 모든 선한 일을 행하기에 온전케 하려 함이니라"(딤후 3:16-17).

셋째, 초대 교회는 성도의 교제와 실천적 사랑이 충만한 교회였습니다.

교회 성장의 세 번째 비결은 성도의 교제에 있습니다. 교제란 서로의 마음과 마음을 나누는 것입니다. 또 서로의 마음을 사랑으로 엮어 하나로 만드는 것입니다(행 4:33-35).

✱ 왜 그토록 성도의 교제가 중요할까요?

첫째, 성도는 그리스도 안에서 하나 된 지체들이기 때문입니다.

지체란 몸을 이루고 있는 각 부분들을 말합니다. 이것들이 서로 모양새가 다르고 그 기능도 다르지만 분리될 수 없는 것입니다. 한 지체가 고통을 받으면 모든 지체도 함께 고통을 받고, 한 지체가 영광을 얻으면 모든 지체도 함께 즐거워하는 것입니다.

> "몸은 하나인데 많은 지체가 있고 몸의 지체가 많으나 한 몸임과 같이 그리스도도 그러하니라 우리가 유대인이나 헬라인이나 종이나 자유자나 다 한 성령으로 세례를 받아 한 몸이 되었고 또 다 한 성령을 마시게 하셨느니라"(고전 12:12-13).

성도가 서로 지체임은 한 아버지의 자녀이기 때문입니다. 한 피를 믿는 그리스도의 사람들이기 때문입니다. 그러므로 성도는 하나님의 은혜를 함께 나누어야 하고, 또 그리스도의 사랑의 교제를 지속해야 하는 것입니다.

둘째, 성도의 교제는 주님의 뜻이기 때문입니다.

> "새 계명을 너희에게 주노니 서로 사랑하라 내가 너희를 사랑한 것 같이 너희도 서로 사랑하라 너희가 서로 사랑하면 이로써 모든 사람이 너희가 내 제자인줄 알리라"(요 13:34-35).

그리스도의 제자의 삶은 곧 그리스도의 사랑을 나누는 삶입니다.

> "네 이웃을 네 몸과 같이 사랑하라"(마 22:39).

그러므로 그리스도 안에서 한 지체된 이웃을 내 몸처럼 사랑하지 않는 자는 참 그리스도의 제자가 아닌 것입니다. 성도의 교제란 이웃을 내 몸처럼 사랑하라 명하신 주님의 계명을 실천하는 삶입니다. 이 계명을 좇아 이웃에게 주님의 사랑을 나누어 주는 그리스도의 제자가 많아질 때 그들 자신이 복을 받고 교회는 부흥되는 것입니다.

"믿는 사람이 다 함께 있어 모든 물건을 서로 통용하고 또 재산과 소유를 팔아 각 사람의 필요를 따라 나눠 주고 날마다 마음을 같이하여 성전에 모이기를 힘쓰고 집에서 떡을 떼며 기쁨과 순전한 마음으로 음식을 먹고 하나님을 찬미하며 또 온 백성에게 칭송을 받으니 주께서 구원받는 사람을 날마다 더하게 하시니라"(행 2:44-47).

넷째, 초대 교회는 사도들로 인하여 기사와 표적이 많이 나타난 교회였습니다.

오순절 날 성령 충만 받은 사도들에 의해 기사와 표적이 많이 나타났습니다(행 2:43). 이날 이후로 사도들과 집사들에 의한 기사와 표적이 끊이지 않았습니다.

사도 베드로가 성전 미문에 앉아 구걸하는 거지 앉은뱅이를 예수 그리스도의 이름으로 일으켰으며(행 3:1-10), 또한 욥바에 내려가 죽은 다비다를 살렸습니다(행 9:36-40). 심지어 병든 사람을 요 위에 뉘고 베드로가 지날 때에 그 그림자에 덮이는 자마다 다 나음을 얻었습니다(행 5:15-16). 이처럼 오순절 성령 강림 이후 성령께서 사도들을 붙드시고 그 권능을 나타내시므로 기사와 표적이 예루살렘과 온 유대에 많이 나타났습니다.

"제자들이 나가 두루 전파할새 주께서 함께 역사하사 그 따르는 표적으로 말씀을 확실히 증거하시니라"(막 16:20).

3. 성전에 모이기를 힘쓰는 교회
-행 2:42-47

"사람마다 두려워하는데 사도들로 인하여 기사와 표적이 많이 나타나니 믿는 사람이 다 함께 있어 모든 물건을 서로 통용하고 또 재산과 소유를 팔아 각 사람의 필요를 따라 나눠 주고 날마다 마음을 같이하여 성전에 모이기를 힘쓰고 집에서 떡을 떼며 기쁨과 순전한 마음으로 음식을 먹고 하나님을 찬미하며 또 온 백성에게 칭송을 받으니 주께서 구원받는 사람을 날마다 더하게 하시니라"(행 2:43-47).

예루살렘 초대 교회는 이처럼 각 사람의 마음과 뜻이 주 안에서 하나 되어, 날마다 구역 모임을 열고 예수님의 살과 피를 나누며 사랑의 교제를 나누었음을 볼 수 있습니다. 또 저들은 마음을 같이하여 성전에 모이기를 힘썼습니다. 그것은 그들이 사도의 가르침을 받아 서로 교제하고 떡을 떼며 기도하기 위해서였습니다. 그리하였을 때 성령께서 사도들로 하여금 기사와 표적이 많이 나타나게 하셨고, 또 구원받는 사람을 날마다 더하게 하셔서 예루살렘교회에 큰 부흥의 역사가 일어났음을 보게 됩니다.

개인의 신앙 성장 비결이 여기에 있습니다. 교회의 부흥 성장 비결이 여기에 있습니다. 온 성도가 마음을 같이하여 날마다 성전에 모이기를 힘써야 합니다.

✼ 왜 이처럼 초대 교회 성도들이 날마다 성전에 모이기를 힘썼을까요?

첫째, 사도의 가르침을 받기 위해서입니다.

사도의 가르침은 곧 예수의 교훈이며, 예수의 교훈은 곧 하나님의 말씀입니다. 우리가 교회에 모이는 첫째 이유는 하나님의 말씀을 받기 위해서입니다. 하나님의 말씀은 영혼의 양식입니다. 하나님의 말씀은 믿음을 성장하게 하며 인격을 성숙시켜 줍니다. 하나님의 말씀은 약한 자를 강하게 하며 무지한 자를 지혜롭게 하고 병든 자를 치료해 줍니다. 하나님 말씀 없는 신앙은 영적 장님이요 귀머거리요 벙어리요 앉은뱅이입니다. 또 능력 있는 하나님의 말씀이 없는 교회는 하나님이 계시지 않는 교회요 인간들만이 모인 집단에 불과합니다.

눈을 들어 오늘의 신앙 모습과 교회 모습들을 바라보십시오. 교회마다 차고 넘치는 영적 장님들과 영적 귀머거리들, 기도원이나 부흥집회마다 차고 넘치는 영적 벙어리들, 영적 앉은뱅이들은 무엇을 말해줍니까? 또 성경 지식적 가르침만이 있는 교회, 성령의 은사만을 추구하는 교회, 현실 행복만을 추구하는 교회들은 무엇을 말해 줍니까? 이것이 모두 성령의 역사가 함께하지 않음을 말해 주는 것입니다. 이러한 모든 문제의 원인이 어디에 있습니까?

그 해답은 단 하나입니다. 사도의 가르침 곧 살아 역사하시는 하나님의 말씀이 없기 때문입니다. 하나님의 살았고 운동력 있는 말씀은 생명의 힘이 있으며, 구원의 능력이 있고, 기적을 창출하는 신비가 있습니다. 이제 어떤 성도들이 되어야겠습니까? 하나님의 살았고 운동력 있는 말씀만을 사모하여 날마다 성전에 모이기를 힘쓰는 성도들이 되어야겠습니다.

둘째, 서로 교제하기 위함입니다.

"새 계명을 너희에게 주노니 서로 사랑하라 내가 너희를 사랑한 것같이 너희도 서로 사랑하라"(요 13:34).

사랑의 교제가 있는 곳에 반드시 성령의 역사가 나타납니다. 기사와 표적이 많이 나타나고 각양 은사를 주시어 더욱 충성하게 됩니다. 사랑의 교제는 동맥과 정맥을 통한 피의 흐름과도 같습니다. 피의 흐름은 곧 생명의 연속이며 생명력 있는 삶을 말해 주는 것입니다. 성도 간의 사랑의 교제는 곧 피의 흐름이며 영적 생명력의 현주소입니다.

"우리가 이 계명을 주께 받았나니 하나님을 사랑하는 자는 또한 그 형제를 사랑할지니라"(요일 4:21).

셋째, 떡을 떼기 위해서입니다.

떡을 뗌은 예수의 살과 피를 나누는 성찬 예식을 가리킵니다. 즉, 그리스도께서 나의 죄와 불행을 대신하여 십자가에 못 박혀 피 흘려 주셨음을 확신하는 신앙고백인 것입니다. 이 신앙고백 속에 죄와 악의 어둠은 조금도 거하지 못합니다. 또 연약함과 고통이 전혀 거할 수 없습니다.

"그러므로 이제 그리스도 예수 안에 있는 자에게는 결코 정죄함이 없나니 이는 그리스도 예수 안에 있는 생명의 성령의 법이 죄와 사망의 법에서 너를 해방하였음이라"(롬 8:1-2).

날마다 이 신앙을 고백하며 떡을 떼는 믿음의 확신으로 충만한 성도들이 되어야겠습니다.

넷째, 기도하기 위해서입니다.

기도는 생명의 젖줄입니다. 갓난아이가 어머니의 젖을 빨아 먹고 생명을 유지하며 성장하듯, 우리가 기도에 전념함으로 영적 생명의 힘을 얻으며 또 영적 건강을 지켜 나갈 수 있는 것입니다. 기도는 영적 호흡과도 같습니다. 중단 없는 계속적인 호흡으로만 생명이 보존될 수 있습니다. 마찬가지로 하나님 앞에 끊임없이 드리는 기도 생활을 통해서만 하나님의 생명이 내 안에 살아 역사하게 됩니다.

영적 호흡, 즉 기도 생활이 약해지거나 중단되면 영적 생명이 기근 들거나 끝나게 됩니다. 기도는 말씀과 더불어 생명력 있는 신앙을 유지시키고 성장시켜 주는 절대 요소인 것입니다. 쉬지 않고 기도함으로 모든 시험을 이기고, 쉬지 않고 기도함으로 기적을 창출해 낼 수 있습니다. 예수님의 생애가 기도로 이어지는 삶의 연속이었으며, 사도들의 생애 또한 기도하는 삶의 연속이었음을 신약 성경은 말해 주고 있습니다.

"소망 중에 즐거워하며 환난 중에 참으며 기도에 항상 힘쓰며"(롬 12:12).

초대 예루살렘 교회는 날마다 마음을 같이하여 성전에 모이기를 힘쓰는 교회였습니다. 그들은 성전에 모여 사도의 가르침을 통해 생명의 양식을 받아먹음으로 신앙 인격이 성숙해졌습니다. 또 서로 사랑의 교제를 통하여 유무상통하는 삶의 공동체를 이루었습니다. 그들은 날마다 떡을 떼는 성찬예식을 통하여 대속의 주님에 대한 신앙고백을 확실히 함으로 능력 있는 믿음의 삶을 살 수 있었습니다. 그리고 기도하기에 힘썼습니다.

이처럼 초대 교회 성도들이 날마다 성전에 모여 사도의 가르침을 받고 서로 교제하며 떡을 떼고 기도하기에 힘쓴 결과, 예루살렘교회에 큰 부흥 운동이 일어나게 된 것입니다.

4. 성령이 역사하시는 교회
- 행 2:42-47

초 대 예루살렘 교회는 성령이 주장하시고 역사 하시는 교회였습니다. 이러한 역사적 사실을 통하여 볼 때 교회는 살아 계신 하나님의 집이요, 만민이 기도하는 성령의 전이며, 또한 이 교회의 주인은 오직 예수 그리스도이심을 알 수 있는 것입니다.

교회는 사람의 힘으로 이룩한 것이 아니라 주님이 흘리신 보혈의 터 위에 세워졌고 따라서 교회를 부흥케 하는 힘은 오직 성령의 역사임을 알 수 있습니다.

성령이 역사 하시는 교회의 특징은 다음과 같습니다.

첫째, 성경진리를 배우는 교회입니다.

"예수를 구주로 믿는 제자들이 사도의 가르침을 받았다."고 기록되었습니다. 초대 교회는 말씀을 가르치고 말씀을 배우는 교회였습니다. 가르침을 받았다는 뜻은 말씀을 듣고 깨달아 그 진리를 마음에 새겼다는 의미입니다.

먼저 배우는 교회가 되기 위해서는 겸손한 마음과 말씀을 갈망하는 마음이 있어야 할 것입니다. 이러한 마음은 주님의 뜻대로 살려고 하는 자들에게 선물로 주시는 하나님의 은혜이며 동시에 성령의 역사인 것입니다.

인류역사에 있어 가장 위대한 성경교사가 누구이겠습니까? 나는 서슴지 않고 예수 그리스도라고 대답할 것입니다. 예수 그리스도의 공생애가 가르치시는 스승의 생애였습니다. 예수님의 제자들도 가르침을 받은 그대로 또한 그의 제자들을 가르쳤습니다. 우리가 세상 학문도 가르침을 받지 않으면 무식한 자가 되는 것처럼 하나님의 말씀도 가르침을 받지 못한 사람은 무지한 신앙인이 되고 마는 것입니다.

오늘날 영적 신앙인이 되지 못하는 결정적 원인이 바로 성경 진리 교육의 빈곤에 있는 것입니다. 육신적 신앙인은 눈이 있어도 보지 못하고 귀가 있어도 듣지 못하며 입이 있어도 말하지 못하는 영적 불구자들입니다. 양적으로 비대해진 교회 속에 가득 차 있는 영적 불구자들을 어떻게 무엇으로 치료할 수 있겠습니까? 이 물음에 대한 해답을 사도 바울은 이렇게 들려주십니다.

> "모든 성경은 하나님의 감동으로 된 것으로 교훈과 책망과 바르게 함과 의로 교육하기에 유익하니 이는 하나님의 사람으로 온전케 하며 모든 선한 일을 행하기에 온전케 하려 함이니라"(딤후 3:16-17).

둘째, 친교하는 교회입니다.

예루살렘교회는 서로 교제하며 떡을 떼는 교회였습니다. 친교란 서로의 마음을 터놓고 그리스도의 사랑을 삶을 통해 서로 나누는 것입니다. 예루살렘교회는 모든 물건을 서로 통용하고 제 재물을 조금이라도 제것이라 하는 이가 하나도 없더라고 기록되었습니다. 그들은 신앙 공동체를 이룸과 동시에 사랑의 공동체를 이루었던 것입니다.

다시 말해 그리스도의 피를 나눈 한 지체라는 말입니다. 교회 안에서는 김 서방도, 박 서방도 없는 모두 예수의 성씨를 가져야 합니다. 모두가 형제요 자매일 뿐이며 우리의 아버지는 하나님이십니다.

아픈 자와 함께 아픔을 나누고 환난당한 자와 함께 눈물을 흘려 봅시다. 야고보 사도는 "선을 알고도 행치 않는 것이 죄"라고 하셨습니다. 숨겨 놓은 저금통장이 커지는 것을 보고 기뻐하지 말고 한 영혼을 구원하고 환난을 당한 내 형제를 구원하여 기쁨을 같이 나눕시다.

사랑은 내리사랑이라고 합니다. 당회원은 제직들에게 사랑의 본이 되고, 제직은 평신도에게 사랑의 본이 되고, 평신도는 불신자에게 사랑의 본이 되어 온전한 그리스도의 사랑을 이루어 봅시다. 그리하여 교회가 사랑의 물결로 차고 넘칠 때 모든 사람에게 칭송을 받으며 주께서 날마다 구원받는 자를 더하게 하실 것입니다.

"누가 이 세상 재물을 가지고 형제의 궁핍함을 보고도 도와줄 마음을 막으면 하나님의 사랑이 어찌 그 속에 거할까보냐 자녀들아 우리가 말과 혀로만 사랑하지 말고 오직 행함과 진실함으로 하자"(요일 3:17-18).

셋째, 모이면 기도하고 흩어지면 전도하는 교회입니다.

스펄전 목사님은 목회 성공의 비결을 묻는 질문에 대답 대신 교회 지하실에 있는 보일러실을 보여 주었다고 합니다. 그곳에는 500여 명의 기도대원이 뜨겁게 부르짖으며 기도드리고 있었습니다. 그 보일러실은 증기 보일러실이 아니라 기도로 뜨겁게 하는 영력 보일러실이었습니다.

그렇습니다. 교회마다 영력 보일러실이 뜨거워지는 열도에 따라 교회의 부흥은 좌우되는 것입니다. 교회의 영력 보일러실이 뜨거워질 때 비로소 교회부흥은 성령의 역사로 나타나질 것입니다. 밤마다 기도소리가 끊이지 않으며 기사와 표적이 많이 나타나 하나님의 크신 영광을 드러내는 교회를 이룩해 봅시다.

또한 전도하는 교회만이 부흥할 수 있습니다.

"오직 성령이 너희에게 임하시면 너희가 권능을 받고 예루살렘과 온 유대와 사마리아와 땅끝까지 이르러 내 증인이 되리라"(행 1:8).

전도는 예수님의 명령인 동시에 마지막 분부이십니다. 이 명령을 따라 초대교회는 이루어진 것입니다. 좋은 꼴을 먹고 자란 양이 성숙해지면 새끼를 낳게 됩니다. 마찬가지로 생명의 꼴을 먹고 자란 신앙의 사람은 그리스도와 결합하여 영적 생명을 탄생시키는 것입니다. 사랑하는 내 부모 형제에게 전도하지 않다가 그들이 갑자기 죽어 불붙는 유황불 속에 던져진 후 일평생 후회하지 말고, 믿지 않는 내 남편·내 자식의 영혼을 지금 이 시간부터 내 마음에 품고 믿음으로 기도하는 성도들이 되어야겠습니다.

사랑하는 젊은 한 형제가 연탄가스로 졸지에 그의 어머니와 할머니를 잃고 그들 영혼을 구원하지 못한 안타까움과 죄책감에 슬퍼하는 모습을 보았습니다.

내일은 당신의 날이 아닙니다. 내일이 또다시 있는 것이 아닙니다. 당신의 아름다운 몸매와 건강과 평생을 모아 둔 재물도 오늘밤 하나님이 당신의 영혼을 부르신다면, 당신의 인생은 풀같이 마르고 당신의 영화는 풀의 꽃같이 시들고 마는 것입니다.

하나님이 이 땅에 나를 보내신 것은 직장에서, 장터에서, 학교에서, 그리스도의 증인되어 사람을 낚는 어부의 사명을 다함에 그 목적이 있는 것입니다. 갈릴리 바닷가를 거니시며 제자들을 부르시던 주님의 그 부드러운 음성이 지금도 아련히 나의 귓전을 스쳐 주는 듯합니다.

"나를 따라 오너라 내가 너희로 사람을 낚는 어부가 되게 하리라"(마 4:19).

인생의 어두운 밤이 점점 다가옵니다. 시대의 저녁노을이 붉게 물들기 시작합니다. 이제는 더 이상 인생바다에서 물질이나 명예의 고기를 낚을 시간이 아닌 것 같습니다. 종말의 암흑 같은 밤이 덮쳐 오기 전에 사람을 낚으러 주님을 따라갑시다.

한 영혼이라도 더 전도하여 알곡을 거두어 천국 곳간에 채웁시다. 이 해가 다 가기 전에 직분을 맡은 사람은 두 사람씩 책임지고 전도하며, 평신도는 한 사람씩 책임지고 전도하여 이 교회를 차고 넘치도록 채웁시다. 그리할 때 당신의 병든 영혼과 육신, 당신의 가난한 삶, 당신이 고통당하는 그 자리에 주님의 피 묻은 손은 나타날 것이며 오병이어의 축복은 이루어질 것입니다.

따라서 성령의 봄바람이 그리스도의 푸른 계절을 몰고 와 신앙의 꽃을 피우는 기적이 일어나고, 소망의 멧새들이 노래하는 표적이 나타날 때 교회는 영적 알곡으로 풍성해질 것입니다.

제9부

인류 역사의 종말

1. 인류역사의 종말 ▶ 299
2. 역사적 안목으로 본 종말의 징조 ▶ 304
3. 성경이 가르치는 종말의 징조 ▶ 310

1. 인류 역사의 종말
-계 16:12-16

역사의 시작이란 인류가 생존하게 된 첫 출발점을 말하며, 역사의 종말이란 인류의 모든 삶을 종결짓는 마지막 순간을 의미합니다. 이 같은 역사의 시작과 종말은 하나님의 주권 섭리에 따른 것입니다. 아침 해가 동녘에서 떠오르면 저녁 해는 서산으로 집니다. 풀잎이 자라나서 꽃망울을 피울 때가 있으면 꽃잎이 지는 서글픈 시절도 찾아옵니다. 이처럼 인생도 시작과 끝이 있으며, 인류 역사 또한 시작과 종말이 반드시 있습니다. 한편 우리는 하나님의 주권을 의심하지 않고 믿으면서도 현실적으로는 받아들이려고 하지 않는 경향이 있습니다.

첫째, 자신의 죽음에 대해서입니다. 역사의 행로를 따라 모든 사람이 이 세상에 왔다가 떠나듯이 우리 자신도 이 세상을 떠나야 함을 인정하지만, 막상 자신의 끝날이 있음을 쉽게 받아들이지는 못합니다.

둘째, 역사의 종말에 대해서입니다. 오늘 이 시점에서 자연계와 생태계, 그리고 세계 정세의 급속한 변화를 볼 때, 종말이 임박했음을 말해 주는 성경과 여러 면에서 일치하는 것을 인정하지 않을 수 없습니다. 그러면서도 과학 문명이 놀랍게 발달한 현실을 볼 때는 인류 역사의 종말이라는 말이 너무도 멀게만 느껴집니다.

그러나 어느 누구도 하나님의 주권적 섭리를 바꿀 수는 없습니다. 태어난 날이 있으니 죽는 날도 반드시 찾아올 것입니다. 또 역사가 시작된 날이 있으니 끝나는 날도 반드시 있을 것입니다. 하나님의 말씀은 신실하고 영원합니다.

"이 천국 복음이 모든 민족에게 증거되기 위하여 온 세상에 전파되리니 그제야 끝이 오리라"(마 24:14).

지금부터 20여 년 전, 인류 최후의 날을 그린 영화 '그날이 오면'을 본 적이 있습니다. 제3차세계대전으로 인해 핵진이 기류를 타고 전 세계에 흩어져 인류가 전멸되어 가는 영화입니다. 핵진에 오염된 사람들이 죽음의 공포에 떨며 칠흑 같은 어둠 속에 묻혀 울부짖습니다. 이때 구세군 병사들의 트럼펫을 통한 찬송 소리가 잠시 그들의 마음을 안심시키며 한 가닥의 소망을 던져 줍니다. 잠시 후 핵진에 오염된 수많은 사람들의 행렬이 구세군 진영으로 몰려옵니다. 이들은 구세군 진영에서 나누어 주는 항염제를 받아먹으며 생명 연장을 위해 몸부림칩니다. 그러나 이러한 모습도 잠시뿐, 한 사람 두 사람씩 쓰러지다가 며칠 후에는 단 한 사람의 그림자도 보이지 않게 되었습니다. 약을 얻고자 몰려들던 긴 행렬도, 트럼펫을 불며 약을 나누어 주던 구세군 병사들의 모습도 다시는 보이지 않았습니다. 잠시 후 낙엽이 가득 깔린 시드니 거리 위로 을씨년스러운 가을바람이 휘몰아쳤습니다. 시드니의 모든 사람을 뒤쫓아 거리 위의 낙엽도 어디론가 사라져 갔습니다. 그곳에는 텅 빈 공허와 적막이 깔린 물질문명의 거대한 무덤 시드니만 남았을 뿐입니다. 이 시드니의 모습은 머지않아 다가올 전 세계의 단면을 보여 주는 예고편일 뿐입니다. 또 핵진에 오염되어 죽음의 계곡을 내려가던 시드니 거리의 가엾은 군상들은 머지않은 훗날 현실로 나타날 저와 여러분의 모습임을 잊어서는 안 될 것입니다.

종말에 있어질 인류 최후의 전쟁에 관하여 성경에 예언된 하나님의 말씀을 두려움으로 마음에 새기기를 바랍니다.

"또 여섯째가 그 대접을 큰 강 유브라데에 쏟으매 강물이 말라서 동방에서 오는 왕들의 길이 예비되더라 또 내가 보매 개구리 같은 세 더러운 영이 용의 입과 짐승의 입과 거짓 선지자의 입에서 나오니 저희는 귀신의 영이라 이적을 행하여 온 천하 임금들에게 가서 하나님 곧 전능하신 이의 큰 날에 전쟁을 위하여 그들을 모으더라 보라 내가 도적같이 오리니 누구든지 깨어 자기 옷을 지켜 벌거벗고 다니지 아니하며 자기의 부끄러움을 보이지 아니하는 자가 복이 있도다 세 영이 히브리 음으로 아마겟돈이라 하는 곳으로 왕들을 모으더라"(계 16:12-16).

이 말씀은 장차 있어질 인류 최후의 전쟁인 핵전쟁을 예고해 주는 말씀입니다. 이 전쟁을 주도하는 자는 마귀와 더러운 귀신들이며 이 전쟁의 규모는 전 세계적이며 또한 그 전쟁의 무대는 중동의 '아마겟돈'임을 성경은 분명히 밝혀 주셨습니다. 종말에 있어질 핵전쟁은 공산주의·민주주의의 이념과 사상전쟁이 아닙니다. 그것은 겉으로는 중동에서 나는 석유쟁탈을 위한 물질전쟁이지만 실제적으로는 에서와 야곱의 후예들이 싸우는 종교 전쟁인 것입니다. 즉 유대교와 이슬람교의 전쟁이며 하나님의 백성들과 마귀의 세력 간의 전쟁이 될 것입니다.

"또 여섯째가 그 대접을 큰 강 유브라데에 쏟으매 강물이 말라서 동방에서 오는 왕들의 길이 예비되더라"(계 16:12).

세계 핵전쟁이 준비되기 전에 유브라데 강물이 말라 동방에서 전쟁을 위해 출전하는 왕들의 길이 예비된다고 예언되었습니다. 이 예언의 말씀은 이미 실제화되었고 또한 현실로 나타나졌음을 우리는 직시해야만 합니다.

유브라데강은 터키로부터 시작하여 이라크까지 흘러가는 크고도 긴 강입니다. 역사 이래 이 강물이 한 번도 마른 적이 없었으나 이제 성경 예언의 성취를 위해 유브라데 강물은 마르게 되었습니다. 그것은 터키 정부가 유브라데 강물을 막아 댐을 건설했기 때문입니다.

또한 "강물이 말라서 동방에서 오는 왕들의 길이 예비되더라."

유브라데강 동쪽은 어디를 가리킵니까? 그곳은 공산세력의 중심지인 중공 땅이 있는 곳입니다. 즉 동방에서 오는 왕들이란 중공을 위시한 그의 위성국가들을 의미하는 줄 압니다. 또한 "동방에서 오는 왕들의 길이 예비되더라." 여기의 길은 중공에서부터 유브라데강까지 닦여지는 길을 가리킵니다. 이 길은 전에 실크로드로 상인들이 걸었던 동·서 무역의 통로였습니다. 바로 이 길을 중공은 고속도로화 하였습니다. 언제든지 전차가 달려갈 수 있고 또 언제든지 탱크와 보병이 질주할 수 있도록 하나님은 그의 예언을 성취하시기 위해 건설케 하셨습니다.

이제 남은 것은 언제 귀신의 영들이 온 천하 임금들에게 가서 하나님이 작정하신 핵전쟁을 위하여 그들을 미혹하는 마지막 문제만을 남겨 놓았습니다. 그러나 이 문제조차도 벌써 그 윤곽이 드러남을 보며 놀라지 않을 수 없는 것입니다. 눈을 들어 현실 세계를 직시하시기 바랍니다. 철의 장막 소련은 이미 붕괴되었습니다. 저 사상누각과 같은 미국도 점차 쇠퇴해질 것입니다.

결국 종말까지 남아 있어 핵전쟁의 주도국이 되며 또한 적그리스도 국가로 등장하여 세계를 지배할 나라가 어느 나라이겠습니까? 이 문제에 초점을 맞추고 세계정세 변화를 직시해 볼 때 결국 종말에 나타나 이 세계를 지배할 나라는 강대국들의 연합공동체임을 확신케 됩니다.

그 이유는 다음과 같습니다.

첫째, 2천 년 전 로마제국이 그 추종국가 세력으로 더불어 세계를 제패하였습니다. 마찬가지로 역사 종말에 나타날 적그리스도 국가 역시, 단일 국가가 아닌 강대국들의 연합공동체임을 예언서는 암시해 주고 있습니다.

둘째, 로마제국이 세계를 정복할 수 있었던 것은 기독교로 종교를 통일했기 때문입니다. 이와 마찬가지로 종말에 나타날 연합공동체도 종교가 통일된 국가라고 생각됩니다.

셋째, 로마제국이 최첨단의 전술적 무기와 막강한 군사력으로 세계를 정복할 수 있었습니다. 이와 마찬가지로 종말에 나타날 강대국들의 연합공동체는 21세기 최첨단의 핵무기와 컴퓨터 시스템으로 세계를 지배할 것입니다.

과연 유브라데 강물이 마르고 동방으로부터 오는 왕들을 맞아 싸울 왕들은 누구이겠습니까? 또한 더러운 귀신의 영들이 어느 왕들에게 가서 종말에 있을 핵전쟁을 유발하도록 미혹하겠습니까? 그 해답은 이제 자명해졌습니다. 그 왕들은 서방 강대국의 여러 왕들일 것입니다. 또한 그들의 신앙적·정신적·사상적 지주는 그들의 종교지도자일 것입니다. 결국 기독교 역사의 초기에도 중세기에도 또한 종말에도 이 세계를 지배하며 기독교를 탄압하는 존재는 바로 연합공동체의 지도자로 나타나질 적그리스도임이 분명합니다.

이제 역사의 종말은 이미 카운트다운 되었습니다. 그것은 이스라엘 독립을 시작으로 하여 급변하는 세계정세가 말해 줍니다.

예수님은 이렇게 말씀해 주셨습니다.

"무화과나무의 비유를 배우라 그 가지가 연하여지고 잎사귀를 내면 여름이 가까운 줄을 아나니 이와 같이 너희도 이 모든 일을 보거든 인자가 가까이 곧 문 앞에 이른 줄 알라 내가 진실로 너희에게 말하노니 이 세대가 지나가기 전에 이 일이 다 이루리라 천지는 없어지겠으나 내 말은 없어지지 아니하리라"(마 24:32-35).

"이 천국 복음이 모든 민족에게 증거되기 위하여 온 세상에 전파되리니 그제야 끝이 오리라"(마 24:14).

"아멘 주 예수여 오시옵소서"(계 22:20).

2. 역사적 안목으로 본 종말의 징조
-마 24:32-37

"무화과나무의 비유를 배우라 그 가지가 연하여지고 잎사귀를 내면 여름이 가까운 줄을 아나니 이와 같이 너희도 이 모든 일을 보거든 인자가 가까이 곧 문앞에 이른 줄 알라"(마 24:32-33).

무화과나무가 촉촉이 내리는 봄비를 맞으며 순이 돋고 잎사귀가 피어나면 머지않아 곧 여름이 돌아온다는 것을 누구나 짐작할 수 있습니다. 주님 재림의 날도 예고 없이 갑작스레 실현되는 것이 아닙니다. 마치 무화과나무가 그 잎새를 피워 여름이 가까워 옴을 예고하듯, 급변하는 이 세상이 주님의 재림이 가까웠음을 알려 주고 있습니다.

"너희도 이 모든 것을 보거든 인자가 곧 문 앞에 이른 줄 알라." 여기서 '이 모든 것'이란 예수님이 예언하신 종말의 징조들입니다. 예수님이 예언하신 종말의 징조들은 다음과 같습니다.

첫째, 거짓 그리스도의 출현입니다.

"예수께서 대답하여 가라사대 너희가 사람의 미혹을 받지 않도록 주의하라 많은 사람이 내 이름으로 와서 이르되 나는 그리스도라 하여 많은 사람을 미혹케 하리라 그 때에 사람이 너희에게 말하되 보라 그리스도가 여기 있다 혹 저기 있다 하여도 믿지 말라 거짓 그리스도들과 거짓 선지자들이 일어나 큰 표적과 기사를 보이어 할 수만 있으면 택하신 자들도 미혹하게 하리라"(마 24:4-5, 23-24).

둘째, 난리와 전쟁의 소문으로 무성해집니다.

"난리와 난리 소문을 듣겠으나 너희는 삼가 두려워 말라 이런 일이 있어야 하되 끝은 아직 아니니라 민족이 민족을, 나라가 나라를 대적하여 일어나겠고…"(마 24:6-7).

이 예언의 말씀도 이미 성취되었음을 알 수 있습니다. 아시아에서 중동까지, 유럽에서 아프리카까지, 남미에서 북미에 이르기까지, 세계 어느 지역 어느 민족 국가를 막론하고 난리와 전쟁의 기류를 타지 않는 곳은 하나도 없습니다. 인류 역사상 이처럼 난리와 전쟁의 기류가 전 세계 모든 국가에 미친 적이 있었습니까? 이는 여름이 오면 무화과나무 잎사귀가 피어나는 것처럼 주님 재림의 날이 임박했음을 알려 주는 종말적 징조인 것입니다.

셋째, 기근과 지진의 재난이 온 세상에 임합니다.

"…처처에 기근과 지진이 있으리니 이 모든 것이 재난의 시작이니라"(마 24:7-8).

오늘날 지구상에 임한 기근은 일찍이 그 유례를 찾아볼 수 없는 비극적인 현상입니다. 예전에는 가뭄으로 인한 기근이 어느 한 지역에만 부분적으로 생겼다가 사라지곤 했습니다. 그러나 오늘날의 기근은 세계 전역으로 확산되고 있으며, 더욱이 내란과 전쟁으로 인한 굶주림은 세계적으로 증가하고 있는 추세로서 종말의 임박을 예고하는 예언 성취인 것입니다.

또한 전 세계적으로 나타나는 빈번한 지진과 화산 폭발은 지구의 멸망을 예고하는 하나님의 심판의 북소리로 들려옵니다. 따라서 사람들의 마음은 움츠려들고 인정과 사랑의 따뜻한 마음은 점차 싸늘해져만 갑니다.

"그 때에 많은 사람이 시험에 빠져 서로 잡아 주고 서로 미워하겠으며 불법이 성하므로 많은 사람의 사랑이 식어지리라"(마 24:10, 12).

우리는 이미 이 예언이 성취되고 있는 역사의 종말에 살고 있습니다. 이제 인류의 종말이라는 단어는 먼 훗날의 이야기가 아니라 직면한 현실로서 맞게 될 우리의 운명이 되고 말았습니다.

인류의 종말은 이미 시작되었습니다. 그리스도인은 물론 불신자와 무신론자까지도 인류의 종말이 다가오고 있음을 다 같이 인식하는 것은, 하나님께서 그 같은 생각들을 사람들의 마음에 심어 주셨기 때문입니다.

지금부터 400년 전, 프랑스의 예언자인 노스트라다무스는 종말의 시기에 대해 이렇게 예고하였습니다. "1999년 8월에 공포의 대왕이 이 세상에 강림할 것이라." 이 세상을 심판할 왕이 하늘에서 올 것을 예고한 말입니다. 이는 물론 믿을 만한 아무런 가치가 없는 것이지만 인류에게 종말을 예고함으로 정신적 충격과 각성을 가져다주었습니다. 역사의 순간들은 종말의 그 지점을 향해 끝없이 지나갑니다. 마찬가지로 한 인간의 생애도, 한 날의 시간도 잠시도 머무르지 않고 종말을 향해 계속 지나갑니다. 해가 서산으로 기울면 사람들은 저녁이 가까웠다고 말합니다. 그러면서도 곧 다가올 흑암의 장막을 대비하거나 인생의 밤을 준비하지 않은 채 이 세상 삶이 영원한 것인 양 분주히 살아갑니다. 술에 취하면 밤이 두렵지 않듯이, 사람들은 현실의 행복한 삶에 도취되어 곧 다가올 역사의 밤을 느끼면서도 이에 전혀 대비하지 않음을 보게 됩니다. 우리가 살고 있는 이 세상은 노아 시대와 같이 영적으로 눈먼 사람들로 가득 찬 세상이 되어 버렸습니다.

"홍수 전에 노아가 방주에 들어가던 날까지 사람들이 먹고 마시고 장가들고 시집가고 있으면서 홍수가 나서 저희를 다 멸하기까지 깨닫지 못하였으니 인자의 임함도 이와 같으리라"(마 24:38-39).

"이와 같이 너희도 이 모든 일을 보거든 인자가 가까이 곧 문앞에 이른 줄 알라"(마 24:33).

주님은 오늘도 우리의 눈을 들어 성경의 모든 예언이 성취되고 있는 이 모든 일들을 보라고 말씀하십니다. 주님의 재림이 임박했음을 깨닫고 주님을 맞이할 준비를 하라고 말씀하십니다. 우리는 성경에 기록된 예언의 말씀을 통하여 역사를 직시하는 통찰력과 영적 분별력을 가져야겠습니다.

✽ 예수 그리스도의 초림과 오늘의 현실을 직시할 때, 역사적 안목으로 본 종말의 징조는 다음과 같습니다.

첫째, 국제적으로 언어가 통일되었습니다. 주전 330년 마케도니아의 알렉산더 대왕이 세계를 정복한 후, 그는 그리스의 언어(희랍어·헬라어)를 세계 공용어로 사용하도록 통일시켰습니다. 이것이 하나님께서 첫 번째로 시도한 역사의 무대 설치였습니다. 예수님이 팔레스타인에 계셨을 당시 세계는 이미 헬라어를 공용어로 사용하였으며, 이스라엘 민족도 고유의 히브리어 대신에 헬라어를 사용하고 있었습니다. 그리하여 모든 신약성경이 헬라어로 기록되었고 또한 복음이 헬라어로 전파되었던 것입니다. 이처럼 그리스도를 통하여 계시된 천국 복음이 세계만방에 전해지기 위해서는 하나의 세계적인 공용어가 필요했고, 따라서 하나님께서는 알렉산더 대왕을 그 도구로 삼으셔서 이 일을 성취하셨던 것입니다.

오늘날은 어떻습니까? 공산주의·민주주의·민족주의 국가들을 불문하고 영어가 세계 공용어임은 자타가 공인하는 바입니다. 한국인들도, 러시아인들도, 일본인들도 초등학교부터 영어 교육에 혈안이 되어 있습니다. 수천 년 역사를 지닌 국가들도 많은데, 왜 하나님은 200년의 짧은 역사를 지닌 미국의 언어를 세계 공용어로 쓰게 하셨을까요? 21세기 오늘의 마케도니아는 바로 미국이라고 생각됩니다. 헬라의 문화와 문명을 도입하기 위해서는 헬라어를 알아야 했듯이, 오늘날 미국의 과학문명을 도입하기 위해서는 필수적으로 영어를 배울 수밖에 없습니다. 그러나 궁극적으로 영어가 세계 공용어로 등장한 것은 우연이 아니며, 또한 그 목적이 급속한 복음 전파를 위한 하나님의 섭리임을 깨닫게 해 주십니다.

둘째, 세계적 공동 사회의 등장입니다. 알렉산더가 죽은 후, 마케도니아는 그 힘이 점차 쇠퇴하였고 따라서 로마가 샛별처럼 나타나 정치적·군사적으로 세계를 통일하게 되었습니다. 그리하여 팔레스타인도 주전 63년에 로마의 속국이 되고 말았습니다. 이처럼 로마의 세계 통일로 인해 각 민족 사이의 모든 전쟁은 종식되었고 평화와 번영의 시대가 도래하였습니다.

대서양에서 카스피해까지, 영국에서 나일강까지, 하드리안 성벽에서 유브라데스강까지 어디서나 나부끼는 로마의 군기는 통일된 세계를 말해 주었습니다. 혼돈에서 융합으로, 그리고 드디어는 한 공동체로 통합되었습니다. 세계는 하나의 큰 이웃이 된 것입니다. 인류의 역사를 통해서 세계가 이처럼 오랫동안 평화를 누린 시대는 없었습니다. 생존 투쟁을 위한 전쟁 대신 평화를 노래하게 되었고, 문화와 예술과 종교와 철학의 번영이 인간의 삶을 더욱 윤택하게 하였습니다. 이러한 시대에 그리스도를 통해 계시된 하나님의 메시지가 널리 전파되었던 것입니다. 모든 길은 로마로 통한다는 유명한 격언이 있습니다. 이 격언과도 같이 로마가 이룩한 위대한 업적 가운데 하나가 바로 세계로 통하는 도로망 건설이었습니다.

하나님께서 알렉산더에게 헬라의 문화와 언어를 아끼는 마음을 주셔서 세계를 하나로 통일시켰듯이, 로마 황제 가이사 아우구스도의 마음에도 역사하셨던 것입니다. 하나님께서는 그에게 불안한 마음을 주셨습니다. 로마가 통치하는 광대한 세계를 내다보며 세계 도처에서 반란이 일어날 것을 염려하였습니다. 그래서 일만 명의 노무자를 동원하여 전차가 달릴 수 있는 군사 도로를 건설했습니다. 아우구스도 황제가 건설한 이 길로 로마의 전차 부대가 달려갔고, 곧이어 사도 바울과 열두 사도, 그리고 복음을 전하기 위한 순교자들의 행렬이 이어질 것을 전지전능하신 하나님 외에 누가 알 수 있었겠습니까!

이처럼 강대한 로마 제국은 구약시대의 세계를 정복한 바벨론 국가의 재등장이었습니다. 또 종말이 임박한 오늘 이 시대에 세 번째로 바벨론 국가가 재등장할 것을 예언서는 밝히고 있습니다. 샛별처럼 나타난 미국이 그 언어를 세계 공용어로 통일하였으나, 모래 위에 세워진 누각과 같이 점차 쇠퇴해질 것입니다. 이어서 세계를 단일 정부로 통일하는 국가가 곧 등장할 것입니다. 로마는 무력으로 세계를 통일하였으나, 역사 종말에 등장할 로마는 무력과 과학으로서 세계를 통일할 것입니다. 로마는 도로망을 건설하여 세계를 지배하였으나, 역사 종말에 등장할 로마는 컴퓨터로 전 세계를 지배할 것입니다. 이 로마는 이제 머지않아 곧 나타나질 것입니다.

"그러므로 깨어 있으라 어느 날에 너희 주가 임할는지 너희가 알지 못함이니라… 너희도 예비하고 있으라 생각지 않은 때에 인자가 오리라"(마 24:42-44).

3. 성경이 가르쳐 주는 종말의 징조
-마 24:3-14

지구상에 거하는 모든 크리스천의 공통된 관심사는 언제 예수님의 재림이 실현되느냐에 있습니다. 또 예수님의 재림 직전 이 지구상에 나타날 여러 가지 재난에 대해 큰 관심이 집중되어 있습니다. 비단 크리스천만이 아니라 오늘 이 지구상에 거하는 모든 사람들의 공통된 관심사는 지구의 종말에 관한 것입니다. 대부분 사람들은 지구의 종말에 대해 관심과 두려움을 함께 느끼고 있지만, 그리스도인이 갖고 있는 마음은 이와 다릅니다. 그것은 바로 "주여! 어서 오시옵소서!" 하는 적극적인 기대입니다. 우리가 종말에 대해 판단할 수 있는 유일한 기준은 오직 성경뿐입니다.

그렇다면 성경은 예수님의 재림 직전에 종말을 예고한 여러 사건들에 대하여 어떻게 말하고 있습니까? 예수님은 마태복음 24장을 통해 종말에 대하여 상세히 말씀해 주셨습니다. 여러 재난이 지구상에 나타날 것이며, 이 재난 끝에 예수님의 재림과 지구의 종말이 현실로 임할 것입니다.

첫째, 종교적 차원의 종말의 징조를 볼 수 있습니다.

종교적 차원의 종말은 거짓 선지자들의 미혹에서 시작됩니다.

"예수께서 대답하여 가라사대 너희가 사람의 미혹을 받지 않도록 주의하라 많은 사람이 내 이름으로 와서 이르되 나는 그리스도라 하여 많은 사람을 미혹케 하리라"(마 24:4-5).

한국에도 이러한 미혹자들이 많이 나타났습니다. 통일교의 MSM, 전도관의 PTS 등을 비롯해 그 외의 수많은 이단자들이 스스로 자신을 '제2의 예수'라고 하면서 자신에게 오는 자만이 구원을 얻는다고 주장합니다. 비단 한국뿐이겠습니까? 거짓 선지자들의 출현은 전 세계적으로 그 수가 증가하고 있는 추세입니다. 이 모든 것이 무엇을 말해 줍니까? 사회와 세계정세가 불안해질수록 거짓 예언자들의 활동은 더 거세질 것입니다. 이 모든 것이 종말에 대한 예언의 성취입니다. 다시 예수님의 경고에 귀를 기울여야겠습니다.

"그 때에 사람이 너희에게 말하되 보라 그리스도가 여기 있다 혹 저기 있다 하여도 믿지 말라 거짓 그리스도들과 거짓 선지자들이 일어나 큰 표적과 기사를 보이어 할 수만 있으면 택하신 자들도 미혹하게 하리라 보라 내가 너희에게 미리 말하였노라 그러면 사람들이 너희에게 말하되 보라 그리스도가 광야에 있다 하여도 나가지 말고 보라 골방에 있다 하여도 믿지 말라 번개가 동편에서 나서 서편까지 번쩍임같이 인자의 임함도 그러하리라"(마 24:23-27).

둘째, 국제 정세와 군사적 차원의 종말의 징조를 볼 수 있습니다.

"난리와 난리 소문을 듣겠으나 너희는 삼가 두려워 말라 이런 일이 있어야 하되 끝은 아직 아니니라 민족이 민족을, 나라가 나라를 대적하여 일어나겠고"(마 24:6-7).

성경은 국내적 내란과 국가 사이의 전쟁이 전 세계적으로 나타날 것을 예고하고 있습니다. 제2차세계대전 후 전 세계는 내란과 민족분쟁,

국가 간의 전쟁으로 총성이 끊일 날 없이 이어졌습니다.

아시아에서는 한국전쟁, 월남전쟁, 캄보디아 내란, 중국 문화혁명, 중국과 대만의 대립, 인도와 파키스탄의 국경 분쟁, 스리랑카의 민족 분쟁, 중국과 몽고, 중국과 티베트의 분쟁, 소련의 아프가니스탄 침공 등이 있었습니다.

중동에서는 4차에 걸친 중동 전쟁, 이란 혁명, 8년 동안 지속된 이란과 이라크의 전쟁, 이라크의 쿠웨이트 침공, 이라크와 UN군의 전쟁이 있었습니다.

아프리카는 차드 내란, 소말리아 내란, 르완다 내란, 남아공화국의 민족 분쟁, 에티오피아의 내란 등 거의 모든 국가가 내란에 시달리고 있습니다. 북아메리카는 미국 내의 흑인 폭동, 마약 전쟁, 미국과 멕시코 분쟁, 미국과 쿠바의 분쟁, 미국과 파나마의 분쟁이 있었습니다.

남아메리카는 브라질, 아르헨티나, 칠레 등 독재 정권 탄압이 있었고, 콜롬비아의 마약 전쟁이 이어졌습니다. 유럽은 유고슬라비아의 분열, 동독의 붕괴, 영국과 아일랜드의 분쟁이 지금도 계속되고 있습니다.

지금 이 순간도 전쟁과 난리 소문은 끊이지 않고 매스컴을 통해 들려지고 있습니다. 역사 이래 오늘날처럼 전 세계적으로 전쟁의 불꽃이 타오른 때가 언제 있었습니까? 이 모든 것들이 예수님이 예언하신 종말의 징조인 줄 압니다.

> "난리와 난리 소문을 듣겠으나 너희는 삼가 두려워 말라 이런 일이 있어야 하되 끝은 아직 아니니라"(마 24:6).

이런 때일수록 국제 정세의 변화를 주시하며, 성경의 예언이 실제 역사 속에서 어떻게 성취되어 가고 있는지를 자세히 살펴보아야 할 것입니다. 정신 차리고 근신하여 기도하며, 머지않아 재림하실 주님을 기다리면서 복음 전도의 사명을 온전히 감당하는 성도들이 되어야겠습니다.

셋째, 세계적 기근 현상의 종말의 징조를 볼 수 있습니다.

오늘날 세계 각국에서 나타나는 기근 현상은 차마 글로써 다 표현할 수 없을 정도의 처참한 상태에 이르렀습니다. 1768년 이후 비가 오지 않아 가뭄을 겪고 있는 아프리카는 기아 대륙으로 그 이름마저 바뀌어 버렸습니다. 일례로, 에티오피아는 1984년과 1985년의 가뭄으로 100만 명이 굶어 죽었으며, 이런 현상은 아프리카 대륙 절반인 26개국에 해당합니다. 이런 가뭄과 기아 현상은 비단 아프리카 대륙에만 국한된 것은 아닙니다. 구소련도 1979년 이후 계속되는 흉작으로 어려움을 겪었습니다. 그밖에도 기근과 기아 현상은 유고슬라비아・레바논・이라크 등 아시아・유럽 할 것 없이 전 세계적인 추세입니다.

그렇다면 전례 없는 오늘의 가뭄과 기근 현상은 무엇 때문일까요? 두 가지 원인이 있습니다. 하나는 앞에서 살펴본 내란과 민족 간의 분쟁이고, 다른 하나는 지구의 이상 기온 때문입니다.

전례 없는 가뭄으로 미국과 러시아 등 세계의 곡창 지대가 말라가고 있는 한편, 다른 곳에서는 엄청난 폭우로 나라 전체가 물에 잠기는 이상 기온이 계속되고 있습니다. 여기에서 인류의 대재해 경고(이상기온)를 살펴보겠습니다. 1970년대 초부터 세계 이상 기온이 나타났습니다. 30년 전까지만 해도 겨울에는 기온이 영하 20도까지 내려갔고 눈도 많이 내렸으며, 여름에는 비가 많이 왔습니다. 그러나 지금은 이상 기온으로 인해 날씨를 포함한 자연계의 변화를 예측할 수 없게 되었습니다.

✻ 그렇다면 지구의 이상 기온의 원인이 무엇일까요?

첫째, 삼림 파괴가 첫째 원인입니다. 가뭄과 홍수가 왜 일어나겠습니까? 그 주된 원인은 삼림을 남벌하고 파괴하는 데 있습니다. 적도를 중심으로 길게 펼쳐진 열대우림지대를 '지구의 목걸이(Emerald Green

Necklace)'라 합니다. 이 지역에는 녹색지대의 태반이 집중되어 있습니다. 바로 이 지역 삼림이 무참히 남벌된 것입니다. 연간 손실되는 면적이 1,130만 헥타르 정도 되는데, 이는 일본 면적의 2분의 1에 이릅니다.

삼림은 산소만이 아니라 물의 공급을 조절함으로 홍수・한발 등의 자연재해를 방지해 줍니다. 또 삼림 파괴는 해마다 6백만 헥타르의 사막을 만들어 갑니다. 사하라・아라비아・멕시코・중국 등의 사막도 모두 예전에는 풀빛이 아름다운 대지였습니다.

둘째, 화학 연료의 대량 소비가 원인입니다. 1988년 7월 캐나다 토론토에서 열린 '대기 변동에 관한 국제회의'에서 인류의 3대 위협으로 산성비・온실효과 현상・오존층 파괴를 꼽았습니다.

온실효과 현상이란 무엇을 뜻합니까? 온실효과 현상이란 우주 공간으로 날아가야 할 열이 대기 속에 머물러 기온을 상승시키는 것을 말합니다. 열이 대기 속에 머무는 것은 화학 연료가 배출하는 이산화탄소・프레온 가스・수증기 등의 온실효과 기체가 상공을 덮고 있기 때문입니다.

산성비는 무엇을 말합니까? 화학 연료를 연소하면 유황산화물이나 질소산화물이 생깁니다. 이것이 대기 속에 방출되어 비에 녹아 들어가서 산성비가 되는 것입니다. 산성비의 영향은 생각보다 심각합니다. 수목과 농작물을 말라 죽게 하고 하천・호수・늪지대를 산성화시킵니다.

오존층 파괴는 무엇을 말해 줍니까? 지상 20-30km에 존재하는 오존층은 우주에서 쏟아지는 해로운 자외선을 흡수하는 역할을 합니다. 그 결과 지구상의 모든 생물이 안전하게 생존할 수 있습니다. 그러나 1970년대 말부터 이 오존층에 구멍이 뚫리기 시작했습니다. 해마다 남극 상공에서 오존 홀(오존층의 구멍)이 발견되고 있습니다. 오존층의 파괴는 피부암과 농작물 피해를 야기하고, 해면 아래 28미터 미만에 서식하는 식물성 플랑크톤을 멸종시킵니다. 이 오존층 파괴의 주범은 프레온 가스입니다. 이렇듯 삼림 파괴와 화학 연료의 대량 소비는 결국 지구의 이상 기온을 가져왔고, 녹지의 사막화와 기근을 초래하게 되었습니다.

넷째, 자연계 차원의 종말의 징조를 볼 수 있습니다.

예수님이 예언하신 자연계 종말 징조는 세계 각처에서 끊이지 않고 계속되는 지진과 화산 폭발을 가리키는 것입니다. 자연계의 재해로서 지진은 지구 생성 이래 지금까지 부분적으로 계속되어 왔습니다. 그러나 성경에서는 종말이 가까워 오면 지진이 전 세계에 걸쳐 다발적으로 일어날 것을 예고하고 있습니다.

역사 이래 없었던 전 세계적인 화산 폭발과 지진이 더욱 증가하는 추세입니다. 이러한 현상이 점점 더 지속되다가 결국에는 지구 자체가 흔들리고 폭발하며 갈라지는 대지진으로 나타나질 것입니다.

"그 날에 큰 지진이 이스라엘 땅에 일어나서 바다의 고기들과 공중의 새들과 들의 짐승들과 땅에 기는 모든 벌레와 지면에 있는 모든 사람이 내 앞에서 떨 것이며 모든 산이 무너지며 절벽이 떨어지며 모든 성벽이 땅에 무너지리라"(겔 38:19-20).

"일곱째가 그 대접을 공기 가운데 쏟으매… 번개와 음성들과 뇌성이 있고 또 큰 지진이 있어 어찌 큰지 사람이 땅에 있어 옴으로 이같이 큰 지진이 없었더라 큰 성이 세 갈래로 갈라지고 만국의 성들도 무너지니… 각 섬도 없어지고 산악도 간 데 없더라"(계 16:17-20).

다섯째, 666 짐승의 표의 종말의 징조를 볼 수 있습니다.

다섯 번째로 종말 예언을 살펴 볼 사항은 666 짐승의 표입니다.

"저가 모든 자 곧 작은 자나 큰 자나 부자나 빈궁한 자나 자유한 자나 종들로 그 오른손에나 이마에 표를 받게 하고 누구든지 이 표를 가진 자 외에는 매매를 못하게 하니 이 표는 곧 짐승의 이름이나 그 이름의 수라 지혜가 여기 있으니 총명 있는 자는 그 짐승의 수를 세어 보라 그 수는 사람의 수니 육백육십륙이니라"(계 13:16-18).

여기서 예수 재림 직전 적그리스도가 나타남으로 이 지구상에 대환난이 시작되며 또한 666짐승의 표, 즉 사탄의 표식이 사람의 오른손이나 이마에 찍혀질 것을 예언해 놓았습니다. 이 기록된 말씀이 상징인가요? 아니면 종말에 사실로 나타날 사건인가요? 물론 대답할 필요가 없을 것입니다.

666이란 수는 요한계시록 13장 17절에 밝혔듯이 짐승의 이름, 즉 적그리스도의 이름이나 그 이름의 수인 것입니다.

• 헬라어로 666은 적그리스도를 말합니다(라테이노스 λατεινος =666).

• 또 영어로 666은 컴퓨터를 말합니다.

C	O	M	P	U	T	E	R	
18	90	78	96	126	120	30	108	= 666

A	B	C	D	E	F	G	H	I	J	K	L	M
6	12	18	24	30	36	42	48	54	60	66	72	78
N	O	P	Q	R	S	T	U	V	W	X	Y	Z
84	90	96	102	108	114	120	126	132	138	144	150	156

그렇다면 왜 예수 재림 직전 대 환난 때에 마귀의 표식인 666표가 지옥 갈 자들의 오른손이나 이마에 찍혀야 하는 것입니까? 이 의문에 대한 답은 명백합니다.

인류 역사 이래 인간생존을 위한 수단으로 시장 거래가 이루어져 왔습니다. 이 시장거래에 있어 매개체 역할을 해온 것이 화폐입니다. 화폐는 역사의 변천에 따라 여러 번 그 옷을 바꾸어 입었습니다(물물교환 → 조개껍질→ 동전→ 화폐→ 수표→ 크레디트 카드).

지금 우리는 참으로 편리한 시대에 살고 있습니다. 크레디트 카드 한 개만 보이면 어느 나라든 여행할 수 있고 또 백화점에 가서 무엇이든 살 수 있는 편리함을 누리고 있습니다.

그러나 하나의 큰 결점이라면 카드의 분실이나 도난당하는 문제입니다. 이 문제를 어떻게 해결할 수 있겠습니까? 결국 마지막 해답은 단 하나뿐입니다. 카드 대신에 자력을 인체 속에 직접 새겨 넣는 것입니다. 그리하여 물건을 사든지, 기차나 비행기를 타든지, 또는 공중전화를 걸든지 간에 인체에 자력으로 입력된 고유번호를 기계 앞에서 확인만 받으면 되는 것입니다. 즉, 신용카드를 기계에 넣어 확인하듯 사람의 오른손이나 이마에 자력으로 입력된 자기의 고유번호를 기계 앞에 서서 확인받는 날이 오는 것입니다. 결코 분실되거나 도둑맞을 수 없는 완벽하고도 편리한 인체 크레디트를 머지않아 반드시 사용하게 될 것입니다.

이 어찌 성경 예언의 성취가 아니겠습니까? 666은 외적으로는 컴퓨터를 말하고 내면적으로는 마귀의 하수인인 적그리스도를 의미하는 것입니다. 이렇게 볼 때 666은 먼 훗날의 이야기가 아니라 벌써 우리 생활 깊숙이 들어와 있음을 깨닫게 될 때 놀라움을 금치 못할 것입니다.

첫째는 은행지로입니다. 지로는 1968년 영국에서 개발해 사용하게 되었습니다. 우리는 이 은행 지로로 모든 공과금을 납부합니다. 즉, 지로란 내가 국가 또는 회사에 갖다 낼 돈을 컴퓨터가 대신 처리해 줌을 의미합니다.

두 번째는 몇 년 전부터 모든 물건에 막대 모양으로 찍혀 있는 바코드입니다. 즉, 바코드는 자력을 포장 겉면에 새겨 놓아 기계 앞에 갖다 대면 자동으로 계산되는 것입니다. 우리는 슈퍼마켓에서 산 과자봉지나 포장된 오이 또는 포장된 닭 한 마리에도 바코드가 찍혀 있음을 볼 수 있습니다. 그러므로 많은 사람들이 계산대에 줄을 서서 기계 앞에서 바코드를 확인한 후 돈을 지불합니다.

이처럼 영어로 컴퓨터 숫자가 666이며, 또한 헬라어로 적그리스도가 666으로서 벌써 오늘날 우리 생활 속에 깊이 침투해 있는 것입니다.

왜 이토록 우리가 알지도 못하는 사이에 666 컴퓨터 시대가 깊숙이 들어오게 된 것일까요? 그 해답은 마귀의 전략이라고 단호히 말씀드릴 수 있습니다. 마치 예수 그리스도의 십자가의 대속의 죽음이 실현되기까지 이와 비슷한 모습을 수천 년에 걸쳐 하나님은 보여 주셨습니다. 유월절 양의 대속의 죽음, 번제 양의 대속의 죽음, 구리뱀의 상징적 대속의 죽음, 이어 예수 그리스도의 대속의 죽음이 실현됐을 때 그 사실을 자연스레 받아들이게 되었습니다.

이처럼 마귀도 같은 수법을 쓰고 있는 것입니다. 화폐나 수표보다 크레디트 카드의 편리함과 또한 카드의 분실과 도난의 우려를 동시에 느끼게 한 후 영구적으로 안전한 방법을 생각해 내고 동경하도록 유도해 온 것입니다. 그것이 666 바코드의 상품화입니다. 또한 컴퓨터의 편리함을 즐겨 쓰도록 은행 지로의 노예로 인류를 묶어 버린 지 이미 오래 전 일입니다.

❋ 그렇다면 666표의 절대 필요성은 무엇입니까?

물건을 사고파는 매매의 편리함과 또한 분실의 염려가 전혀 없는 것입니다.

✽ 마귀가 666표를 사람의 손에나 이마에 새기려 하는 음모의 의도는 무엇이겠습니까?

첫째, 666표가 없는 자는 일체 물건을 구입할 수도, 여행할 수도 없도록 함에 그 목적이 있는 것입니다. 즉, 마귀와 우상에게 절한 자에게만 이 666표를 새겨 주므로 이 표를 받지 못한 자는 이 세상에서 생존할 수 없도록 함이 마귀의 제1 목표입니다.

둘째, 666표식의 자력을 인체에 새겨 넣으므로 인류를 컴퓨터로 관리할 수 있게 되는 것입니다. 즉, 666표는 주민등록증을 대신하는 것입니다. 그러므로 각 사람마다 각기 다른 바코드의 666표식을 새겨 넣으면 그 사람의 소재와 행동을 컴퓨터로 체크할 수 있게 되는 것입니다. 따라서 666표를 받은 자는 반역하거나 또는 도망할 수 없게 됩니다. 마귀의 궁극적 목적이 여기에 있는 것입니다. 전 세계인의 이마나 오른손에 전자총으로 666표를 찍은 후 컴퓨터로 관리하며 지배하려는 계략인 것입니다.

"만물의 마지막이 가까왔으니 그러므로 너희는 정신을 차리고 근신하여 기도하라"(벧전 4:7).